조국의 공부

# 조국의 공부

| 감 | 옥 | 에 서 |
|---|---|---|
|   |   | 쓴 |
| 편 | 지 |   |

조국·정여울 지음

김영사

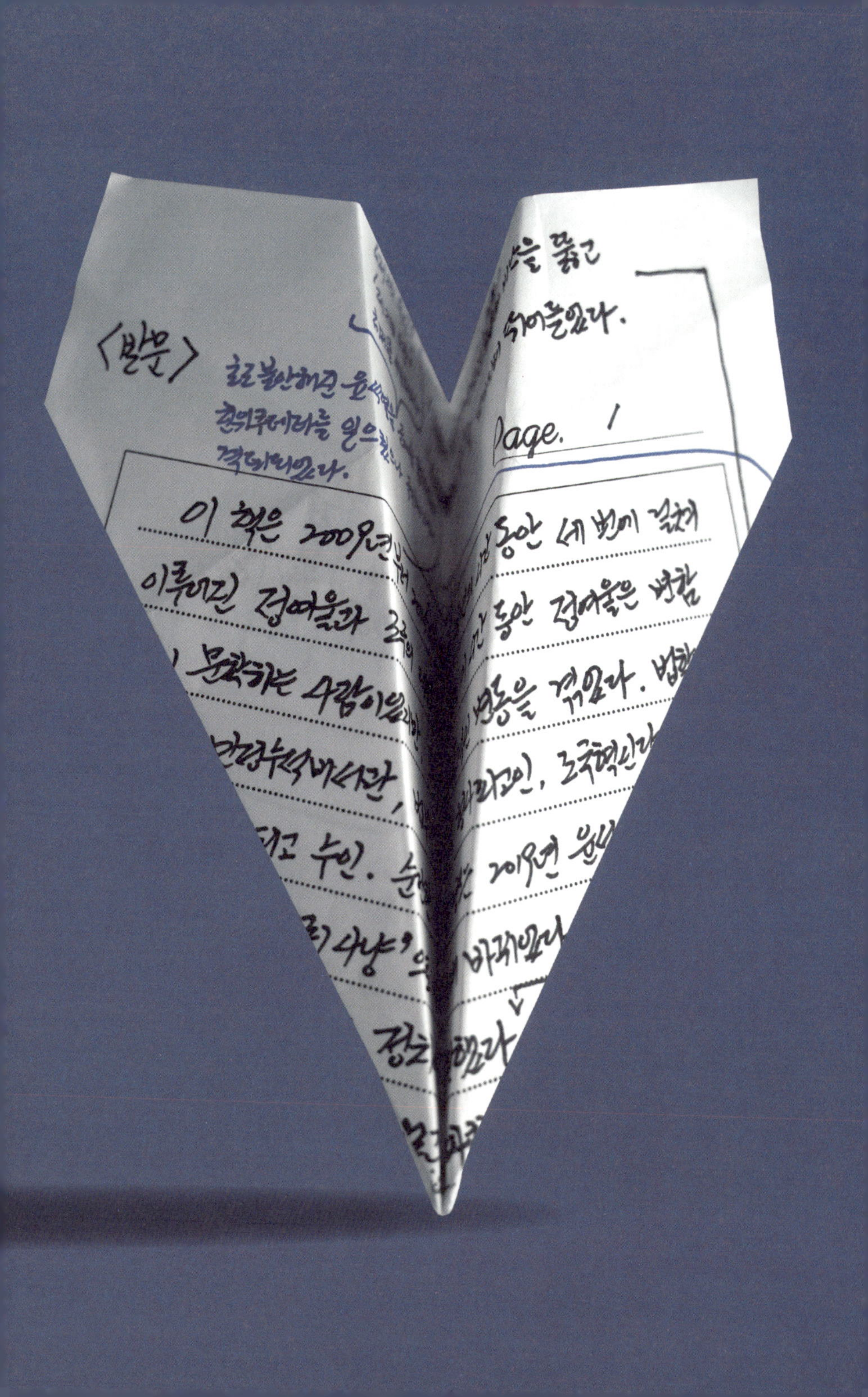
〈본문〉
Page. 1
이 책은 2009년
2019년

절망과 비관의 시간이라 할 수 있지만 공부를 통해 희망과 낙관을 키운다.
— 조국, 2025년 감옥에서 쓴 발문 중

아득한 소재에 대한 답변을 한 적이 없어 어색했지만, 끈끈하게 답했다.

이 책의 제목에서 알 수 있듯이, 정여울은 '조국(가족) 사냥'을 겪은 쳐, 정치적 사망에서 부활하여 자연인으로 변모한 동력이 조국의 공부에 있다고 보았다. 그래서 "진짜 공부란 무엇인가" 하는 화두를 쥐고 대답을 풀어갔다. 조국 역시 인간이 인간답게 살려면 죽을때 까지 어떤식으로 힘써 공부해야 한다고 믿기에, 정여울의 문제의식에 맞추어 집필에 임했다. 그렇구나.

감옥이 관여있지만, 읽고 쓰고 생각할 수 있음은 큰 위안이다. (존재확인) 이 일만큼은 누구의 간섭도 받지 않는 온전히 자신만의 영역이다. 고립된 처지이기에 공부의 농도가 맞는 오히려 높아진다. 감히 엄살이라면 읽지 못함을 처음 읽고, 자유롭다고 깊게 생각할 시간을 갖게된 것을 '행운'이라. 간절한 마음으로 이 '행운'을 받아들이다. 감옥속 공부는 추후 자유를 찾는 날 강해질 행동의 원천이 될 것이다.

삶에는 각본이 없다. 전혀 예상하지 못한 악운이 발생하고 그 결과 그들을 겪게된다. 누구나 든건가 부딪치며 변화를 추구할 경우 이는 이전부터 예비된 것인지도 모른다. 이 시점에 무너지지 않으려면 절망과 비관의 시간이자 한 수 있지만

오히려 희망과 낙관을 키운다. 김대중 대통령은 "살아야 할 이유가 있는 사람은 어떠한 방법도 견뎌낼 수 있습니다" 라고 말했다.

국민에게는 순한 사람,
국민의 적에게는
무서운 사람이 되고자 합니다.
— 조국, 2025년 감옥에서 쓴 편지 중

## 일러두기

— 이 책은 '우리는 위기 속에서 무엇을 어떻게 공부할 것인가'를 주제로 조국과 정여울이 16년간 세 번 나눈 대담과 한 자 한 자 써 내려간 서간문 등을 토대로 만들었습니다. '나의 존엄을 지키고 세상을 변화시키는 공부'에 관해 입체적·다층적 생각을 담았습니다.

— 이 책의 1~3부는 위헌·위법한 12·3 비상계엄 이후 조국이 옥중 생활을 시작한 2024년 12월부터 4·4 피청구인 윤석열 파면 뒤 이재명 정부가 출범한 2025년 6월까지 두 저자가 교환한 서간을 주제별로 정리해 엮었습니다.

— 이 책의 4부는 2009년부터 2025년까지 정여울이 바라본 '공부하는 조국'에 관해 쓴 이야기를 담았습니다. 2009년 첫 번째 대담과 2023년 두 번째 대담을 싣되, 당시 시대성과 시의성을 있는 그대로 살리기 위해 상황 등 원문을 최대한 변형하지 않았습니다. 〈2025년 정여울이 다시 쓰는 조국: 조국론曺國論〉에서는 조국의 저서와 조국의 발언을 기반으로 그가 걸어온 삶의 궤적을 살펴봅니다.

— 이 책의 본문에 언급한 원서는 국역본 제목으로 표기하거나 원서에 가깝게 번역하고, 원제를 모두 병기했습니다. 인용 구절과 참고 자료 출처는 부별로 일련번호를 붙여 미주로 처리했습니다.

— 각 글을 쓴 시점의 맥락과 글맛을 살리기 위해 원문을 최대한 따르는 것을 기준으로 삼되, 일부 구절을 다듬었습니다.

— 단행본, 정기간행물, 앨범 등은 《 》로 표기하고 단편, 시, 영화, 노래, 방송 프로그램, 유튜브 채널 등은 〈 〉로 표기했습니다.

— 국립국어원에서 규정한 맞춤법과 표기법을 따르되, 일부 맞춤법과 표기는 저자의 표현과 관용적 표현을 참고했습니다.

— 저작권 허락을 받지 못한 일부 인용 구절은 추후 저작권을 확인하는 대로 절차에 따라 계약을 맺고 저작권료를 지불하겠습니다.

자존과
행복을 위한
공부,

공존과
연대를 위한
정치

여는 글

이 책은 2009년부터 2025년까지 16년 동안 세 번에 걸쳐 이뤄진 정여울과 나의 대담집이다. 이 기간 정여울은 변함없이 문학을 하는 사람이었지만, 나는 극적인 변동을 겪었다. 법학 교수, 대통령비서실 민정수석비서관, 법무부장관, 형사피고인, 조국혁신당 대표, 국회의원 그리고 수인囚人. '강남좌파'로 불리던 순탄한 삶의 경로는 2019년 윤석열 검찰총장이 지휘하는 '조국(가족) 사냥'으로 송두리째 바뀌었다. 나는 소명으로 여기던 학자의 삶을 완전히 접고 정치에 투신했다. '조국의 강' 운운하는 조롱과 비난을 뚫고 '윤석열의 강'을 넘기 위해 뛰어들었다. "3년은 너무 길다"를 선창하며 윤석열 정권과 싸웠고, 국민은 대통령 윤석열의 무도한 권한 행사 출발점이 검찰총장 윤석열의 검찰권 오남용에 있음을 간파하게 되었다. 국민은 '이·조李·曺 심판'이 아니라 '윤석열 심판'을 선택했다. 초조·불안해진 대통령 윤석열은 '제2의 유신' '제2의 5공' 체제를 수립하고자 군대를 동원하여 친위쿠데타를 일으켰으나 이를 국민이 격퇴하였다. 2019년 시작된 '윤석열의 난亂'은 6년 만에 진압되었고, 누가 진짜 역적逆賊인지도 드러났다. 그렇지만 나는 갇혔고 '강제 휴식'에 들어가 있다.

두 사람은 2024년 12월 16일 내가 수감된 이후 대담을 본격 진행했다. 정여울이 감옥으로 질문지를 보내면 나는 편지로 답했다. 작고 낮은 책상 앞에 앉아 펜으로 답을 써야 했기에 손아귀가 뻑뻑해지기 일쑤였다. 정여울은 정치 현안은 물론 우리 사회가 당면하고 있는 여러 문제를 두고 광범한 질문을 던졌다. 나는 만물박사는 아니지만 알고 있고 고민하고 있는 대로 답했다. 감옥이라는 열악한 환경에 놓여 있기에 자료 조사가 어려웠고, 그래서 풍부한 답변을 하지 못했을까 저어한다. 또한 정여울은 나의 내면을 보고자 했다. 나의 마음, 감성, 취향 등을 알기 위한 질문을 던졌다. 좋아하는 문학작품, 노래, 영화, 음식을 물었다. 이러한 소재에 답변한 적이 없어 어색했으나 진솔하게 답했다.

이 책의 제목에서 알 수 있듯 정여울은 '조국(가족) 사냥'을 견뎌낸 힘, 정치적 사망에서 부활해 정치인으로 변모한 동력이 조국의 공부에 있다고 보았다. 사실 나는 2024년에 정치인이 된 신생 정치인이지만, 그 이전 수십 년간 공부를 업으로 삼고 살았다. 이 공부가 정치를 펼치는 토대가 되었음은 사실이다. 정여울은 '진짜 공부란 무엇인가'라는 화두를 쥐고 대담을 끌어갔다. 나 역시 인간이 인간답게 살려면 직업이 무엇이든 항상 공부해야 한다고 믿기에, 정여울의 문제의식에 맞춰 질문에 답했다.

감옥에 갇혀 있지만, 고요와 고독 속에서 읽고 쓰고 생각할 수 있음은 '행운'이다. 갇혀 있어도 이 일만큼은 누구의 간섭도 받지 않는 온전히 자신만의 영역이다. 고립된 조건이기에 공부의 농도와 밀도는 오히려 높아진다. 갇히지 않았더라면 읽지 못했을 책을 읽고, 차분하고 깊게 생각할 시간을 갖게 된 것은 '행운'이다. 또한 참새 소리에 잠을 깨 밝아오는 하늘을 바라보고 해가 진 후 개구리 소리를 들으며 잠들 수 있어 '행운'이다. 감사한 마음으로 이 모든 '행운'을 받아들인다. 절망과 비관의 시간이라 할 수 있지만 공부를 통해 희망과 낙관을 키운다. 김대중 대통령은 《다시, 새로운 시작을 위하여》에서 "참아야 할 이유가 있는 사람은 참을 수 있습니다"[1]라고 말했다. 감옥에서의 공부는 추후 자유를 되찾는 날 전개할 활동의 원천이 될 것이다.

삶에는 각본이 없다. 전혀 예상하지 못한 악운이 발생하고 그 결과 고초를 겪게 된다. 수구 기득권과 부딪치며 변화를 추구할 경우 이는 원래부터 예정된 것인지도 모른다. 이 시련 앞에서 무너지지 않으려면 자신이 하려 한 일의 가치와 사람을 향한 믿음을 간직해야 한다. 그리고 자기 자신과 세상을 냉철하게 되돌아보는 성찰과 숙고가 필요하다. 이를 위해서는 공부가 필수적이다. 그간 축적된 공부가 있었기에 나는 검찰과 법원의 판단에 좌절하지 않고 정치를 통해 재기할 수 있었다.

정치인 조국의 사상과 비전, 정치인 이전 인간 조국의 고뇌와 지향을 알고 싶은 분들께 일독을 권한다. 윤석열에 대한 중형 선고와 그의 감옥행은 시간문제다. 윤석열은 윌리엄 셰익스피어William Shakespeare의 《맥베스Macbeth》 속 주인공 맥베스와 같은 악행을 저질렀고, 같은 결말을 맞을 것이다. 윤석열 파면 이후 대한민국의 비전과 과제를 알고 싶은 분들께 일독을 권한다. 우리에겐 민생과 복지 중심의 제7공화국, 공감과 연대 정신을 제도화한 제7공화국이 필요하다.

이 글을 빌려 감옥으로 위로와 격려의 편지를 보내주신 수많은 국민께 뜨거운 감사와 튼튼한 연대의 인사를 올린다. 그 마음과 뜻 소중히 간직하며 몸과 마음을 다지고 있다. 그리고 내란 격퇴의 산물인 이재명 정부의 성공을 기원한다. 포용과 함께 단호함으로 국정을 운영하고 개혁을 단행해 제7공화국으로 가는 문을 열길 소망한다.

2025년 7월, 천왕산 아래 서울남부교도소에서
조국

# 당신이 두려워하는 것은 무엇인가

## 여는 글

그에게서 나는 뜻밖의 위로를 받았다. 환난에 처한 그를 조금이라도 위로하고 싶었던 내가 그로 인해 오히려 더 커다란 위로를 받았다. 그는 '조국 사태'로 거의 멸문지화滅門之禍를 당한 뒤에도 단지 '살아남았다'라는 사실 자체로 진정 고맙다고 했다. 조국의 법률가 친구들이 그에게 무슨 일이 있어도 '공소권 없음(피의자의 죽음)'이 되면 안 된다고, 제발 죽지만 말아달라고 부탁했다는 이야기를 들으며 내 마음속에도 뜨거운 울음이 차올랐다. 생환生還, 살아 있음, 아무도 죽지 않았음, 그것만으로도 충분하다고, 정말 괜찮다고 생각하는 그의 진심이 폐부를 깊숙이 찌르는 듯했다. 너무 많은 것을 원하는 내가 부끄러워졌다. 살아 있음 자체만으로는 만족하지 못하는 내 욕심이 부끄러웠다. 그리고 그 어떤 사심도 없이 민주주의의 전진을, 검찰독재의 종식을, 동료 시민의 참된 행복을 꿈꾸는 그의 마음을 비로소 이해할 수 있었다. 감옥으로부터 온 조국의 정성스러운 손글씨 편지를 읽으며 대화를 나눈 모든 순간은 '한없이 머나먼 사람, 조국'이 '한없이 우리와 닮은 사람, 조국'으로 바뀌는 순간이었다. 조국의 공부는 그를 살리고, 민주주의를 살리고, 마침내 우리 모두를 제대로 살게 하기 위한 눈물겨운 투쟁이었다.

이 사람은 기어코 내 용기를 시험한다. 물어보고 싶은 말이 참으로 많은데, 나는 커다란 용기를 내야 그에게 질문할 수 있었기에. 내가 그를 처음 만났을 때 그는 법학자였다. 두 번째로 만났을 때 그는 법무부장관을 마친 후 다음 행보를 모색 중이었다. 그리고 세 번째로 만났을 때 그는 조국혁신당 대표로서 조금도 쉴 틈 없이 대한민국의 민주주의를 되찾기 위해 싸우고 있었다. 마침내 법학자 조국을 넘어 인간 조국에게 용기를 내 대담을 요청하고 편지를 주고받는 동안, 우리는 어느새 질문하는 사람과 질문받는 사람을 넘어서서 '함께 이 세상을 공부하는 도

반'이 되어감을 느꼈다. 첫 질문을 시작할 때는 '그가 내 질문을 받아줄까'라는 걱정으로 몹시 떨렸는데, 막상 대화를 시작하자 그는 누구보다 친절하고 따스했다. 법학자 조국과 정치인 조국을 넘어 인간 조국에게 물어보고 싶은 말, 꼭 듣고 싶은 말, 지금이 아니면 그 간절함이 사라져 마침내 허공으로 흩어질 것만 같은 말. 그 간절한 말들이 모여 이 책이 되었다.

그는 너무 많은 것을 잃어버렸다. 자의가 아니라 타의에 따라. 어쩌면 그는 옳다고 믿는 것을 실행하기 위해 자신의 모든 것을 던져버릴지도 모른다. 그런 공포가 밀려들 때, 나는 문득 그에게 들려주고 싶은 말이 생각났다. "우리는 세상을 구하기 위한 여정이 아니라 우리 자신을 구하기 위한 여정을 떠나는 것입니다. 하지만 우리 자신을 구함으로써 세상도 함께 구할 수 있습니다." 신화학자 조지프 캠벨Joseph Campbell의 말처럼 나는 그가 자신을 먼저 구했으면 좋겠다. 이 세상을 구하기 위해 자신을 너무 많이 희생하지 말았으면 좋겠다. 이미 충분히 빼앗기고 잃어버리고 내려놓았으니까. 그런데 그는 위험한 줄 알면서도 그 길에 뛰어들어 이렇게 말한다.

"하든가 하지 말든가. 시도 따위는 없다Do or do not. There is no try."[2] 대다수가 말리던 창당을 결심할 당시 나의 마음이기도 했다. 마키아벨리의 표현을 빌리자면 포르투나Fortuna(운명)를 꺾기 위해서는 자신의 비르투Virtù(용기)를 극대화하여 몸을 던져야 한다.[3]

그는 그토록 엄혹하고 잔인한 '조국의 시간'을 견뎌냈으면서도, 자신의 안위를 걱정하기보다는 우리의 두려움과 함께하고자 한다. 그가 묻는다. 당신은 무엇을 가장 두려워하느냐고. 그는 자신을 찌르는 칼이 결국 또 다른 타인을 찌르지 않도록, 상처 입은 마음을 꿰매고 치유의 연고를 바를 틈도 없이 또 머나먼 투쟁의 길을 떠나려 한다. 그의 말은 날카로운 단도가 되어 우리 가슴을 찌른다. 우리가 가장 두려워하는 것, 그것은 바로 우리를 언제든 감옥에 넣을 수 있는 권력이기에. '정의의 여신 디케의 눈물'은 곧 '우리 모두의 눈물'이 되어 이미 충격적 뉴스로 하루하루 만신창이가 되어 가는 우리 가슴을 적신다. 한편으로는 그의 이런 용감함이 통쾌하다. 윤석열이 지휘하는 검찰공화국의 그늘에 너무 익숙해져 우리가 차마 꺼내놓지 못하던 그 말이 마침내 생각지도 못한 사람, 조국에게서 흘러나왔다. 검찰공화국이 휘두르는 책임 전가의 보도와 압수수색과 과잉형벌의 커다란 피해자 중 한 사람임에도 불구하고 그는 두려워하지 않고, 물러서지 않고, 우리 모두의 가슴속에 숨죽이고 있던 외침을 끌어냈다.

마치 아직 오지 않은 승리를 예감하는 꿈속의 승전고처럼 그 말이 우리 모두의 심장을 고동치게 만들었다. "3년은 너무 길다." 이 말은 모든 것을 바꿔놓았다. 우리가 검찰 권력이 두려워서, 때로는 모든 것이 귀찮고 힘들어서, 마음 깊은 곳에 묻어둔 '3년은 길어도 너무 길다'라는 생각을 그가 정말 향기로운 폭탄처럼 입 밖으로, 세상 밖으로 던져버린 것이다. 이후 조국의 행보는 그야말로 파죽지세였다. "느그들, 쫄았제?" 방송에서, 시민들과 거리에서 함께 나누는 대화와 연설 속에서, 그는 굽힐 줄 모르는 기개를 보여주었고 시민들은 그의 거침없는 행보에 환호를 보냈다. 그에게는 이제 여유마저 생겼다. '조국 사태'로 지인들을 만나는 것마저 미안해하며 두문불출하던 조용한 조국이 아니었다. 아니 조용해 보이던 그 모든 순간에도 그는 이미 길고도 확실한 투쟁, 승리를 향한 투쟁을 차곡차곡 준비하고 있었다.

나는 용감한 조국과 자신의 안위 따위는 생각하지 않는 조국을 좋아하지만, 그럼에도 여전히 그의 안부를 걱정한다. 조국의 승리뿐 아니라 조국의 행복도 바라는 다른 수많은 시민처럼 그가 어서 자유와 행복을 찾기를 바란다. 이 책이 그의 눈부신 투쟁과 함께 소중한 자유와 행복도 되찾아주는 불쏘시개가 되기를 바란다. 나를 비롯해 그를 단지 한 개인이 아니라 '우리의 아픔을 함께하는 희귀한 사람'으로 기억하는 이들은 그가 세상도 구하고 자신도 구하기를 바랄 것이다. 그의 말과 앞으로의 행보 그리고 세상을 향한 그의 사랑이 마침내 그를 구할 것을 믿으며.

나는 아직도 돈키호테의 불가능한 이상을 꿈꾼다. 미겔 데 세르반테스Miguel de Cervantes의 《돈키호테Don Quijote》 이야기를 각색한 뮤지컬 《맨 오브 라만차Man of La Mancha》 속 이러한 가사에 여전히 가슴이 뛴다. "불가능한 꿈을 꾸는 것, 그것이 바로 내 사명입니다."[4] 그런데 살아 있는 조국 덕분에 나는 그 불가능한 이상이 엄연한 현실로 바뀌는 눈부신 순간들을 보았다. '조국 사태'를 초래하며 검찰권을 옹위하려 한 정치검사들에게 맞서 서초동 사거리에서 촛불 십자가라는 거대한 꿈이 이뤄졌다. 또한 "3년은 너무 길다"라는 조국의 외침은 희망을 잃은 가슴에 통쾌한 죽비가 되어주었다. '설마 또 탄핵이 되겠어'라는 비관론에 빠져 있던 수많은 사람에게 "피청구인 윤석열을 파면한다"라는 기적 같은 소식이 들려올 때까지. 그는 감옥에서조차 끝까지 싸웠고 그가 이끄는 조국혁신당은 민주주의의 쇄빙선처럼 지금도 시대의 절망과 희망의 맨 앞에서 분투하고 있다.

언론 보도와 다양한 저서에서 조국을 접한 이후, 20년간의 경험과 관찰로 나는 깨달았다. 조국은 타인의 눈에 불가능해 보이는 이상을 언젠가 반드시 현실로 만드는 사람임을. 우리에게는 상대방을 비방하느라 자신의 비전을 제시하지 못하는 지도자가 아니라, 소리쳐 부르짖기만 하고 실천하지 못하는 리더십이 아니라, 조용하고 차분하지만 실은 치밀하고 과단성 있게 철저히 준비하고 용감히 맞서 싸우는 리더십이 필요하다. 그것은 단지 다음 시대 지도자를 결정하는 일에 그치지 않는다. 조국의 공부·조국의 실천·조국의 삶은 우리에게 절실한 '매일매일의 민주주의'를 위하여, 차별과 억압과 분노로 가득했던 지난날을 청산하는 '희망의 민주주의'를 위하여, 주권자 한 사람 한 사람의 삶의 질 자체를 바꾸는 '행복의 민주주의'를 위하여 필요한 것을 절실히 고민하게 만든다.

 나는 이 책이 조국을 향한 호오好惡의 감정을 넘어, 있는 그대로의 조국을 투명하게 알고 싶은 사람들에게 도움을 주었으면 한다. '조국을 잘 이해하지 못하겠다, 도대체 그는 왜 그랬을까'라는 질문을 품은 사람들에게 도움을 주었으면 좋겠다. '조국을 지지하지만, 조국의 마음은 잘 모르겠다'라는 사람들에게도 도움을 주었으면 좋겠다. 나아가 '조국의 생각에 반대하지만, 조국은 우리 시대가 낳은 뜨거운 상징이다'라는 것을 이해하는 사람들에게도 이 책의 메시지가 마침내 가 닿았으면 좋겠다. 이 책이 조국에게 묻고 싶었으나 차마 묻지 못했던 모든 것의 간절한 화답이 되기를 바란다.

        2025년 7월, 독자들과 만나고 돌아오는 열차 안에서
                     정여울

**차 례**

| | | | |
|---|---|---|---|
| **여는 글** | 자존과 행복을 위한 공부, 공존과 연대를 위한 정치 | **조국** | 12 |
| **여는 글** | 당신이 두려워하는 것은 무엇인가 | **정여울** | 16 |

# 성장하는 공부

# 1

## 심 心 : 위기 속에서 자신을 용사로 만드는 마음 간수

선비에서 투사로, 그를 변신시킨 용기 —————————— 33
나에겐 언제나 문학이 있었다 ———————————— 35
《레 미제라블》, 어려운 시기를 이겨내는 담력 —————— 38
《태백산맥》, 이념 대립에서 사람을 지키려 한 기백 ———— 43
잃어버린 자존감을 되찾는 길 ———————————— 44
마음돌봄의 기술 ——————————————————— 47
조씨고아 그리고 '공소권 없음' ———————————— 51
상대를 수거하고 척결하는 자들을 향하여 ——————— 53
〈홀로 아리랑〉을 부르며 홀로가 아님을 깨닫다 ————— 54

## 독 讀 : 둔탁한 삶을 깨는 도끼를 찾기 위해서

한문 공부를 좋아하던 소년 ————————————— 57
폐문독서, 문을 닫아걸고 맹렬하게 책 속에 빠지는 시간 — 59
《소년이 온다》, 트라우마를 대면하는 인간의 용기 ——— 62
문해력, 스스로 생각하는 힘 ————————————— 67
여성들의 헌법 필사, 우리 헌법사 최초의 현상 ————— 68
책을 읽고 나누는 일상 ——————————————— 72
운명을 바꾸는 독서 ————————————————— 73

## 학 學 : 자신에서 자연까지 생각하는 공동체적 공부

공동체적 공부란 무엇인가 —————————————— 77
무한 출혈 경쟁을 막는 교육개혁 ——————————— 78
권력형 엘리트에서 공생하는 엘리트로 ———————— 81
의대와 로스쿨 ——————————————————— 83
대안을 모색하는 공부 ———————————————— 85
영화로 철학하기 —————————————————— 87
나의 존엄을 지켜주는 공부는 쓸쓸하지 않다 —————— 90

# 참여하는 공부

**2**

## 연(連) : 길을 잃은 한국이 다시 길을 찾기까지의 투쟁과 연대

- 한국인의 정치·사회적 DNA —— 95
- 빛의 혁명이 만드는 아름다운 기적 —— 96
- 자기 자신에게만 충성할 때 벌어지는 일 —— 98
- 가슴에 돋는 칼로 슬픔을 자릅니다 —— 99
- 이분법적 국제관계관 —— 101
- 숫자 계산에 가려진 본질 —— 102
- 피청구인 윤석열을 파면한다 —— 105
- K-민주주의의 힘 —— 106
- K-엘리트의 추태 —— 108
- 맞불 놓기 —— 109
- 압수수색 —— 111
- 법조 엘리트의 해석과 국민의 선택권 —— 113
- 대화와 타협 그리고 단호함이 필요한 때 —— 115
- 우리는 어디로 갈 것인가 —— 116

## 민(民) : 선량한 의도의 정치가 민주주의를 발전시킬 때

- 태어나서 본 아름다운 풍경 —— 119
- 당신은 무슨 주의자입니까 —— 120
- 민중, 우중, 폭중 —— 122
- 지방분권 개헌 —— 125
- 약자와 복지 —— 126
- 정치·경제·사회민주화 —— 128
- 한쪽으로 치우친 세력의 비극 —— 130
- 레거시 미디어와 유튜브의 팩트 체크 —— 132
- 한국 사회의 엘리트주의 —— 134
- 사회권에 관하여 —— 135

## 법(法) : 법을 알면 보이는 것들

- 왜 나는 법을 공부하는가 —— 139
- 법비와 법추 —— 141
- 법이 공정해도 법률가가 공정하지 않다면 —— 143
- 재심, 잘못된 판결을 바꿀 수 있는 힘 —— 144
- 형사법의 성편향 —— 147
- 일상화된 폭력으로부터의 해방 —— 150
- 범죄라고 규정한 행위가 정말 범죄가 맞는가 —— 152

# 살아내는 공부

## 3

## 인 / 人 : 인간적 약점을 사랑하게 만드는 원동력

- 나의 존경하는 후배, 박종철을 기리며 —————— 159
- 나의 빛나는 벗, 최강욱 —————— 160
- 지식인의 지식인, 유시민 작가 —————— 162
- 우정, 힘들 때 더더욱 빛이 나는 관계 —————— 164
- 스승에 관하여 —————— 166
- 동지를 모으는 덕목 —————— 168
- 리더, 손가락을 타인이 아니라 자신에게로 향하는 사람 — 169

## 승 / 勝 : 모두가 승리하는 삶을 살기를

- 독거, 내면을 바라보는 시간 —————— 173
- 감옥에서 받은 편지 —————— 175
- 변한 것과 변하지 않은 것 —————— 178
- 아무 말 없이, 오직 '승리'라는 단어만을 적다 —————— 180
- 상처받은 자의 승리 —————— 181

## 생 / 生 : 불꽃 같은 상처 입은 치유자

- 가장 낮은 곳에서 맨몸으로 쓰는 책 —————— 185
- 성공의 진정한 의미, 내면의 행복 —————— 187
- 순한 사람, 무서운 사람 —————— 188
- 조국 사태가 아닌 조국 사냥, 그 이후 —————— 190
- 약관의 정치와 이순의 정치 —————— 193
- 상처 입은 치유자 —————— 195
- 심장에 새기는 문구 —————— 197
- 오만과 편견 —————— 198
- 살아 있는 안티고네 —————— 199
- 인간 조국으로 석방된다면 —————— 200
- 아름답게 나이 들어간다는 것 —————— 202

# 치유하는 공부

4

## 2009년 처음 만난 조국
### : 민주주의의 성찰적 진보를 꿈꾸며

노무현 이후, 한국 사회의 민주주의는 어디로 나아가는가 — 207
우리는 마음속에 저마다의 비석을 세우는 중이다 ——— 209
중도실용의 화려한 립서비스 ——————————— 215
'욕망의 정치'와 민주주의는 대립하는가 ——————— 218
창조적 계급 배반 혹은 희망의 제도화 ———————— 221
행복의 제도화를 위한 길 —————————————— 224
이토록 소중한 민주주의라는 산소 —————————— 231

## 2023년 다시 만난 조국
### : 공부가 나를 지켜주었다

지성의 시작, 진심을 다해 사과하는 용기 ——————— 237
어린 시절의 한자 공부, '공부하는 사람 조국'의 시작 —— 239
그들은 나를 결코 죽이지 못한다 —————————— 243
나는, 우리는 무너지지 않는다 ——————————— 247
공감의 공부, 동료 시민과의 뜨거운 연대 ——————— 249

## 2025년 정여울이 다시 쓰는 조국
### : 조국론曺國論

고통 속에서도 힘을 주는 공부 ——————————— 257
진보의 이정표를 제시하다 —《성찰하는 진보》————— 258
대화하는 조국, 열린 조국의 첫인상 —《진보집권플랜》— 260
절망 속에서 희망을 발견하는 시간 —《조국의 시간》—— 262
최악의 독재 속에서도 희망 발견하기 —《디케의 눈물》— 265
대한민국의 청사진 —《가불 선진국》————————— 267
법학자 조국의 명강의 —《조국의 법고전 산책》———— 269
찬반으로 나뉜 세상에서 마음의 중심 잡기 —————— 271

| 닫는 글 | 투쟁하는 자들이 비로소 행복해지는 세상 **정여울** | 278 |
| 미주 | | 284 |

# 성장하는 공부

**1**
---

: 위기 속에서
 자신을 용사로 만드는
 마음 간수

인생의 크기는 용기의 크기에 비례하여 축소되거나 확장된다.
― 아나이스 닌 Anais Nin

## 선비에서 투사로, 그를 변신시킨 용기

**정여울** 이 책을 준비하는 매 순간이 저에게는 보이지 않는 어떤 거대한 장벽을 뛰어넘는 듯한 담력 시험이었습니다. 남들에게는 보이지 않아도 제게는 분명히 보이는 제 한계와의 싸움이었지요. 과연 제가 이 커다란 일을 해낼 수 있을까, 스스로를 자꾸만 다그쳤습니다. 어쩌면 저는 그런 시시콜콜한 걱정에 빠져 진짜 제 마음을 투명하게 들여다보지 못한 것인지도 모릅니다. 그렇게 걱정할 시간에, 그렇게 두려워할 시간에, 그냥 과감하게 글을 쓰면 그만이었을 텐데요.

이제야 용기를 내 글쓰기를 시작하는 이 순간이 참으로 눈부시게 느껴집니다. 지금 용기를 내지 못하면 1년 후, 10년 후 그리고 제가 죽음을 맞이할 때 얼마나 후회할지 이제는 분명히 알기 때문입니다. 제가 이 책을 다 마치지 못할 것 같은 두려움을 이겨내야만 비로소 제가 진짜 저다울 수 있을 거라는 생각이 들기 때문입니다. 제가 '조국'이라는 거대한 화두를 풀지 못한 채 삶을 마칠지도 모른다는 공포와 싸워 이긴 투쟁의 기록이 이 책일 수 있겠다는 생각이 들자 비로소 첫 문장을 시작할 용기가 생겼습니다.

대표님이나 교수님 등 여러 호칭이 있지만 언제나 변함없이 편안한 호칭은 '선생님'이 아닐까 해서 조국 선생님으로 부르려 합니다. 이제 선생님의 인생 속에 스며 있는 공부의 의미를 알고 싶던 제 마음속 맨 처음 질문으로 다시 돌아갈 용기를 내봅니다. 이 책은 정치인, 교육자, 공직자를 넘어 자연인 조국에게 묻고 싶은 질문으로 시작하고 싶었습니다.

자연인 조국에게 묻고 싶은 첫 번째 질문. 선생님의 그 커다란 용기는 어디서 샘솟는 것인지요. 저는 그 용기의 뿌리가 지금까지 선생님이 해온 '공부'에서 나오는 것이 아닌가 하는 상상을 해보았습니다. 선생님의 공부 속에 사람이 있고, 역사가 있고, 희망이 있고, 인류를 향한 사랑이 있는 것이 아닌가 생각해봅니다. 한강 작가는 아스트리드 린드그렌Astrid Lindgren의 《사자왕 형제의 모험 Bröderna Lejonhjärta》에서 1980년 광주에 관한 글쓰기의 뿌리를 찾았는데요. 조국 선생님에게도 어린 시절 독서나 공부의 기억 중 지금까지도 삶에 커다란 영향을 끼치는 것이 있는지 궁금합니다. 책을 읽은 경험도 좋고 누군가와의 대화에 스며 있는 추억도 좋습니다. 배움이나 공부와 관련한 기억은 모두 중요하게 느껴지지요.

**조국** '선생'이란 호칭은 현재의 저에게 딱 맞습니다. 용기라……. 몇 년간 검찰 수사를 받고 난 후에도 무너지지 않고 조국혁신당을 만드는 모험을 하고, 이어 윤석열 대통령 탄핵 투쟁의 선봉에 선 것을 말하는 것 같습니다. 정치투신 이전까지 제 이미지는 '선비'였습니다. '부드러운 사람' '예의 바른 사람' '순한 사람' 등이 중평이었지요. 2024년 조국혁신당 창당 이후에는 평가가 달라지더군요. "순한 사람이 화를 내면 진짜 무섭다더니……." 이런 말을 많이 들었습니다.

그러면 어떻게 선비에서 투사가 되었을까 하는 질문이 생길 수 있겠습니다. 즉각적으로는 '참을 만큼 참았다'라는 말을 하고 싶습니다. 더 깊이 들어가면 사람에 관한 믿음이 용기의 원천이라고 할 수 있습니다. 2019년 '조국 사태' 발발 이후 많은 사람이 저를 비난하고 윤석열과 그가 이끄는 검찰을 찬양 혹은 두둔했지만, 정반대 입장에 서서 저를 위로하고 격려한 사람들도 있었습니다. 그 이전까지 잘 알지 못하던 사람들이 적극 다가와 손을 잡아주었습니다. 이분들이 있었기에 창당도 결심할 수 있었고, 정치인의 삶도 살 수 있었습니다. 물론 2019년 이전부터 저와 마음과 뜻을 같이하며 깊이 교감해온 벗도 있었고요.

다음으로 역사에 대한 믿음입니다. 윤석열 대통령과 검찰 그리고 윤석열 정권의 악행이 국민 앞에 드러날 것이라고 믿었습니다. 우리나라 역사건 다른 나라 역사건 공부를 하면 궁극에는 악인의 본색이 드러나고 만다는 것을 알 수 있지 않습니까. 2019년 이후에는 우리 현대사의 격랑을 헤쳐 나갔던 용감한 원로들의 회고록과 평전을 많이 읽었습니다. 리영희, 김대중, 한완상, 임동원, 이해찬 등등. 청소년 시절이나 대학 시절 독서도 저에게 용기를 주었음은 물론입니다.

'행동하는 양심'이 돼야 하고 '행동하지 않는 양심은 악의 편'이라는 것을 다시 우리가 명심해야 합니다.[1]

인생은 생각할수록 아름답고 역사는 앞으로 발전한다.[2]

### 나에겐 언제나 문학이 있었다

**정여울** 검찰에 멸문지화를 당하고 나서 그 고통스럽던 시간에 선생님에게 도움을 준 어른의 공부 혹은 마음공부는 어떤 것인지요. 그토록 힘든 일을 겪으면 사람들은 보통 원래 좋아하던 공부마저 손을 놓기 마련인데, 선생님은 더욱 맹렬하게 공부한 것 같습니다. 어떤 공부에 몰두했기에 다시 새롭게 정치인 조국이라는 더 커다란 삶의 격랑 속으로 뛰어들 용기를 얻었는지, 그 공부의 내용이 궁금합니다.

**조국** 시련의 기간 책을 읽고 또 읽었습니다. 고통을 잊기 위함이기도 했고, 위로를 얻기 위함이기도 했습니다. 그중 저에게 가장 큰 용기를 준 책을 두 개만 꼽자면, 빅토르 위고Victor Hugo의 《레 미제라블Les Misérables》과 조정래의 《태백산맥》이라는 문학작품이 아닌가 싶습니다. 전자는 혁명 이후 요동쳤던 19세기 프랑스 역사를, 후자는 한국 광복 전후의 역사를 웅대하고 조밀하게 그려냈지요. 성공과 실패, 전진과 후퇴, 신의와 배신 등이 교직交織하는 역사를 되돌아보면서 현재를 살아가고 미래를 전망하는 힘을 얻을 수 있었습니다. 《레 미제라블》은 이곳에 들어와 다시 읽고 있습니다. 첨언하고 싶은 것은 아무리 용감한 사람에게도 자유를 박탈당하는 감금은 힘들다는 것입니다. 나치와 싸우다 죽은 디트리히 본회퍼Dietrich Bonhoeffer는 시 〈나는 누구인가Wer bin ich?〉에서 감옥 생활의 고통과 막막함을 진술하게 토로한 바 있지요.

> 나는 누구인가? 사람들은 종종 말한다.
> 나는 감방에서 나올 때
> 영주의 성을 나서는 사람처럼
> 침착하고, 유쾌하고, 당당하다.
>
> 나는 누구인가? 사람들은 종종 말한다.

나는 간수들과 이야기할 때
내가 명령할 권한이라도 있는 사람처럼
자유롭고, 친절하고, 명료하다.

나는 누구인가? 사람들은 또한 말한다.
나는 불행한 날들을
승리에 익숙한 사람처럼
침착하게, 미소 지으며, 자랑스럽게 견딘다.

나는 정말 남들이 말하는 그런 존재인가?
아니면 나 자신이 아는 그런 사람인가?

불안하고, 갈망하고, 병이 든
새장 안의 새처럼,
숨 쉬려 안간힘 쓰고,
누군가 내 목을 조이는 듯 답답하고,
빛깔과 꽃과 새소리를 갈구하며,
따뜻한 말과 인간의 온기를 목말라하며,
폭력과 사소한 모욕에도 분노에 떨고,
큰일이 일어나길 기다리며 흔들리고,
멀리 있는 친구들을 걱정하며 무력하고,
기도도, 생각도, 창작도 지치고,
모든 것을 그만두고 싶은 마음에 휘청거린다.

나는 누구인가?
이 사람인가 저 사람인가?
오늘은 이런 사람이고 내일은 저런 사람인가?

아니면 둘 다인가?
사람들 앞에서는 위선자이고,
자기 자신 앞에서는 한심하게 흐느끼는 약자인가?
혹은 내 안에는 패배한 군대처럼
승리를 향해 무질서하게 도망치는 존재가 있는가?

나는 누구인가?
이 외로운 물음이 나를 조롱한다.
내가 누구이든, 신이 아시니, 나는 신의 것입니다.[3]


## 《레 미제라블》, 어려운 시기를 이겨내는 담력

**정여울** 《레 미제라블》을 다시 읽고 있다니 더욱 반가운 마음입니다. 2023년 조국 선생님과 만났을 때 저와의 공통점을 찾아서 무척 기뻤는데요. 바로 《레 미제라블》을 전 국민이 함께 읽었으면 하는 '소원'이 일치했던 점이었지요. 이 작품을 온 세상 사람이 함께 읽는다면, 세상을 향한 '거대한 질문'을 함께 던질 수 있겠다는 생각이 들었거든요. 조국 선생님에게 《레 미제라블》은 특별한 의미를 지닌 책 같습니다. 《레 미제라블》을 처음 접한 시절의 이야기를 먼저 들려주면 어떨까요? 왜 수많은 고전 중에서도 《레 미제라블》이 특히 기억에 남았는지 들려주면 좋겠습니다.

**조국** 《레 미제라블》은 전 세계에서 베스트셀러가 된 소설로 고전 중의 고전이지요. 영화로도 여러 차례 만들어져 인기를 끌었고 주제곡도 많이 알려졌습니다. 저는 초등학교 시절 어린이용 압축판으로 처음 접했습니다. 흥미진진했고 감동적이었지요. 이후 고등학교 시절 문고판으로 읽었습니다. 세월이 한참 흐른 뒤 더 좋은 번역본이 출간되었기에 다시 읽었습니다. 구속된 후 《레 미제라블》을 또 읽는 이유는 유죄판결을 받고 갇힌 사람, 정치개혁과 사회개혁을 추진한 정치인으로서 되새기고 싶은 여러 구절이 있기 때문입니다. 격변과 시련을 헤쳐 나가는 주인공들의 모습은 힘든 시간을 견디는 데 도움을 준다는 점도 선택 이유입니다.

> **정여울** 《레 미제라블》은 특히 어려운 시기에 수많은 사람에게 용기를 주는 책인데, 선생님에게는 어떤 인물의 어떤 대사와 장면이 용기를 주었는지요.

**조국** 이 흥미진진한 소설을 읽으며 장 발장 등 주인공들의 처지와 고통, 꿈을 상상하고 공감하면 좋겠다는 생각이 들었습니다. 주인공 각각이 다 소중하고, 워낙 명대사와 명장면이 많아 다 나열하기가 어렵네요. 시간과 공간이 변했고 정도와 범위도 다르지만, 19세기 프랑스 사회를 배경으로 한 이 소설은 21세기 한국 사회에도 묵직한 메시지를 던지고 있습니다. 특히 자산·주거·건강 불평등과 심각한 양극화가 우리 국민의 고통과 불안의 핵심 원인인 현실이라 빅토르 위고가 소설에서 던지는 해결책에 귀 기울일 필요가 있습니다.

제가 주목하는 부분 몇 개만 소개합니다.

> 이 두 문제를 해결하라. 부자를 격려하고 빈자를 보호하

라. 빈궁을 절멸하라. 강자에 의한 약자의 부정한 착취를 종식시켜라. 이미 도달한 자에 대한, 가고 있는 중에 있는 자의 부당한 질투를 억제하라. 노동 임금을 수학적으로, 그리고 우애적으로 조정하라. 어린이의 성장에 무상 의무 교육을 주고 학문으로 성년의 기초를 만들어라. 손을 활용하면서도 지능을 계발하라. 강력한 국민임과 동시에 행복한 인간들의 가족이 돼라. 소유권을 폐지하지 않고 보편화함으로써 시민 누구나가 예외 없이 소유자가 되도록 소유권을 민주화하라. 이건 사람들이 생각하는 것보다 더 쉬운 일인데, 간단히 말해서 부를 생산할 줄을 알라. 그리고 그것을 분배할 줄을 알라. 그러면 당신은 물질적인 위대함과 정신적인 위대함을 다 함께 가질 것이고, 그리고 당신은 프랑스라고 불릴 만한 가치가 있을 것이다.[4]

이런 말을 되풀이하는 데 지치지 말자. 무엇보다도 먼저 불우하고 고통스러운 군중을 생각할 것. 그들의 짐을 덜어줄 것. 그들에게 공기를 줄 것. 그들에게 빛을 줄 것. 그들을 사랑할 것. 그들에게 너그럽게 지평을 넓혀 줄 것. 모든 형태 아래 아낌없이 교육을 베풀어줄 것. 근면의 예를 보여주고, 결코 나태의 예를 보이지 말 것. 전체적인 목적의 관념을 증가시킴으로써 개인적인 짐의 무게를 감소시킬 것. 부富를 제한함이 없이 빈貧을 제한할 것. 공공의 활동과 민간의 활동의 넓은 영역을 새로 만들어낼 것. 브리아레오스[5]처럼, 약자와 짓밟힌 자들에게 사방에서 내밀어주는 백 개의 손을 가질 것. 모든 사람의 팔에 공장을 열어주고, 모든 능력에 학교를 열어주고, 모든 지성에 실험실을 열어주는 그 위대한 의무에 집단적인 힘을 사용할 것. 임금을 올릴 것. 노고를 줄일 것. 채무와 채권을 균형 잡히게 할 것. 다시 말해서 향락과 노력을 어울리게 할 것. 만족과 요구를 어울리게 할 것. 일언이폐지하여, 고통받는 자들과 무지한 자들을 위해 더 많은 빛과 더 많은 안락을 사회 기구에서 끌어내게 할 것. 이것이 형제의 의무들 중에서 으뜸가는 것임을 동정심 있는 자들은 잊지 말 것이며, 이것이 정치상 필요한 것들 중에서 으뜸가는 것임을 이기적인 자들은 알아야 할 것이다.[6]

이런 대목들을 보면 제가 교수 시절부터 강조했고 조국혁신당이 창당 시부터 내세운 사회권 보장과 강화 주장이 들어 있지 않습니까.

**정여울** 2023년 저와 만났을 때 전 국민이 《레 미제라블》을 읽었으면 좋겠다는 염원을 말한 적이 있는데요. 그 말에 숨은 뜻도 있을 것 같습니다. 전 국민이 읽어야 할 책이라고 할 때, 선생님 눈빛이 형형하게 빛났습니다. 왜 전 국민이 《레 미제라블》을 읽었으면 좋겠는지, 조금 더 자세히 이야기해주세요.

**조국** 《레 미제라블》은 어려운 시기를 견디고 이겨낼 수 있는 용기를 주는 책입니다. 주인공 장 발장은 물론 팡틴과 코제트와 마리우스는 빈곤, 전쟁, 봉기 등의 시대적 상황을 끈질긴 생명력과 굳센 용기로 헤쳐 나갑니다. 장 발장을 집요하게 쫓는 경찰 자베르의 사고와 행동에서는 윤석열을 떠올릴 수 있습니다. 명장면과 명대사가 한두 개가 아니라서 일일이 다 소개하기는 어렵습니다. 제가 종종 찾아 읽는 문장을 소개합니다.

인류의 전진을 위해서는 항상 산꼭대기에 용기라는 고매한 교훈이 있지 않으면 안 된다. (……) 시도하고, 도전하고, 고집하고, 인내하고, 자신에게 충실하고, 운명과 맞붙어 싸우고, 파탄에 공포를 느끼지 않음으로써 파탄을 놀라게 하고, 어떤 때는 옳지 않은 권력에 대항하고, 또 어떤 때는 도취한 승리를 모욕하고, 꿋꿋이 항거하고, 완강히 저항하는 것, 이런 것이야말로 국민들에게 필요한 모범이고 그들을 분발케 하는 빛이다.[7]

**정여울** 저도 《레 미제라블》에서 좋아하는 문장을 몇 개 뽑아보았습니다. 함께 모여 북클럽을 할 수 없으니(그럴 수 있다면 얼마나 좋을까요!) 이렇게라도 문장 나눔을 하고 싶어서인데요. 저는 한 번도 제대로 된 교육을 받지 못했던 장 발장이, 태어날 때부터 기울어진 운동장에서 죽어라 뛰어야 했던 장 발장이, 이 가혹한 세상을 향해 돌직구 같은 질문을 던지는 이 장면들을 좋아합니다.

'평등'은 하나의 수단을 갖고 있소. 즉 무상 의무교육이오. 초보적 권리, 그것은 바로 거기서부터 시작해야 하오.[8]

이 불행한 사건에서 잘못은 나 한 사람에게만 있었는가? 먼저, 노동자인 나에게 일거리가 없었고, 부지런한 나에게 빵이 없었던 것은 중대한 일이 아니던가? 다음으로, 과오를 범하고 자백하기는 했지만, 징벌이 가혹하고 과도하지는 않았던가?[9]

## 《태백산맥》, 이념 대립에서 사람을 지키려 한 기백

**정여울** 《레 미제라블》뿐 아니라 조정래의 《태백산맥》에서도 그런 감동을 느꼈다고 했는데요. 《태백산맥》을 몇 번이나 읽었는지, 특히 어떤 인물과 어떤 장면에서 커다란 용기와 힘을 얻었는지요. 저는 아무래도 하대치가 염상진의 무덤 앞에서 앞으로 나아갈 길을 다짐하는 마지막 장면이 지금 우리에게 필요한 용기를 일깨워주지 않을까 싶은데요. 선생님은 어떤 인물과 어떤 장면이 지금 한국 사회와 조국 선생님 자신에게 많은 영감을 준다고 보는지요.

**조국** 《태백산맥》은 조정래 문학의 절정이라고 생각합니다. 한국 사회의 식자층과 대학생, 문학을 사랑하는 독자 중 이 대작을 읽지 않은 사람은 별로 없을 겁니다. 광복 전후 역사에서 벌어진 좌우 대립, 친일파 부활, 민족 분단 등을 생생하게 보여주니까요. 초판 발간 시, 마치 책 속으로 빨려 들어가듯 속독했고 이후 내용을 곱씹으며 다시 읽었습니다. 근래 조정래 선생님이 등단 50주년 개정판을 보내주셔서 또다시 읽었습니다.

《태백산맥》에서는 각각 좌우 극단으로 정반대 길을 걸은 염상진 염상구 형제, 소작쟁의와 강제징용 경험을 뼛속 깊이 간직하고 투쟁하는 하대치 그리고 지주 계급 출신이지만 봉건적 계급 제도 타파를 추구하는 민족주의 지식인 김범우 등 주요 인물이 모두 강렬한 존재감을 발휘합니다. 빨갱이 콤플렉스에서 벗어나 이 인물들과 시대 상황을 보아야 합니다.

가장 영감을 주는 장면이라……. 염상진이 산꼭대기에서 대원들과 자폭하는 장면, 형의 죽음 앞에서 염상구가 혈육의 정을 토로하는 모습, 김구식의 민족주의 통일 노선을 따르던 김범우가 한국전쟁이 발발하자 좌익을 선택하는 장면 그리고 염상진의 무덤 앞에서 다짐하는 하대치의 모습 등을 꼽고 싶습니다. 나이가 들면서부터 이 소설에서 주인공으로 부각되진 않지만, 빨치산 대장 염상진과 극우 청년단장 염상구 형제의 어머니인 호산댁을 더 많이 생각합니다. 광복 전후의 격동과 한국전쟁의 비극 속에서 호산댁이 감당해야 했던 시련과 고통이야말로 당시 평범한 민중이 겪은 것과 같았을 테니까요. 자식들이 좌우로 나뉘어 서로 죽고 죽이는 현실을 감당해야 하는 어머니의 마음이 어땠겠습니까. 강인한 생명력으로 그 자식들의 자식들을 키워낸 어머니가 있었기에 현재의 우리가 있는 것이고요. 우리는 호산댁이 키운 염상진의 자식, 염상구의 자식일 것입니다.

## 잃어버린 자존감을 되찾는 길

**정여울** 제가 현장에서 인문학이나 글쓰기 수업을 하다 보면 강의 마지막 무렵 '자존감 문제'를 고백하는 분이 참 많습니다. "자존감이 낮아서 힘들다"라고 고백하는 분이 많고, 아무리 응원해도 "잃어버린 자존감을 되찾기가 어렵다"라고 말하는 분들도 많아 가슴이 아프곤 합니다. 현대 사회는 어쩌면 '자존감을 잃어버린 시대'일지도 모릅니다. 선생님은 자존감이 높은 편인지요?

**조국** 높다고 생각합니다. 어린 시절부터 목표를 설정하고 계획을 짜고 노력해서 성취하는 경험을 많이 한 것이 그 토대가 되었다고 봅니다. 많은 분이 제 학력이나 경력을 보며 순탄하게만 살았을 거라고 여길 수도 있습니다. 그런데 저는 1993년 국가보안법 위반으로 약 반년간 감옥 생활을 했고, 2019년 법무부장관 후보 지명 이후에는 윤석열 검찰총장의 지휘 아래 온 가족이 혹독한 수사를 받았습니다. 그 과정에서 저는 교수직을 박탈당했습니다. 자식들도 각자의 학위를 반납했습니다. 문제가 된 동양대 표창장과 인턴 증명서를 입시에 제출했다는 점 그 자체를 책임지려는 것이었지요. 배우자도 구속되어 약 3년 4개월간 수감 생활을 했습니다. 현재 저는 감옥에서 답변을 쓰고 있고요. 친한 친구, 지인 들은 "죽지 않은 게 다행이다. 살아주어 고맙다"라고 하였습니다.

저를 포함한 온 가족이 원래 있던 위치에서 떨어져 바닥으로 추락했습니다. 그래도 자존감은 유지했습니다. 저는 저 자신과 가족에게 늘 말해왔습니다. "지위나 영예는 언젠가 사라진다. 제일 중요한 것은 사람 그 자체로의 가치다. 이 가치를 유지하면서 의미 있고 재미있는 삶을 살면 그것이 멋진 인생이다." 서울대 교수, 법무부장관, 국회의원 등이 아니어도 조국은 조국입니다.

저 자신을 온전히 유지하기 위해서, 그리고 저의 흠결과 한계를 돌아보고 새로운 미래를 구상하기 위해서 공부에 몰두하지 않을 수 없었습니다. 그 과정 중에 책 네 권을 집필, 출간했습니다. 윤석열 검찰의 수사권, 기소권 오남용과 그 정치적 의도 나아가 검찰독재의 문제점을 폭로하는 《조국의 시간》과 《디케의 눈물》, '윤석열 이후'를 생각하며 어떤 제도와 정책이 필요한지를 제시하는 《가불 선진국》 등입니다. 이 세 권의 책은 2024년 창당한 조국혁신당의 비전, 정책, 노선의 기초가 되었지요. 나머지 한 권은 근대 민주주의, 자유주의, 법치주의의 사상적 기초가 된 고전의 핵심을 해설하고 21세기 대한민국에 던지는 의미를 정리한 《조국의 법고전 산책》입니다.

　이러한 책 집필을 위한 공부 외에 2017년 대통령비서실 민정수석비서관으로 임명되면서 공무에 집중하느라 읽지 못했던 책을 읽었습니다. 이를 바탕으로 저와 제 가족이 겪고 있는 시련에 관한 메타 인지를 갖게 되었습니다. 주관적 분노와 고통에 빠지지 않고 객관화할 수 있게 된 것이지요. 제가 '도사'가 되었다는 것이 아닙니다. 감당하기 어려운 고통 속에서도 이를 감내하고 그 이후를 구상·전망할 수 있게 되었다는 것뿐입니다. 여러 친구, 지인이 위로해주려는 의도로 술자리를 마련해 술을 권한 경우가 잦았습니다. 무척 감사했지만 많이 마시지 않았습니다. 취한다고 해서 객관적 현실이 사라지지는 않으니까요. 오히려 저는 읽고 쓸 때 마음의 평온을 얻을 수 있었습니다.

> **정여울** 사회적 지위를 잃고 바닥으로 추락하더라도 '나다움'을 지킨다면 자존감을 잃지 않을 수 있다는 생각이 듭니다. 나다움은 명함이나 스펙으로 증명하는 것이 아니라, 있는 그대로의 삶 자체를 사랑하는 마음에서 우러나오는 것이 아닐까 싶어요. 주변의 여러 상황 때문에 자존감을 위협받는 사람들은 어떻게 해야 자존감을 높일 수 있을까요?

　**조국** 자존감이 낮아서 고민이라는 분들이 늘어났다고 알고 있습니다. 무한경쟁, 승자독식 논리가 기승을 부리는 대한민국에서는 모두가 힘들 수밖에 없습니다. 이 경쟁에서 승자는 극소수에 불과합니다. 재벌가 자식으로 또는 특출한 DNA를 갖고 태어나는 확률도 매우 낮습니다. 이들과 자신을 비교하지 말았으면 합니다. 자신이 잘하는 것, 자신이 강한 흥미와 열정을 느끼는 것을 선택하고 한 단계 한 단계 실천하십시오. 일정한 성과를 내면 자신을 칭찬하고 자신에게 선물을 주십시오. 이러한 실천을 반복하면 자존감이 한 단계씩 높아질 것입니다.

> **정여울** 맞습니다. 자신에게 선물을 주는 것은 자존감을 키우는 정말 좋은 방법입니다. 저는 중요한 집필이나 강연을 마치면 가끔 '여행 그 자체를 위한 여행'을 떠나는데, 그것이 힘들게 일한 저를 위한 가장 좋은 선물인 경우가 많았습니다. 가끔은 선생님 자신에게 너그럽고 부드러운 미소를 지어줄 마음의 여유도 있었으면 좋겠습니다. 그동안 굳세게 잘 견뎌오셨으니까요. 저를 비롯한 수많은 사람이 선생님의 삶을 보며 용기와 응원의 빛을 느끼고 있습니다. 제가 쓴 책 《끝까지 쓰는 용기》를 주제로 부산에 글쓰기 강의를 하러 갔다가 돌아오는 길에 양산 통도사에 들러 갓 개화한 홍매화를 보았습니다. 홍매화의 꽃망울이 봄의 시작을 알리는 싱그러운 전령처럼 느껴졌습니다. 인생에서 가장 혹독한 겨울을 나면서도 늘 강인한 모습을 보여주는 조국 선생님 덕분에 저도 마음을 무장하며 '이 책을 끝까지 쓸 용기'를 내고 있습니다.

## 마음돌봄의 기술[10]

> **정여울** 12·3 비상계엄 이후, 우리는 그야말로 여러 가지

의미에서 '초유의 사태'를 많이 겪었습니다. 그중에서도 2025년 1월 19일 서울서부지방법원 폭동이 가장 충격적이었는데요. 서울서부지방법원 폭동이 우리 사회에 주는 의미와 폭동 사건을 접하면서 느낀 심경을 허심탄회하게 들려주세요.

**조국** 광복 정국에서 극우파는 백색 테러를 자행했고, 권위주의 또는 군사독재 정권에서는 극우화한 국가권력이 그 권력을 이용해 대국민 테러를 일삼았습니다. 1987년 정치민주화 이후에도 극우파가 존재했지만 주변화한 상태였습니다. 그런데 윤석열 정권 출범 뒤 이들은 중심부로 진입했습니다. 대통령 취임식에 극우 유튜버들이 버젓이 초청받았고, 대통령비서실에도 극우활동 경력자가 들어갔습니다. 전광훈으로 대표되는 극우 개신교집단, 리박스쿨 같은 극우 사회단체, 극우 성향 퇴역 군인단체 등이 기세등등해졌습니다. 그리고 이러한 극우파들 주장에 현혹되거나 동조하는 사람들이 늘어났습니다. 윤석열부터 극우 유튜브 애청자였음은 확인되었고요.

2025년 1월 19일 서울서부지방법원 난입·파괴 사건은 이들 극우파가 이제 폭력 행사마저 꺼리지 않음을 보여준 충격적 사건입니다. 법원이 자신들의 수장 윤석열에게 구속영장을 발부하자 '저항권' 운운하며 법원 파괴와 판사 공격에 나선 것입니다. 이 분명한 범죄를 두고 집권당 국민의힘이 감싸는 태도를 보이는 점도 경악스럽습니다. 이 폭력집단은 윤석열 대통령 및 집권당과도 정치·정신적으로 일체화한 상태입니다. 1987년 정치민주화 이후 어느 보수 대통령, 보수 집권당 아래서도 일어난 적 없던 일입니다.

우리는 대한민국의 정치적 민주주의와 경제적 성취를 자부해왔습니다. 그러나 12·3 비상계엄과 1·19 법원 난입은 K-민주주의가 얼마나 취약해질 수 있는지, K-민주주의의 향후 과제가 무엇인지 여실히 보여주었습니다.

> **정여울** 대통령 탄핵 정국이 장기화하면서 둘로 갈린 세상의 혼란에 극심한 피로감을 호소하는 사람들이 급증했습니다. 이럴 때 도움을 줄 만한 '마음돌봄의 기술'이 있다면 어떤 것일까요? 주변이 너무 시끄러울 때, 마치 내전이라도 일어난 것처럼 고통스러울 때, 우리에게는 어떤 마음공부가 필요할까요? 요즘 하는 마음 수련 방법을 이야기해주어도 좋습니다.

**조국** 윤석열 대통령 탄핵 정국이 이어지는 한 정치적 내전은 불가피합니다. 정치적 내전 기간을 짧게 끝내는 것이 마음의 평화를 찾는 선결 요건입니다. 그런데 이 내전 경로와 결과는 아무도 예측할 수 없으니 다들 힘들어합니다. 저도 마찬가지고요.

저는 종교인이나 수도자가 아니므로, 그런 방식의 마음 수련을 하지 못합니다. 이를 두고 말할 자격이나 능력이 없습니다. 갇혀 있는 저에게 친애하는 벗이 기독교 윤리학자 라인홀드 니부어Reinhold Niebuhr의 시 〈평온을 비는 기도The Serenity Prayer〉를 보내주었습니다.

> 바꿀 수 없는 것은 받아들일 수 있는 평온을 주소서.
> 바꾸어야 할 것은 바꿀 수 있는 용기를 주소서.
> 무엇보다 그 둘의 차이를 구별할 수 있는 지혜를 주소서.[11]

〈평온을 비는 기도〉는 제 마음을 정돈하는 데 큰 도움을 주었습니다. 이러한 평온, 용기, 지혜, 이 세 가지를 갖추려고 합니다. 그리고 어제도 내일도 아닌 오늘에 집중하려 합니다. 그다음으로 힘들어하고 있을 수많은 사람과 가족, 연인, 친구, 동지들의 마음속으로 들어가봅니다. 그 안에 있는 불안, 걱정, 피로 등을 느낍니다. 이런 마음 상태를 모두가 겪고 있음을 확인합니다. 그 아픔에 공명하면서 소통하고 서로를 위로합니다.

12·3 비상계엄 이후 많은 국민이 '내란불안증' '내란불면증'을 앓고 있다고 들었습니다. 윤석열 대통령 탄핵소추가 의결되는지 의결되지 않는지, 윤석열 대통령 체포영장을 발부하는지 하지 않는지, 영장 집행이 이뤄지는지 이뤄지지 않는지, 구속영장을 발부하는지 하지 않는지 등을 확인하느라 그랬던 것이지요. 윤석열 대통령이 구속되고 난 뒤에는 이런 증상이 줄었으나, 지귀연 판사의 구속 취소 결정으로 윤석열 대통령이 석방되고, 헌법재판소 법정에 나온 피청구인 윤석열이 하는 발언을 접하면서 다시 분노가 치민다는 분이 많습니다. 저도 예외는 아닙니다.

먼저 이러한 불안과 분노는 자연스럽고 정당하다는 점을 인식해야 합니다. 우리 마음은 정치·사회·경제적 환경의 영향을 받게 마련이지요. 우리가 종교인이나 수도자가 아닌 이상 이 환경에서 초탈하기란 쉽지 않습니다. 그렇기에 우리는 불안과 분노를 초래하는 환경을 직시해야 합니다. 그런데 이 환경은 빨리 개선되지 않습니다. 조금씩 나아졌다가 나빠졌다가 하면서 변화합니다. 이 환난 속에서도 우리는 우리 삶을 살아야 합니다. 직장에 다녀야 하고 가족, 친구, 연인과 함께해야 하고 공부도 해야 하지요.

저는 세상이 미친 것처럼 궤변이 난무해 마음이 힘들 때면, 프리드리히 니체Friedrich Nietzsche가 《반시대적 고찰Unzeitgemäße

Betrachtungen》에서 이야기한 '참된 자기'와 '삶의 긍정'을 생각합니다. 니체는 정신·육체적 고통 속에서 쓴 글에서 이렇게 말했습니다. "그대 자신이 되어라Werde, der du bist!"¹² 이러한 니체의 질문과 조언은 마음을 다잡는 데 큰 도움을 줍니다.


## 조씨고아 그리고 '공소권 없음'

**정여울** 가장 힘들 때마다 스스로 마음을 다잡기 위해 떠올렸던 명언이나 고사故事 또는 실제 경험한 에피소드가 있는지요.

**조국** 2019년 법무부장관 후보로 지명된 이후, 가족 전체를 표적으로 하는 전방위적 검찰 수사를 감당해야 했던 시간이 생애 가장 힘든 시기였습니다. 당시 법률가 친구들이 보내온 문자가 있습니다. "검찰이 '공소권 없음'으로 사건을 종결하게끔 하지 마라." 무슨 말인가 싶은 분도 있을 텐데, 쉽게 말하면 '자살하지 마라'입니다. 피의자가 죽으면 사건은 '공소권 없음'으로 끝납니다. 제가 충격과 고통으로 극단적 선택을 할까 봐 걱정했던 것입니다.

당시 저는 페이스북 소개란에 니체의 글을 올려두고 있었습니다. "너를 죽이지 못하는 것은 너를 강하게 만들 뿐이다Was mich nicht umbringt, macht mich stärker." 견디고 버티기 위해 스스로에게 건 주문이었습니다.

한편, 윤석열이 지휘하는 표적 수사에 저와 제 가족이 희생당하더라도 윤석열은 반드시 공적 응징을 받아야 한다고 판단했습니다. 오랜 시간이 걸리더라도 꼭. "군자의 복수는 10년 뒤라도 늦지 않다君子報仇 十年不晚"라는 중국 속담이 있습니다. '조씨고아趙氏孤兒'라는 중국 고사도 떠오르더군요. 춘추시대 진나라 장군인 도안고屠岸賈는 권력에 눈이 멀어 조씨 가문을 멸족시킵니다. 이후 조씨 일가는 3대에 걸쳐 복수를 합니다. 물론 저의 정치는 사적 복수의 일환이 아닙니다. 저는 윤석열이 내세운 공정과 정의가 사이비란 것과 결국엔 그의 민낯이 드러날 것이라고 믿었고, 비록 저에게 흠결이 있더라도 역할을 하리라고 다짐했습니다.

공적 응징을 위한 첫 번째 선택은 집필이었습니다. 《사기史記》의 저자 사마천司馬遷이 떠올랐기 때문입니다. 한무제에게 버려져 궁형이라는 치욕을 당한 사마천은 《사기》를 집필함으로써 공적 응징을 했지요. 《사기》에 비할 것은 전혀 아니지만 저도 여러 책을 집필하며 마음을 다잡았습니다.

공적 응징을 위한 두 번째 선택은 정치였습니다. 검찰독재 정권을 조기 종식하고 민생·복지를 중심에 놓는 사회권 선진국을 만드는 것, 이 시대적 과제를 달성해야 저의 개인적 고통도 해소·승화할 것으로 판단했습니다. 단기간 반짝하고 사라지는 정치가 아니라 끈질기게 지속적으로 한 걸음 한 걸음 목적 달성을 향해 걸어가겠다고 다짐했습니다.

> **정여울** 2019년 이후 검찰 수사와 재판 과정에서 가장 고통스럽고 분노했던 순간은 언제였나요?

**조국** 온 가족이 수사를 받았고 그 과정에서 수많은 고초가 있었기에 하나만 꼽기는 어렵지만, 딱 하나만 꼽으라면 딸의 기소였습니다. 먼저 검찰은 딸에 대한 조사를 마친 뒤 언론을 통해 부모가 유죄를 인정해야 딸을 불기소할 수 있다는 취지의 입장을 표명했습니다. '인질극을 또 하는구나'라는 생각에 분노가 치밀었지만, 딸의 미래를 생각해 법적·도의적 책임을 지겠다는 대국민 사과문을 발표했습니다. 그랬더니 검찰은 유죄를 인정한 것이 아니기에 의미 없다며 딸을 기소했습니다. 정말 화가 치밀었습니다. '이 자들이 날 갖고 노는구나'라는 생각이 들었습니다.

대한민국 검찰 역사에서 부모와 자식, 부부를 모두 기소한 예는 거의 없는 것으로 압니다. 예컨대, 과거 이명박 대통령 수사 후에도 부인과 아들은 기소하지 않았습니다. 그런 검찰이 김건희 씨는 '출장 조사'를 하고 무혐의 처분을 했지요. 기가 막혔습니다. 정권 교체가 되니 김건희 씨 범죄 혐의를 입증할 증거가 갑자기 '발견'되더군요. 이런 편파적 검찰권 행사는 반드시 후과後果가 있을 것이라고 확신했습니다.

## 상대를 수거하고 척결하는 자들을 향하여

**정여울** 정치인에게는 필연 반대편이 있습니다. 그 반대편이 없는 국가는 독재국가일 겁니다. 한데 반대편의 언어적, 비언어적 공격에 대응하는 게 쉽지 않을 거란 생각이 듭니다. 내게 비난의 화살이 쏟아질 때 어떻게 대처하는지요?

**조국** 정치인으로 존재하기 이전부터 저를 비난하는 정당 또는 언론이 많았습니다. 학자 시절의 의견 표명이나 민정수석비서관으로서의 업무 추진을 놓고 반대편은 맹공을 퍼부었습니다.

저는 비난받을 때 단계별로 대처합니다. 먼저 그 비난이 사실에 부합하는지 확인합니다. 둘째, 사실에 부합하지 않으면 해명·반박 입장을 내고 갈 길을 갑니다. 김영삼 대통령이 말했던가요. "개가 짖어도 기차는 간다." 그 비난이 사실에 부합하거나 검토할 필요가 있는 관점을 제시하면, 어떻게 수용해야 하는지 검토하고 저의 입장이나 주장을 수정·보완합니다.

단, 비난하는 반대편이 이런 토론의 자유를 인정하지 않고 파괴하려는 자라면 소통 대상이 아닙니다. 단적인 예로 윤석열이 있습니다. 자신을 비난한다고 군대를 동원하여 상대를 '수거'하고 '척결'하려 한 미치광이 아닙니까. 저도 이 수거 대상에 포함되었음은 알고 있을 것이고요. 이러한 자들은 공론의 장에서 추방해야 합니다.

### 〈홀로 아리랑〉을 부르며 홀로가 아님을 깨닫다

**정여울** 마음을 돌보는 길 중 하나는 음악과 함께하는 것이 아닐까 싶어요. 마음 깊은 곳에서 늘 들려오는 노래가 있나요? '조국의 플레이리스트'가 있다면요?

**조국** 첫째, 〈홀로 아리랑〉을 꼽고 싶습니다. 가사를 외우는 노래가 몇 안 되는데 그중 하나입니다. 2019년 서초동 검찰개혁 집회에 모인 시민들이 이 노래를 합창하기도 했지요. 당시 참석하지 못하고 영상으로 보았는데 정말 울컥했습니다. 제가 홀로가 아님을 깨달았고, 그 힘으로 이후의 시련을 견딜 수 있었습니다.

둘째, 스콜피온스Scorpions의 〈윈드 오브 체인지Wind of Change〉를 종종 흥얼거립니다. 이 노래는 전주前奏의 휘파람 소리가 유명하지요. 독일 베를린 장벽이 무너질 때 많이 불린 노래입니다. 곡도 좋지만 노랫말에도 의미가 있습니다. "내일의 아이들이 당신과 나와 함께 자신들의 꿈을 나눌 수 있는 마법의 순간으로 나를 데려가주오."[13] 좋아하는 다른 팝송도 있지만 12·3 비상계엄과 윤석열 대통령 탄핵이 화두인 시기이기에 이 노래를 택합니다.

셋째, 이적의 〈다행이다〉를 좋아합니다. 그대의 소중함을 노래하는 전형적 사랑 노래지요. 독거실에 홀로 있다 보니 존재해주어 다행이다 싶은 사람들이 떠오릅니다. 2019년 '조국 사태' 이후 밥을 챙겨 먹어야 한다며 반찬을 만들어 보내주신 분, 카페에서 음료를 주문했을 때 조용히 "힘내세요"라고 하며 쿠키 하나를 덤으로 주신 분, 저녁 약속 후 대리운전을 부탁했는데 주차를 하고 나서야 비로소 아는 척하며 대리운전비를 받지 않으신 분 그리고 제가 감금되고 나서 정성스러운 편지를 보내주시는 분 등등. 그분들이 계셔서 정말 다행입니다. 그분들에게 늘 감사한 마음입니다.

: 둔탁한 삶을 깨는
 도끼를 찾기 위해서

당신이 원한다면 도서관을 폐쇄하세요. 하지만 당신에게는
내 마음의 자유를 막을 수 있는 문도, 자물쇠도, 볼트도 없습니다.
— 버지니아 울프Virginia Woolf, 《자기만의 방A Room of One's Own》 중

## 한문 공부를 좋아하던 소년

> **정여울** 선생님은 개인적 위기나 사회적 국면이 전환하는 시점마다 흥미로운 한자성어를 제시하며 옛사람의 지혜에서 오늘의 어려움을 타개할 영감을 얻는 것 같습니다. 한문을 정말 좋아했다고 하는데, 인생의 어려움에 직면할 때마다 특히 더 많이 떠올리거나 다시 펼쳐보는 책 혹은 명언이 있다면 알려주세요. 선생님의 공부가 우리 독자와 시민에게도 살아갈 용기를 주리라고 믿기에 이런 질문을 드립니다.

**조국** 어린 시절부터 한문을 공부했고 또 좋아했습니다. 당시에는 공문서도 신문도 국한문 혼용이었고요. 그러다 보니 글에서 한문과 사자성어를 구사하는 일이 많습니다. 특히 저의 개인적 위기나 정치·사회적 측면에서 중요한 시기에는 과거 제가 읽은 중국 고전의 구절이 자연스럽게 떠오릅니다. 완전 한글세대 입장에서는 꼰대스러워 보일 수도 있겠지요.

그렇지만 고전이 고전이라 불리는 데는 이유가 있습니다. 고전이 쓰인 시대나 지금이나 우리 인간의 유전자 배열은 바뀌지 않았지요. 제도와 문화는 달라졌어도 인간의 희로애락과 의지나 욕망의 발동 방식에는 큰 차이가 없습니다. 윤석열·김건희 부부의 행태를 이해하는 데 현대 정치학 교과서가 도움을 줄까요, 아니면 과거 폭군과 그 비妃 또는 왕을 시해하고 권력을 찬탈한 장군의 행태를 기록한 고전이 도움을 줄까요? 고전을 읽으면 현재 이 시공간을 사는 데 필요한 지혜를 얻습니다.

2019년 '조국 사태' 발발 이후 2024년 조국혁신당 창당 이전까지 제가 자주 되뇐 문구이자 여러 친구와 지인이 보내준 문구가 있습니다. 《맹자孟子》〈고자 하告子 下〉의 한 구절입니다.

> 하늘이 앞으로 큰 임무를 그 사람에게 맡기려 할 적에는 반드시 먼저 그 심지心志를 괴롭게 하며 그 근골筋骨을 수고롭게 하며, 그 창자를 굶주리게 하며, 그 몸을 곤궁하게 하여, 행하는 일마다 뜻대로 되지 않게 하니, 이는 마음을 분발시키고 성정을 강인하게 하여 그 능력을 증가시키는 것이다.[14]

한자 원문을 목판에 새겨준 분도 있는데, 그 작품을 조국혁신당 대표실에 걸어두었지요. 우리 삶은 행복과 기쁨으로만 채워져 있지 않습니다. 누군가가 '행복 총량 동일의 법칙' 또는 '불행 총량 동일의 법칙'을 말하더군요. 저의 삶도 그렇습니다. 이른바 명문 대학을 나와 모교 교수를 할 때 그런 큰 시련이 있을 줄 어찌 짐작했겠습니까. 그럴 때 《맹자》의 위 구절은 견딜 힘을 줍니다. 저는 '이 좌절과 시련을 버티고 이겨내면 새로운 국면이 열린다. 윤석열이 주도한 검찰권 오남용을 재평가하는 시간이 온다. 윤석열의 무도함이 드러나는 시간이 온다. 그리고 내가 다시 역할을 할 시간이 온다'라고 되뇌었습니다. 결과적으로 그 시간이 왔지요.

물론 《맹자》에는 위 구절 외에도 우리에게 도움을 주는 글이 많이 나옵니다. 갇힌 이후 《맹자》를 다시 읽고 있는데, 정치인으로서 소개하고 싶은 구절이 몇 개 있습니다.

> 항산恒産이 없으면 항심恒心이 없다.[15]

> 백성이 가장 중하고, 사직은 그다음이고, 군주는 가벼운

것이다.[16]

짧지만 묵직한 함의가 들어 있지 않습니까.

사마광司馬光의 《자치통감資治通鑑》 요약본도 종종 뒤적이는 고전입니다. 나라의 흥망성쇠 속에 등장하는 인물들의 대의, 욕망, 결단 등을 접하며 현재를 돌아봅니다. 원래 《순자荀子》에 처음 쓰인 표현으로 다음과 같은 유명한 문구가 있지요.

> 임금은 배요, 백성은 물이다. 물은 배를 띄우기도 하고, 물은 배를 뒤집기도 한다.[17]

순자는 군주가 백성 위에 군림한다고 생각해서는 안 되며 백성이야말로 군주의 기반이라는 점을 강조했습니다.

## 폐문독서, 문을 닫아걸고 맹렬하게 책 속에 빠지는 시간

**정여울** 일전 대화에서 폐문독서閉門讀書 중이라고 말한 부분이 특히 인상적이었습니다. 요즘은 어떤 책과 함께 폐문독서 중인지요.

**조국** 2024년 12월 16일 입감入監 후, 정치활동을 시작하면서 읽지 못한 책을 읽고 있습니다. 특정 주제와 분야의 제한을 받지 않은 공부입니다. 옛말에 세상이 어지러우면 틀어박혀 책을 읽어야 한다는 말이 있지요. 이른바 '폐문독서'. 법과 제도와 정책에 관한 공부 외에 문화, 미술, 역사 등에 관한 책을 닥치는 대로 읽고 정리합니다. 독거실에 보관 가능한 책은 30권으로 한정되기에, 읽은 책을 그때그때 내보내고 새로운 책을 받고 있습니다. 감옥에 갇힌 것은 불행이지만, 그동안 읽지 못한 책을 마음껏 읽게 된 것은 '행운'입니다. 그중 떠오르는 책 몇 권을 알려드리겠습니다.

먼저 김현성의 《자살하는 대한민국》입니다. 이 책은 경제 규모가 선진국에 이른 대한민국에서 사는 상당수 한국인의 실질적 빈곤의 원인, 수도권 편중, 시험에 대한 집착과 공정에 대한 잘못된 이해 등을 구체적 통계를 제시하여 분석합니다. 그러면서 소멸하고 있는 한국 사회를 향해 강력한 경고를 보내고 있습니다.

장은주의 《공화주의자 노무현》도 인상적입니다. 노무현 대통령을 '민주적 공화주의' 관점에서 재구성한 시도입니다. 이 책은 '반칙과 특권 없는 사회'를 위해서는 '민주적 평등주의' '다원적 능력주의' '기회 다원주의'가 필요하며 정치적으로는 '연합정치'가 필요하다고 말합니다. 정치철학자의 책이라 어렵게 느껴질 수 있는데, 조국혁신당의 비전과 맞닿아 있는 이론적 구상입니다.

대한민국 현대사를 이끈 거인들의 회고록과 평전도 읽었습니다. 먼저 《김대중 육성 회고록》이 있습니다. 김대중 대통령의 자서전도 있지만 육성 회고록이라 더 잘 읽히고 생생하게 느껴지더군요. 김대중 대통령은 중도 또는 중도보수를 지향한 정치인이었지만, 박정희·전두환 독재 정권에서 빨갱이로 낙인찍히고 혹독한 탄압을 받았습니다. 그 시련을 이겨내고 최초로 여야 정권 교체를 이뤄내고 복지국가와 IT 강국의 기반을 마련했습니다.

이원규의 《조봉암평전》도 읽었습니다. 일제강점기 때 독립

투쟁의 일환으로 공산주의자가 된 그는 이후 사회민주주의자로 변신했고, 광복 후 초대 농림부장관으로서 농지개혁을 추진·실현했습니다. 그러나 이승만 정권은 조봉암을 간첩으로 몰아 '사법 살인'을 했습니다. 그 탓에 죽산 조봉암은 우리가 오랫동안 금기시해온 인물입니다. 그렇지만 각종 사회·경제적 불평등과 양극화로 고통받는 대한민국의 현실을 극복하고, 민생·복지 중심의 사회체제를 만들기 위해서는 그가 추구한 사상의 합리적 핵심을 반드시 계승하고 발전시켜야 합니다.

앞서 언급했듯 《맹자》도 다시 읽었습니다. 맹자의 성선설과 사단四端뿐 아니라 그의 왕도 정치는 지금 읽어도 의미가 새로운 부분이 많습니다. 우리 사회에서 많이 쓰는 '여민동락與民同樂'이란 표현은 《맹자》에서 나왔지요. 청와대에 있는 대통령비서실 건물 이름도 '여민관'입니다.

맹자의 논적論敵인 《순자》도 다시 읽었습니다. 순자는 성악설 제창자이자 법가의 사상적 기초를 놓아 중국의 천하통일에 기여한 인물이지요. 몇 구절을 소개하겠습니다. "나라를 망치는 정치를 행하고, 나라를 망치는 자들과 더불어 정치를 하면, 그 나라는 반드시 망한다."[18] "법의 뜻을 알지 못하고 법의 조문만을 지키는 자는 박식하더라도 반드시 혼란을 일으킨다."[19] 서울대 법대 출신 윤석열과 친윤親尹 법률가들에게 하는 말 같지 않습니까.

지금은 경제를 공부하고 있습니다. 한국의 경제성장을 이끌어왔던 제조업의 경쟁력이 떨어지고 있습니다. 중국 기업의 품질과 가격 경쟁력은 급속히 올라가고 있고요. 'Made in China'를 넘어 'Invented in China'인 제품들이 급증하고 있습니다. 게다가 미국 도널드 트럼프Donald Trump 재집권 후 신규 공장을 미국에 짓는 일이 증가하고 있습니다. 한국 경제가 절정에 달했고 추락이 예고된다는 '코리아 피크Korea Peak'의 경고가 오싹합니다. 이 위기를 타개하지 못하면 대기업의 공장 이전이나 가동 축소, 중소기업·자영업자의 몰락, 일자리 감소가 연쇄적으로 일어날 수 있습니다.

## 《소년이 온다》, 트라우마를 대면하는 인간의 용기

> **정여울** 2025년 4월 4일, 마침내 헌법재판소가 8 대 0 전원일치 의견으로 피청구인 윤석열을 파면했습니다. '윤석열 파면 결정문'을 보고 어떤 생각을 했는지요?

**조국** 파면 선고 다음 날 접견을 온 변호인에게 '윤석열 파면 결정문'을 받아 정독했습니다. 결정 요지문은 방송과 신문에서 이미 접했지만, 전문을 읽으니 느낌이 다르더군요. 윤석열의 주장이 모두 궤변이고 헛소리임을 조목조목 반박했습니다. 윤석열의 주장은 사실관계와 법리 모두에서 헛소리였던 것입니다.

결정문 결론 부분에서 야당의 "22건의 탄핵소추안"[20] 발의와 예산 감액을 언급한 부분을 읽으며 8 대 0 결론을 도출하기 위해 노력한 흔적을 보았습니다. 결정문은 윤석열의 계엄은 "민주주의에 헤아릴 수 없는 해악을 가한 것이라고 볼 수밖에 없다"[21]라고 분명히 밝힙니다. 많은 국민이 국회의 계엄 해제가 이뤄진 것은 "시민들의 저항과 군경의 소극적인 임무 수행 덕분"[22]이었다는 표현에 감동했다고 들었습니다. 저 역시 그 부분에서 가슴이 찡했습니다.

저는 이 결정문을 읽으면서 두 가지를 떠올렸습니다. 하나는 김성수 감독의 영화 〈서울의 봄〉(2023)이고, 다른 하나는 한강 작가의 소설 《소년이 온다》입니다.

〈서울의 봄〉은 1979년 전두환 일당이 일으킨 12·12 쿠데타 음모와 실행을 그린 영화입니다. 저는 이 영화를 떠올리며 윤석열 일당이 2024년 12·3 비상계엄 선포 이전 어떤 대화를 나누고 역할 분담을 했을지 상상했습니다. 추후 내란 형사재판을 종료하면 구체적 사실관계를 확정할 텐데, 이를 기초로 12·3 비상계엄을 반드시 영화화해야 한다고 생각합니다. 누가 윤석열과 김건희 역할을 맡을지 벌써 궁금합니다. 〈서울의 봄〉에서 전두광(전두환)은 "실패하면 반역, 성공하면 혁명 아닙니까"[23]라고 강변하며 일당을 격려하지요. 윤석열 대통령은 안가에서 김용현 국방부장관을 비롯해 여러 사령관과 폭탄주를 마시며 무슨 소리를 했을까요. 무당을 겸한 노상원 정보사령관은 윤석열·김용현 등과 어떤 대화를 나눴을까요.

《소년이 온다》는 1980년 5월 광주를 생생히 그려냅니다. 개인적으로 읽어내기 힘든 소설이었습니다. 고통을 수반하는 독서였습니다. 만약 윤석열의 내란이 성공했다면 어떤 일이 발생했을까요.

윤석열은 저를 포함한 주요 정치인을 체포해 수방사 벙커에 감금하라고 지시했지요. 벙커 안에서 무슨 일이 벌어졌을까요. 또 노상원 정보사령관은 '수거'와 '처단'을 준비했고요. 윤석열 일당은 2024년 대한민국을 1980년으로 되돌리려 한 것입니다. 1980년 광주 시민은 저항하다 패배하고 살육당했지만, 2024년 대한민국 국민은 내란 일당을 물리쳤습니다. 한강 작가의 표현을 빌리자면 국민의 가슴에 박힌 '양심'이란 맑은 '보석'[24]이 다시 빛난 순간이었습니다.

**정여울** 《소년이 온다》는 "개인적으로 읽어내기 힘든 소설이었습니다"라고 술회했는데요. 《소년이 온다》에 관한 이야기도 나누었으면 좋겠습니다. 1980년 광주의 아픔이 손에 잡힐 듯, 아니 그 정도가 아니라 내가 직접 겪는 듯한 소설이지요. 내가 태워지고, 내가 고문당하고, 내가 총을 맞는 듯한 엄청난 고통을 느끼며 읽게 되는 작품이기에 우리에게 더 생생한 아픔으로 다가오는 것 같습니다.

얼마 전 저는 1980년 광주라는 역사적 트라우마와 관련된 강의를 하면서 한강 작가의 《소년이 온다》를 읽으며 진행했습니다. 《소년이 온다》와 《작별하지 않는다》를 연결해 강의를 마쳤는데, 두 작품 모두 국가폭력이라는 차원에서 이어지는 이야기이기도 합니다. 《소년이 온다》는 1980년 광주, 《작별하지 않는다》는 제주 4·3을 다룬 작품이라는 점에서 그렇지요. 차마 말로 다 표현할 수 없는 폭력, 즉 국가폭력이라는 잔혹한 현실에 맞서 사람들이 '힘없는 개인'이 아닌 '한 사람 한 사람의 존엄한 주체'로서 어떻게 용감한 선택을 하는지 증언하는 작품이라고 이야기했습니다. 강의가 끝나고 어떤 남자분이 다가와 1980년 광주의 희생자 가족이라고 밝히며 이런 강의를 해주어 매우 고맙다면서 저에게 악수를 청하더군요. 그분의 손을 꼭 잡아주며 제 가슴이 뭉클했습니다. 아픈 상처를 안고 남몰래 고통받던 트라우마 당사자들이 《소년이 온다》로 위로받고 있다는 생각이 들었습니다.

'아무리 고통스러워도 반드시 제대로 기억해야 한다'라는 문학의 목소리가 트라우마의 생존자들에게 용기를 준다는 생각이 들었습니다. 선생님에게는 《소년이 온다》가 어떤 느낌으로 다가왔는지, 그 이야기를 듣고 싶습니다.

**조국** 한강 작가는 특유의 세밀한 필치로 5·18 민주화운동 당시 죽은 이들의 목소리를 빌려 죽음의 과정과 주검의 상태를 생생하게 적어 내려갑니다. 그 항쟁에 참여했다가 피살된 사람들의 원혼을 직접 불러낸 느낌이었습니다. 2014년 출간 당시, 작가는 이 소설을 쓰는 동안 거의 매일 울었다고 고백했지요. "세 줄 쓰고 한 시간을 울기도 했다"라고 합니다. 그 심정을 짐작할 수 있습니다. 더구나 작가는 1980년 당시 광주에서 행해진 고문과 가혹행위 장면도 찬찬히 그려냅니다. 1982년 대학에 입학해 처음 접하고 충격을 받았던 5·18 민주화운동 희생자들의 사진을 다시 그리고 꼼꼼히 보는 듯한 느낌이었습니다. 이미 알고 있는 사실인데도 힘들었습니다. 꾹 참고 계속 읽다가 소설 중반에 이르러 코끝이 찡했습니다. 상무대에 끌려와 고문당한 열여섯 살짜리 소년 노동자 영재가 울면서 '카스테라'와 '사이다'가 가장 먹고 싶다고 한 대목[25]에서였지요.

2024년 12월 3일 윤석열은 1979년 전두환의 방식을 선택했습니다. 검찰독재도 모자라 왕이 되려고 군대를 동원했습니다. 왜 광주도청에 남았냐는 질문에 그냥 그래야 할 것 같았다고 답한 1980년 시민군들처럼, 2024년 주권자들은 촛불과 응원봉을 들고 국회 앞으로 모였습니다. 《소년이 온다》에 나오는 주인공 동호의 모델인 실제 인물은 당시 광주상고 1학년생이던 문재학입니다.

동호를 도청에 남겨두고 빠져나와 살아남은 은숙은 매일 '도청 민원실'에 전화를 걸어 '분수대' 물을 끄라고 요청합니다. 대체 무슨 잔치라고 분수대 물을 틀어대고 있는 것이냐고, 사람들이 죽은 지 얼마나 됐다고 그러냐고 말입니다.26 그렇게 도청에 전화를 걸어 항의한 은숙의 작은 실천이 민주주의를, 나아가 인간으로서 우리의 존엄을 지킨 것입니다.

**정여울** 영재가 '카스테라'를 가장 먹고 싶다고 고백하는 순간, '사이다'랑 함께 먹고 싶다고 고백하는 순간이 정말 가슴 아픕니다. 어쩌면 그처럼 우리와 똑같은 배고픔과 똑같은 슬픔, 똑같은 해맑음을 지니고 있던 수많은 영재'들'이 무덤 속에서도 우리를 더 나은 미래를 향해 이끌어가고 있는 것인지도 모릅니다. 역사적 트라우마는 그냥 과거의 그 자리에 고정된 것이 아니라 우리가 그 아픔을 어떻게 기억하느냐에 따라, 우리의 현재를 어떻게 바꿔가려 노력하느냐에 따라 매 순간 달라진다고 봅니다. 《소년이 온다》를 통해, 여전히 5·18 민주화운동의 기억을 끈질기게 간직하고 있는 사람들의 뜨거운 심장을 통해, 역사는 매번 다시 쓰이고 있다고 생각합니다.

저 역시 은숙이 '도청 민원실'에 전화를 걸어 '분수대' 물을 끄라고 요청하는 장면을 읽고 또 읽었습니다. 그것이 바로 '깨어 있는 시민'의 힘이 아닐까 하는 생각이 들었거든요. 저라도 그랬을 것 같았습니다. 바로 며칠 전에 그렇게 많은 사람이 죄 없이 죽어간 광장 분수대에서 마치 아무 일 없었다는 듯 찰랑찰랑 물이 솟아 나오다니. 그냥 다 잊고 공부나 하라고 말하는 어른들과 그냥 다 잊고 네 인생을 살라고 말하는 어른들에 맞서, 우리는 그들을 반드시 기억해야 한다고, 그 어떤 트라우마도 결코 흘려보내서는 안 된다고 속삭이는 듯한 은숙의 꽂꽂함이 정말 좋았습니다. 이런 깨어 있는 시민의 외침은 그저 작은 실천이 아닐 겁니다. 온 힘을 다해 부당함을 고발하는 힘. 온 힘을 다해 내가 살아가야 할 삶의 존엄을 지키는 일. 한 사람 한 사람의 소중한 힘이 모여 우리의 오늘을, 아직 괜찮은 오늘을 지켜내고 있다는 생각이 듭니다.

## 문해력, 스스로 생각하는 힘

**정여울** 최근 인문학 공부에서 '문해력'이 중요한 화두로 떠오르고 있는데요. 유튜브나 인공지능 등이 '스스로 생각하는 능력'을 위협하면서, 전 세대에 걸쳐 문해력이 급격히 떨어지고 있는 현재 상황에서 어떻게 문해력을 기를 것인가 하는 문제는 더욱 중요해졌습니다. 선생님은 문해력을 어떻게 길렀는지 궁금합니다.

**조국** 제 문해력은 초등학교 시절부터 길러진 것 같습니다. 교사로 일한 부모님이 각종 아동용 전집을 사서 제 방에 넣어 주셨어요. 동화책, 소설책, 위인전 등. 현재의 책 편집이나 장정에 비해 투박하고 거친 모양이었지만, 당시에는 금박으로 처리한 표지 글자가 멋있어 보였답니다. 그야말로 닥치는 대로 읽었습니다. 그러한 책 읽기 습성은 중고교 시절에도 이어졌습니다. 등교 시 책가방에 교과서와 참고서 외에 쉬는 시간에 읽을 생각으로 소설책 한 권을 꼭 넣어서 다녔습니다. 문학반 활동은 하지 않았지만 문학소년 티를 내고 싶었나 봅니다.

대학에 입학해서는 대학가 동아리에서 사회과학 서적을 같이 읽고 공부하며 토론했습니다. 그 무렵 군사독재 정권이 의식화 커리큘럼이라고 낙인을 찍었던 책들입니다. 그때는 한글로 쓴 사회과학 서적이 많지 않아 일본어로 쓴 책도 많이 보았습니다.

대학원 진학 후에는 법학 전공 서적 읽기에 집중했고 그와 병행해 인문·사회과학 서적도 많이 읽었습니다. 직업의 길을 학자, 교수로 정했으니 책을 많이 읽는 것은 직업윤리에 해당한다고 생각했기 때문입니다. 더 중요하게는 법학을 제대로 공부하려면 법조문과 판결문 외에 인문·사회과학 서적을 많이 읽어야 한다고 생각했습니다. 교수가 된 후 이 점을 학생들에게도 강조했지요.

우리나라 법대생과 로스쿨생의 다수는 머리가 좋고 학교 성적이 우수합니다. 최근 조사 결과 로스쿨 입학생은 계급상 상층에 속한다고 합니다. 이들이 법 개념과 논리를 체득하는 것은 어렵지 않아요. 그러나 개념과 논리 뒤에 자리 잡은 이 땅에서 살아가는 보통 사람들의 실제 현실, 의식, 관행 등을 모르거나 무시할 위험이 있습니다. 이 위험을 피하려면 독서로 간접 경험이라도 해야 합니다.

## 여성들의 헌법 필사, 우리 헌법사 최초의 현상

> **정여울** 최근 젊은 여성 독자들 사이에 '헌법 필사'가 유행하고 있습니다. 이토록 반갑고 아름다운 유행이 있을까 싶습니다. 헌법이 이미 명확히 명시하고 있는 자유와 권리를 우리가 충분히 향유하지 못했음을 깨닫고, 우리가 지켜야 할 삶의 아름다움 역시 헌법에 명시되어 있다는

> 진실을 깨닫는 계기가 될 테니까요. 이런 현상을 어떻게 생각하는지요. 참된 공부란 바로 이런 것이 아닐까 하는 생각이 듭니다.

**조국** 20~40대 여성들 사이에 헌법 필사 현상이 생겼다는 기사를 보고 놀랐습니다. 법학교수 출신인 저도 헌법을 필사한 적은 없습니다. 2017년 국정농단 사태와 박근혜 대통령 탄핵 국면에도 이러한 현상은 없었지요. 국민이 좋아하는 시구와 노랫말을 필사하고 신앙인이 경전을 필사하는 일은 많이 보았지만, 헌법을 필사하는 일은 우리 현대사에 처음 있는 일 같습니다.

법학에서는 주권자 국민을 '헌법제정권력자'라고 부릅니다. '헌법을 만드는 권력은 국민에게 있다, 헌법의 주인은 국민이다'라는 것이지요. 헌법 필사는 12·3 비상계엄을 경험한 국민이 헌법의 소중함을 실감하고, 헌법 내용이 무엇인지 확인하려는 차원이 아닌가 싶습니다. 나의 것이니 내가 직접 하나하나 확인하겠다는 마음의 발로가 아닐까요.

헌법 필사의 주체가 주로 여성이라는 점도 주목할 만한 일입니다. 이것은 전국 탄핵집회에서 각기 다른 모양과 색깔의 K-팝 응원봉이 대대적으로 등장하고, K-팝 노래가 울려 퍼진 점과도 연관이 있는 것 같습니다. 기성세대나 언론은 이들이 갑자기 등장한 것처럼 여기지만 그건 아닙니다. 예컨대, 20~40대 여성들은 강남역 여성 피살 사건 등에서 연대하고 싸웠습니다. 또 파업 노동자가 떠안는 손해배상 책임을 막아야 한다는 노란봉투법 제정 운동에도 참여했습니다. 이 운동은 손해배상에 보태라고 노란봉투에 돈을 넣어 보낸 여성의 행동을 계기로 시작되었지요. 이들은 사회·경제적 약자나 피해자와의 연대의식이 높습니다.

  K-팝 팬으로서 가수들을 응원했던 것과 이러한 정치·사회적 행동은 서로 연결되어 있다고 봅니다. 이들은 단지 성차별·성억압 문제뿐 아니라 정치·사회 영역 전반의 문제에 주목하고 목소리를 내고 있습니다. 좋아하는 가수에게 보이는 관심과 사랑이 헌법을 향한 관심과 사랑으로 이어진 것입니다.

  **정여울** 저는 이번에 헌법 필사를 향한 여성들의 열정과 형형색색의 응원봉 등을 보면서 삶을 사랑하는 능력을 회복해야겠다는 생각을 많이 했습니다. 이 모든 아름다운 실천은 삶에 대한 사랑, 즉 아모르 파티Amor Fati와 연결되어 있다고 봅니다. 니체가 예찬한 아모르 파티는 삶에 대한 열정을 잃어버린 수많은 사람에게 영감을 주는 개념이 아닐까 싶어요. 형형색색의 응원봉, 치열한 헌법 필사, K-팝 노래를 부르며 탄핵집회에 참여해 함께 웃고 울고 껴안는 여성들의 열정이야말로 바로 삶에 대한 사랑, 즉 아모르 파티를 충만하게 표현하고 있는 게 아닌가 하는 생각이 듭니다.

  저도 헌법을 필사하고 있습니다. 헌법 한 문장 한 문장을 단지 읽는 것이 아니라 제 마음에 문신을 새기듯 필사하고 있습니다. 그러면서 대한민국에서 살아가는 한 사람의 국민, 나는 누구인가를 생각합니다. 지금까지의 저는 사회가 규정하는 저와 제가 되고 싶은 저 사이에서 투쟁하며 살았습니다. 그러나 12·3 비상계엄 이후의 저는 '민주시민으로서의 나'가 대한민국이라는 공동체 안에서 과연 어떤 역할과 의무와 권리를 갖는지 매일 절실하게 질문을 던지며 살아가고 있음을 발견합니다. 그것이 헌법을 필사하는 우리의 마음일 것입니다.

헌법을 필사하면서 저는 '내게 이미 이런 권리가 있었는데 제대로 모르고 있었구나' 하는 뼈아픈 깨달음을 얻었습니다. '그때 내가 이러한 권리를 알았다면 좀 더 당당하게, 좀 더 용감하게, 좀 더 치열하게, 나와 내가 속한 공동체를 바꾸려는 노력을 포기하지 않았을 텐데' 하는 깊은 후회가 가슴을 치는 순간이 많았습니다.

헌법을 필사하는 사람들 중 압도적 다수가 여성이라는 사실도 중요합니다. 권리보다는 의무에 시달리며 살아온 많은 여성이 헌법 필사로 '내게 있는지도 몰랐던 권리'에 눈을 뜨게 되리라고 봅니다. '대충 짐작으로 아는 것'과 '한 자 한 자 마음에 새기며 나는 결코 이 권리를 빼앗기지 않겠다고 결심하는 것'은 전혀 다르니까요.

헌법 필사를 넘어 헌법재판소 결정문까지 필사하는 사람들도 늘어나고 있는데, 이것은 1980년 광주를 거쳐 12·3 비상계엄이라는 국가폭력의 트라우마를 겪으며 우리가 분명 성장하고 있다는 것을 보여주는 희망의 신호탄이 아닐까요. 그런 의미에서 여성들의 헌법 필사는 트라우마 후의 성장post-traumatic growth이라는 심리학적 개념과 상통하는 면이 있습니다. 우리는 이 헌법 필사로 트라우마 피해자에 멈추지 않고, 트라우마에서 무언가를 치열하게 배우고 싶어 하는 인간 존재의 멈출 수 없는 투쟁을 더욱 간절하게 느끼고 있습니다.

## 책을 읽고 나누는 일상

**정여울** 한강 작가의 노벨문학상 수상 이후 텍스트 힙text hip('책을 읽는 사람이 멋지다'라는 뜻) 현상이 더욱 가속화해 매우 반가웠습니다. 당연하고 자연스러워야 할 현상이 뭔가 유행이나 신조어로 만들어져야만 주목받는 것이 불편하긴 해도 참 좋은 유행이라는 생각이 듭니다.

선생님은 어릴 때부터 자연스럽게 책을 좋아하는 사람으로 성장했지만, 지금의 젊은 세대는 책보다는 영상 매체에 익숙합니다. 책을 사랑하는 사람이 많을수록 위기 상황에서 더욱 지혜롭게 대처하는 사람이 많지 않을까 하는 생각도 자주 해봅니다. 저는 《데미안 프로젝트》라는 책을 중심으로 문학 강연과 글쓰기 강연을 많이 하는데, 그때마다 '원래 책을 읽는 사람들은 점점 더 깊이 있는 독서를 하고 있는데, 아예 책을 읽지 않는 사람들을 불러 모으는 방법은 거의 없다'라는 걱정에 빠지곤 합니다. 젊은 이들이 책을 더 많이 읽도록 권장하는 방식에는 어떤 것이 있는지, 혹시 묘안이 있는지 궁금합니다.

**조국** 박세리 선수의 활약을 보고 여성 골프 선수 지망생이 급증했던 것처럼 한강 작가의 노벨문학상 수상이 문학과 책 읽기에 긍정적 영향을 일으킨 것 같습니다.

모바일 시대에도 책 읽기에 담긴 의미는 큽니다. 가령 최근 발생한 헌정 위기 극복과 재발 방지에도 큰 도움을 줄 것이라고 확신합니다. 윤석열을 위시한 내란 주도·동조 지배 엘리트들이 저런 행태를 보이는 것은 수험서 외에는 책을 읽지 않은 것도 원인 중 하나라고 생각합니다. 제게는 나이와 직업을 불문하고 작은 독서 모임이 늘어났으면 좋겠다는 소망이 있습니다. 독서도 습관으로 자리 잡아야 합니다.

어떤 주제, 어떤 분야의 책이건 일상에서 같이 읽고 이야기를 나누는 것이 무엇보다 중요합니다. 특히 부모님들에게 자녀가 어릴 때부터 같이 서점을 구경 다니기를 권합니다. 회사에서도 직원의 복지후생 차원에서 책 모임을 지원하고, 지방자치단체도 관련 사업에서 도서상품권을 활용하면 좋겠습니다. 정여울 작가의 《데미안 프로젝트》 같은 기획을 적극 진행하면 더욱 좋겠지요.

## 운명을 바꾸는 독서

**정여울** 읽고 쓰는 일은 나와 세상을 어떻게 변화시킬까요? 요즘엔 독서 인구가 많이 줄어들었고, 읽고 쓰는 것에 관한 회의론이 퍼지고 있는 것도 사실입니다. 읽고 쓰는 일이 여전히 소중한 이유, 그것이 한 사람에게 전해주는 중요한 의미는 무엇일지요.

**조국** 세대를 막론하고 책을 읽기보다 유튜브를 시청하는 현상이 주류로 자리 잡은 듯합니다. 수많은 주제를 요약·정리해서 보여주는 유튜브가 많지요. 재미를 첨가해 내용을 전달하니 더 인기를 얻고 있고요. 또한 글쓰기에서도 주제와 관련해 인터넷을 검색해서 자료를 찾고, 챗GPT에 질문을 넣어 답변을 확보한 뒤 이를 수정·변형하는 경우가 많다고 하더군요. 유튜브, 인터넷, 챗GPT에는 유용한 지식과 정보 자료가 있습니다.

과연 이러한 매체가 제공하는 내용은 어디서 왔을까요? 그 내용의 진위와 흠결, 한계는 어떻게 검증하고 바로잡을 수 있을까요? 그 내용을 넘어서는 내용은 어떻게 만들 수 있을까요? 저는 그 출발점이 책 읽기에 있다고 봅니다. 자신의 직업이나 전공 관련 책을 읽는 것은 물론, 사람·사회·자연을 다룬 책을 읽으면 지식과 정보 획득을 넘어 통찰을 얻을 수 있습니다. 책은 다른 인간의 고민, 경험, 공부를 집약한 산물입니다.

그러한 책을 읽으면 저자와 소통하고 교감하면서 독자 자신이 변화하는 한편 스스로를 재구성할 수 있습니다. 사고방식과 행동 양식이 변화하기도 합니다. 이것이 축적되면 사람은 자신만의 관觀을 갖게 됩니다. 그 관은 사람 각자의 고유성과 독자성을 이루고, 그러한 관이 있을 때 사람은 주체적 인간으로 거듭납니다. 그리고 이러한 주체적 인간이 사회를 바꾸지요. 한자문화권에서 공부의 중요성을 강조하는 말이 있습니다.

'독서개조명운讀書改造命運', 이는 독서가 운명을 바꾼다는 뜻입니다. 이 말은 원래 중국에서 열심히 공부해 출세하라는 의미로 많이 사용했습니다. 저는 이와 다른 맥락에서 독서의 중요성을 강조하고 싶습니다. 독서는 읽는 사람의 운명을 바꿉니다. 독서가 통찰 능력을 길러주기 때문입니다. 통찰 능력이 생겨야 넘쳐나는 정보와 데시벨 높은 주장을 제대로 판단할 수 있습니다.

**정여울** 슈테판 츠바이크Stefan Zweig는 〈책벌레 멘델Buchmendel〉에서 이렇게 말합니다. "책은 죽은 것이 아니라 살아 있다. 그리고 보이지 않는 수많은 실로 인간과 세기를 우리와 연결한다."[27] 우리의 숨결을 초월하는 책, 인생의 허무와 망각에 맞서 우리 삶과 우리의 아름다움을 지켜내기 위해 존재하는 책의 아름다움을 생각합니다. 그런 책을 써야겠다는 다짐도 해봅니다.

호라티우스Horatius는 말했지요. "감히 알려고 하라." 저는 요즘 힘겨울 때마다 이 문장을 생각합니다. 알지 못했다면 마음이 편했겠지만 고통스러움에도 불구하고 앎을 선택하는 것. 이것이 지성의 힘임을 느끼기 때문입니다. 앎이 더 고통스러울지라도 앎을 택해야 하는 것이 지성의 의무라고 생각합니다.

저는 버지니아 울프Virginia Woolf의 이 문장도 좋아합니다. "서두를 필요 없어. 반짝일 필요도 없어. 나 자신이 아닌 그 누구도 될 필요가 없어." 나만 세상의 변화를 따라가지 못하는 것이 아닌가 걱정될 때마다 울프의 이 문장을 주문처럼 외우면 '비로소 나 자신을 돌아오는 느낌'에 눈부신 환희를 느낍니다.

: 자신에서 자연까지
생각하는
공동체적 공부

배우기만 하고 생각하지 않으면 어둡고,
생각만 하고 배우지 않으면 위태롭다.
— 공자孔子

## 공동체적 공부란 무엇인가

> **정여울** 선생님에게 공부란 무엇인가요? 개인의 성공과 영달에만 초점이 맞춰진 한국형 공부의 의미를 바꾸는 한편, 사회적 역할과 책임 그리고 공동체의 운명을 책임지는 공부의 의미를 묻고 싶습니다. '나와 당신 나아가 세상을 더 나은 방향으로 바꾸는 공부' 말이지요. 조국이라는 사람을 세상에 알린 것도 공부이고, 고난과 시련 속에서 조국다움을 지켜준 것도 공부란 생각이 듭니다.

**조국** 매우 광범하고 추상적인 질문입니다. 공부의 정의부터 사람마다 다를 것이고요. 먼저 시험공부는 우리 대화의 주제가 아니겠지요. 저는 시험공부를 잘한 축에 속했고, 그로 인해 많은 혜택을 입었다고 생각합니다. 그렇지만 입시에 기반한 승자 선발과 그에 따른 사회·경제적 자원 배분이 가장 공정하다는 주장은 허구이고 신화라고 생각합니다. 시험공부 이전에 엄존하는 사회·경제적 불평등이 있음에도 시험 결과는 개인의 노력 덕택으로만 평가합니다.

예컨대, 현재 명문 대학 입학생의 출신과 계급이 상층에 속하고, 과거의 개천 출신 용이 대폭 감소했음은 통계로 확인할 수 있습니다. 입시 전쟁에서는 기초생활수급자의 자식으로 태어난 학생보다 타워팰리스에 사는 부모의 자식으로 태어난 학생이 압도적으로 유리하지요. 물론 시험공부 우수자의 노력은 보상받아야 하지만, 그 노력에 비해 과도한 보상이 장기간 주어집니다. 진보·보수를 떠나 이 점을 해결하는 데 머리를 모아야 합니다.

시험공부의 승자건 패자건 또는 이탈자건 누구에게나 공부는 필요합니다. 여기서 말하는 공부는 자기 자신, 인간, 사회, 자연의 본질과 작동 원리를 아는 것을 의미합니다. 우리 각자의 계급·계층·집단·지역 등은 모두 다릅니다. 자신이 출발한 곳, 자신이 속한 곳을 넘어서서 사람과 사회를 보는 눈을 길러야 합니다. 그렇지 못하면 우리는 자기 출신의 노예일 뿐입니다. 명문 대학 졸업장이 있지만 인생의 주인이 되지 못한 사람, 그 졸업장이 없어도 인생의 주인이 된 사람을 많이 보았습니다. 시험 성적과 인격·인품·적성은 별개의 사안입니다. 전자가 후자를 보증하지는 않습니다.

자연도 마찬가지입니다. 현재 기후 위기의 심각성은 잘 알려져 있습니다. 그렇지만 이를 해결하려는 우리의 노력은 미진합니다. 우리 생애 주기 안에 기후 위기는 오지 않고, 우리 후대의 인간에게 닥칠 일이라고 생각하기 때문이지요. 이 점에서 우리는 우리가 속한 시간을 넘어 자연을 바라보는 눈을 지녀야 합니다.

현재의 한국 대학입시 제도하에서 청소년 시절에 이런 것을 공부하는 게 쉽지 않음을 압니다. 그렇지만 우리 삶은 깁니다. 우리는 역대 한반도인 중 평균 수명이 가장 긴 시대를 살고 있습니다. 시험공부를 위해 노력하는 것 외에 자기 자신과 사람 그리고 우리가 사는 사회와 자연을 깊이 생각하는 공부를 해야 합니다.

## 무한 출혈 경쟁을 막는 교육개혁

**정여울** '시험을 잘 보기 위한 공부'와 '인생을 잘 살기 위한 공부'에는 같은 점도 있고 다른 점도 있을 겁니다. 입시 경쟁 교육은 분명 바뀌어야 합니다. 어떻게 우리나라 교육을 개혁해야 할까요? 교육개혁을 위한 커다란 방향성이 궁금합니다.

대학입시 문턱을 잘 넘는 게 목적인 교육은 언젠가 멈춰야겠지요. 무한경쟁을 가르치는 교육은 아이들의 우열을 따지고, 점수와 등급으로 지배 구조를 공고히 하고 있습니다. 교육이 파시스트를 낳고 있다는 생각도 듭니다. 이제 우리 사회는 '국민 공통 기본 교육과정'에서 무엇을 가르쳐야 할까요? 우리는 백년지대계인 교육을 어떻게 바꿔가야 할까요? 만약 선생님이 학교를 세운다면 진정 가르치고 싶은 것이 무엇인지요.

**조국** 언론 보도를 보니 영어 유치원과 의대 대비 초등학생반을 운영하고 있더군요. 영어 발음을 좋게 만들려고 아이의 혀를 수술하고, 초등학생에게 《수학의 정석》을 공부하게 한다고도 하더군요. 열 살도 되지 않은 어린이가 유명 학원에 들어가기 위해 시험을 치른다고 하더군요. 아동학대입니다. SKY 대학 또는 의대 입학 정원은 한정적이고 지원자는 많으니 경쟁이 더욱 격화하고, 입시 준비를 시작하는 시기가 더 앞당겨지고 있습니다. 대학입시에 수험생은 물론 온 가족의 정력, 시간, 돈을 투입하다 보니 수험생을 비롯한 가족 전체의 행복과 건강이 위태로워지고 있고요. 올해부터 실시되는 '고교학점제'를 대비하기 위한 고액 컨설팅이 이루어지고 있는데, 이 비용도 감당해야 하지요.

이러한 무한 출혈 경쟁에서 승자는 극소수이고 대다수는 열패감을 느끼게 됩니다. 아이들은 어린 시절부터 이러한 체제 속에 살면서 약육강식, 승자독식 논리, 점수와 등급에 따른 서열화를 내면화합니다. 승자는 이 체제의 정당성을 신봉하며 자신의 노력에 따른 큰 보상을 받아야 한다고 생각하게 됩니다. 승자 자신의 개인적 노력만 추켜세우고, 승자가 속한 가족의 사회·경제적 조건이 박탈된 사람들의 처지는 고려 대상이 아닙니다. 그들에게 패자는 단지 노력을 더 하지 않은 사람에 불과하지요. 등록금을 벌기 위해 매일 아르바이트를 해야 하는 학생과 아무런 재정적 부담 없이, 아니 풍부한 재정적 지원을 받으며 생활하는 학생 간의 차이를 외면해서는 안 됩니다.

국민 공통 기본 교육과정에서 가르치는 내용이 바뀌어도 이러한 악순환은 중단되지 않을 것입니다. 대학체제에 변화가 있을 때만 수험생과 그 가족의 행동 양식이 바뀔 겁니다. 독일식 평준화 대학체제는 독일 대학의 경쟁력을 전혀 낮추지 않았지요. 전국 국공립대학을 하나의 체제로 묶어 지역별 특화 대학을 설정하고 인력과 자원을 집중·배치해 육성해야 합니다. 예컨대, 갑 대학은 A 분야 최고 대학으로 육성하고, 을 대학은 B 분야 최고 대학으로 육성하는 것입니다. 이 과정에서 순차적으로 학과 통폐합이 이루어지겠지요.

2025년 6·3 대통령 선거 과정에서 여야 정당이 각각 '서울대 10개 만들기' '서울대와 지역거점대 간 공동학위제' 등을 제시했는데, 실천이 중요합니다. 노무현 정부 시절 유사한 개혁 방안을 제기했을 때 보수 진영은 극렬하게 반대했는데, 지금은 진보·보수 모두 유사한 공약을 내건 것입니다.

국공립대학 등록금을 대폭 낮추는 개혁도 필요합니다. 이 체제가 자리 잡으면 입시 경쟁이 완화되고, 부수적으로 지방분권과 지역 균형 발전 효과도 낼 것입니다. 그리고 계급 균형 선발, 지역 균형 선발 제도를 더욱 확대해야 합니다. 미국의 경우 트럼프 행정부 출범 이후 미국 연방대법원이 대학입시에서 수십 년간 유지해온 '적극적 차별시정조치affirmative action'를 위헌이라고 결정했지만, 한국의 상황에서는 이런 선발제도가 더 필요합니다.

## 권력형 엘리트에서 공생하는 엘리트로

> **정여울** 한국형 공부의 문제점 중 하나는 시험을 봐서 엘리트가 된 사람들의 권력 독점 현상이 좀처럼 없어지지 않는다는 점이 아닐까요? 그 대표적 계층이 바로 의대와 법대지요. 한 번 어려운 시험을 통과하면 평생 그 특권을 누릴 수 있는 구조입니다. 그래서 힘 있는 자, 전문가들의 보다 조직적이고 '엘리트임을 악용한' 범죄가 늘어나고 있습니다. 전관예우 같은 권력의 반영구적 독식 문제도 끊이지 않고요. 이것은 엘리트 사회가 안고 있는 문제점입니다. 공부를 '나만 잘되기 위한 공부'가 아니라 '모두가 함께 잘 살아가기 위한 공동체적 공부'로 바꿀 대책이 있을까요?

**조국** 서울대 법대는 시험 엘리트가 입학합니다. 이들 중에는 청년 노동자 전태일의 삶을 다룬 명저 《전태일 평전》을 썼고 평생 인권변호사로 헌신한 조영래 변호사의 길을 간 소수도 있지만, 상당수는 출세 지향의 길을 걸었습니다. 다수는 생활인 법률가가 되었습니다. 현재 명문대 졸업생의 미래도 유사할 것입니다. 대학이 점점 더 기능적 지식인을 배출하는 곳이 되고 있으니까요.

과거 최강욱 의원이 술자리(최 의원은 술을 못 마십니다)에서 "서울대 법대 출신이 반 정도라도 사라지면 대한민국이 더 좋은 나라가 될 것이다"라고 농반진반으로 말한 바 있습니다. 12·3 비상계엄 국면의 등장인물만 보더라도, 내란수괴 윤석열 외에 윤석열의 심복이자 행정안전부장관인 이상민, 윤석열의 검찰 후배이자 핵심 참모인 김주현 민정수석비서관, 윤석열의 검찰 선배로 국민의힘을 이끈 권영세, 윤석열 구속 취소를 결정한 판사 지귀연, 구속 취소 결정에 항고 포기를 지시한 검찰총장 심우정, 대선 직전 이재명 후보의 자격을 박탈하려 한 대법원장 조희대 그리고 윤석열의 방어권 보장 결의안 채택을 주도한 안창호 국가인권위원회 위원장 등이 모두 서울대 법대 출신 아닙니까. 이들은 서울대 법대 '내란학과'를 나왔던가요. 서울대 법대 동문회가 정기적으로 열리는데 이들은 그 자리에서 무슨 얘기를 나눴을까요.

1994년 서울대 《대학신문》에 실린 김윤식 교수님의 유명한 축사가 생각납니다. 신입생들에게 고하는 얘기였습니다. 대학 입학은 신입생 개인의 성취가 아니라 "밥술이나 먹는 집안에서 태어"[28]나 "사랑이란 위선"[29]으로 "군(자네)을 노예로"[30] 만든 부모 덕분이었음을 매섭게 지적하셨지요. 그리고 새로이 깨어나야 함을 강조하며 다음과 같이 말씀하셨습니다. "그 계기란 도처에서 예감처럼 온다. 군이 창공의 별을 응시할 때 온다. 헤겔을 읽을 때 온다. 《무진기행》을 읽을 때 온다. 릴케를 읽을 때 온다."[31] 자연과 교감하라, 철학과 문학을 공부하라는 강력한 권고였지요. 김 교수님의 이 조언을 따르지 않으면 부모의 요구와 기대에 부응하는 존재에서 수구, 기득권을 옹호하는 존재로 변모할 뿐입니다.

## 의대와 로스쿨

> **정여울** 의대 정원 문제는 여전히 해결될 기미가 보이지 않고 있습니다. 이 문제에는 한국 사회의 엘리트들이 일단 자격시험에 합격하면 마치 평생의 부와 권력을 보장받아야 한다는 듯 살아온 오랜 관행이 연루되어 있다는 생각이 듭니다.

**조국** 대학입시 우수자가 법대와 의대를 선호하는 현상은 오래되었습니다. 사법시험 제도를 없애고 로스쿨을 도입한 이후에는 로스쿨 입학 경쟁이 치열합니다. 의학전문대학원은 도입했다가 폐지해서 지금은 의대 시스템만 남았기에 대학입시에서는 의대 입시가 가장 치열하다고 알고 있습니다. 고교와 대학 시절 학과 공부를 열심히 하여 의대나 로스쿨에 입학하고 이후 법조인 또는 의사가 되는 것 자체를 비난할 수는 없습니다. 그 시점의 노력에 따른 보상이나 대가라고 할 수 있으니까요.

그러나 몇 가지 지점은 분명히 짚어봐야 합니다.

첫째, 의대와 로스쿨에 입학하는 사람들의 다수는 우리 사회의 상층 계급 소속입니다. 가난한 집안에서 태어나 고학으로 또는 장학금을 받아 의대나 로스쿨에 입학하는 사례도 있지만, 그 수는 매우 적습니다. 이들이 자신이 속한 계급·계층·집단의 시각·문화·편견에서 완전히 자유로울 수 있을까요? 의사와 법조인 중 다수가 상층 계급 가치관을 내면화하고 있습니다. 정치·경제·사회 등 여러 분야에서 말이지요.

둘째, 의사와 법조인은 '시험능력주의'를 신봉하는 경우가 많습니다. 시험을 치를 기회는 모두에게 평등하게 보장하므로 그 시험에서 우수한 성적을 얻은 사람이 지위나 재산에서 큰 보상을 받는 것은 당연하고 공정한 일이라고 믿습니다. 그리고 그 시험에서 우수한 성적을 얻지 못하는 사람은 노력이 부족했던 사람으로 간주합니다. 그 결과 '기회의 평등'이 '실질적 평등'이 아님은 외면하고 승자 중심의 경쟁 이데올로기를 설파합니다.

셋째, 의사와 법조인은 자신이 속한 직역職域의 이익을 지키는 데 철저합니다. 예컨대, 의대 정원 또는 로스쿨 정원을 늘리는 것에 강하게 반대하지요. 과거 의약 분업 추진 당시 의사들은 결사반대했습니다. 전관예우는 범죄에 가까운 비행이지만 법조계에서 사라지지 않고 있습니다. 어느 사회에든 엘리트가 있고 어느 사회에나 법조인과 의사는 상층 계급에 속하지만, 모두가 우리나라 같지는 않습니다. 우리나라의 시험 엘리트는 선출된 권력이 아님에도 민주사회의 의사 정책 결정에 개입해 권력을 유지·보존하고 있습니다.

국회가 통제하는 것 외에는 이들에 관한 어떠한 민주적 통제 장치도 마련하지 못하고 있습니다. 그리하여 시험 엘리트는 현대판 귀족이 되었고 한국 사회는 민주주의의 외관 속에 엘리트 지배가 관철되고 있습니다.

앞서 강조했지만 저는 한국 사회의 엘리트 선발 충원 기준과 과정을 바꿔야 한다고 생각합니다. 기회의 평등만으로는 실질적 불평등을 전혀 해소하지 못하므로, 앞서 말했듯 의대 시험이건 로스쿨 시험이건 계급·지역 등의 사회적 배경을 고려하는 선발이 필요합니다. 머리가 우수하지만 고교 때부터 대학 시절까지 편의점 혹은 식당 등에서 매일 아르바이트를 하며 공부해야 하는 학생과, 이런 부담 없이 해외 어학연수나 교환학생 프로그램 등으로 각종 스펙을 쌓을 수 있는 학생 사이에 공정한 경쟁이 가능하다고 말할 수 있을지는 극히 의문입니다. 후자를 비난하자는 것이 아니라 전자의 노력도 열매를 맺을 수 있도록 제도가 바뀌어야 합니다.

우리나라에서 선풍적 인기를 끈 하버드대 교수 마이클 샌델 Michael Sandel의 책 《정의란 무엇인가 Justice》는 다 알 것입니다. 이 책은 베스트셀러가 되었고 저자를 초청해 여러 군데에서 강의도 했지요. 그런데 바로 이 샌델이 하버드대, 스탠퍼드대 등 명문대 신입생을 높게 설정된 일정 수준을 넘는 지원자 중에서 추첨으로 뽑자고 강력 제안한 것은 덜 알려져 있습니다. 그는 능력주의의 폐해를 해소해야 한다는 문제의식하에 이런 제안을 했습니다. 우리나라에서 진보 성향 교수가 이러한 제안을 하면 어떤 공격을 당할지, 불을 보듯 뻔합니다.

## 대안을 모색하는 공부

> **정여울** 2014년 한 인터뷰에서 대학생 시절에 가장 잘한 선택이 사법시험을 보지 않고 대학원에 간 일이라고 했지요. 그렇다면 대학원을 졸업하고 가장 잘한 선택은 무엇인지요? 그 선택을 왜 잘한 선택으로 생각하는지요?

**조국** 제가 대학에 다니던 시절은 물론 그 이전과 이후에도 서울대 법대생의 목표는 사법고시에 합격해 법조인이 되는 것이었습니다. 고교 졸업 시 성적이 우수했던 학생들에게 소년등과(재학 중 사법고시 합격을 가리키는 말이지요), 최연소합격, 우등합격 같은 새로운 목표를 부과한 것입니다. 저도 고민했습니다. 수험 서적을 사서 보기도 했습니다.

그런데 도저히 사법고시 공부를 본격적으로 시작하지는 못하겠더군요. 전두환 독재 정권 시절이라 사복경찰이 대학 캠퍼스에 상주하며 학생활동을 감시했고, 집회나 시위가 발생하면 무자비하게 진압했습니다. 1983년 11월 8일, 저는 서울대 공대 4학년 황정하 학형이 도서관에서 반독재시위를 주도하다가 추락해 사망하는 장면을 아크로폴리스 광장에서 직접 목격했습니다. 참고로 황 선배는 영화 〈밀정〉(2016)에서 송강호 씨가 배역을 맡았던 황옥 경부의 직계 후손입니다.

제 친구나 선후배 중 고초를 겪은 사람이 한둘이 아니었습니다. 예컨대, 현재 조국혁신당 차규근 의원은 대학 후배인데 대학교 1학년 때 시위에 참여했다가 붙잡혀 징역을 1년 이상 살았습니다. 당시 성년 나이가 아니었기에 소년수로 교도소에 있었습니다. 기가 막히는 일이었지요. 제가 1학년 여름방학 때 전북으로 농촌봉사활동을 갔다가 고향인 부산 본가로 갔더니, 사복경찰이 와서 부모님에게 경고하고 갔더군요. 저는 과대표, 법대 편집실 편집장 등으로 활동했을 뿐 학생운동 지도자는 아니었습니다. 그렇지만 이 정권하에서는 사법고시 공부를 하지 않겠다고 결심했습니다. 그게 제가 할 수 있는 최소한의 저항이라고 생각했습니다. 만약 정치민주화가 이뤄진 뒤 법대에 입학했다면 법조인의 길을 걸었을지도 모릅니다. 고교생활기록부를 보니 장래 희망란에 '판사'라고 적혀 있더군요.

이 결심은 대학원 진학으로 이어졌습니다. 그때 실정법률과 판례를 해석하고 적용하는 공부를 넘어서는 공부를 했습니다. 실정법률과 판례를 비판적으로 분석하고 대안을 모색하는 공부지요. 제가 교수가 된 이후에도 학교 캠퍼스에 머무는 사람이 아니라 그 밖을 바라보고 소통하는 사람이 된 것은 이러한 공부 덕분입니다.

## 영화로 철학하기

**정여울** 선생님과 영화 이야기도 나누고 싶습니다.《조국의 시간》을 읽으며 이준익 감독의 영화 〈자산어보〉(2021)에 나오는 정약전 형제의 이야기가 꼭 우리 가족의 이야기 같다고 말했다는 아드님 이야기가 떠올라 가슴이 아팠습니다. '내가 사랑한 영화 Top 5'라는 타이틀로 이야기하는 게 어떨까요? 책 읽기뿐 아니라 영화도, 세상도 모두 공부 대상이니까요.

**조국** 제가 영어圈圈 생활 중이라 그런지, 프랭크 아르파드 다라본트Frank Árpád Darabont 감독의 〈쇼생크 탈출The Shawshank Redemption〉(1994)이 첫 번째로 떠오릅니다. 제가 대여섯 번이나 본 영화인데 갇힌 사람들의 자유를 향한 갈망과 의지, 형사사법 제도의 문제점 등을 잘 보여줍니다. 이 영화의 두 장면을 좋아합니다. 하나는 주인공 앤디가 교도관 허가를 받지 않고 교도소 내에 음악을 틀어놓으며 행복해하는 장면입니다. 볼프강 아마데우스 모차르트Wolfgang Amadeus Mozart가 작곡한 오페라《피가로의 결혼Le nozze di Figaro》제3막 중 〈편지의 이중창Sull'aria, che soave zeffiretto〉입니다. 이 곡은 백작부인과 하녀가 힘을 합해 백작에게 맞서는 장면에서 나오는 노래지요. 다른 하나는 앤디의 친구 레드가 가석방 심사를 받는 장면입니다. 자신이 얼마나 개선되었는지 호소했을 때는 불허 결정이 나고, 다 포기한 채 정반대 답변을 했을 때는 허가 결정이 나지요.

두 번째 영화는 봉준호 감독의 〈기생충〉(2019)입니다. 우리나라를 포함해 전 세계의 문제인 양극화와 불평등을 우화적 방식으로 그려냈습니다. 고급 주택과 반지하 방, 고급 음식과 기사

식당 음식 등의 극명한 대조, IT 기업 박 사장(이선균 분) 가족과 실업자 기택(송강호 분)의 가족 등. 파국으로 달려가는 순간순간과 장면 장면에서 저는 숨을 멈추었습니다. 이 영화는 양극화와 불평등을 해소하지 않는 것은 결국 양측 모두에게 비극이라는 점을 시사하고 있습니다. 선진국 대한민국의 숨겨진 그늘과 위태로운 미래를 경고하는 것 같습니다. 또한 봉 감독은 최상류층 계급의 거만과 허위의식뿐 아니라 하층 계급의 욕망도 가감 없이 보여줍니다.

세 번째 영화는 롤랑 조페Roland Joffé 감독의 〈미션The Mission〉(1986)입니다. 포르투갈의 남미 침략과 병행해서 이뤄진 예수회의 선교와 그 과정에서 발생하는 대립·투쟁을 아름다운 남미 자연을 배경으로 그려냅니다. 특히 대조적인 두 신부 가브리엘(제레미 아이언스 분)과 멘도자(로버트 드니로 분)의 스타일, 행보, 포르투갈군에 맞서 원주민과 함께 싸우는 선택을 하는 모습이 여전히 뇌리에 남아 있습니다. 가브리엘 신부의 오보에 연주가 아름답고, 살인자 출신으로 신부가 된 멘도자 신부의 고뇌와 결단도 감동적입니다.

네 번째 영화는 구로사와 아키라黒澤明 감독의 대표작 〈라쇼몬羅生門〉(1950)입니다. 하나의 사건과 관련된 각각의 사람이 전혀 다른 기억을 하고 상이하게 증언하는 것을 차례로 보여줍니다. 진실은 교차 검증을 통해서만 확인할 수 있다, 우리는 모두 편면적 진실만 알 뿐이다 등을 깨닫게 해준 영화입니다. 일본 영화라 하면 사무라이 칼싸움을 떠올리던 시절에 본, 철학적 문제의식을 가득 담은 명작입니다.

다섯 번째 영화는 시드니 루멧Sidney Lumet 감독의 〈12명의 성난 사람들12 Angry Men〉(1957)입니다. 자신을 학대한 양아버지를 살해한 열여덟 살 소년의 유죄 여부를 두고 배심원 열두 명이

토론하고 논쟁하는 과정을 그린 영화입니다. 첫 토의 후에는 한 명만 빼고 모든 배심원이 유죄 의견이었는데, 토론과 숙의를 거치면서 하나하나 의견이 바뀌는 과정이 감동적이지요.

노무현 정부 시절 사법개혁 일환으로 국민참여재판을 도입했지만, 전체 1심 형사사건의 0.1퍼센트 정도만 국민참여재판으로 진행합니다. 배심원 평결도 법관에게 참고 사항일 뿐이고요. 그 결과 재판은 철저하게 법률 전문가의 시각과 경험에 의거해 결론을 내립니다. 이에 대한 반성적 검토를 하게 하는 영화입니다.

> **정여울** 좋아하는 영화 이야기를 듣다 보니, 문득 '좋아하는 음식' 이야기도 나누고 싶어졌어요. 누군가를 알아가는 과정에서 자연스럽게 궁금해지는 것이 아닐까 싶습니다. 좋아하는 음식 세 가지를 꼽는다면요?

**조국** 우선 전주식 육회비빔밥을 꼽고 싶습니다. 무거운 놋그릇에 밥과 색색의 나물, 고명 그리고 신선한 육회를 올린 이 음식은 언제 먹어도 맛있습니다. 한 그릇 안에 모든 영양소를 고루 담았다는 점도 장점이고요. 달지 않은 막걸리 한 잔과 같이 하면 좋습니다.

다음으로 토마토 베이스 해산물 뚝배기 파스타를 들고 싶습니다. 저는 파스타를 다 좋아하는데 그중에서도 한국화한 이 파스타를 좋아합니다. 정말 창조적이지 않습니까? 토마토를 끓여 그 안에 각종 해산물을 넣은 이 파스타는 날씨가 쌀쌀할 때 제격입니다. 바디감 강한 레드와인과 잘 어울립니다.

마지막으로 제 고향의 특별한 음식인 부산 돼지국밥을 좋아합니다. 영화 〈변호인〉(2013)에서 노무현 변호사로 분한 송강호 씨가 맛있게 먹는 모습이 인상적이지요. 좋은 돼지국밥은 돼지고기 냄새가 나지 않습니다. 저는 대학에 입학하면서 부산을 떠났지만, 명절 등으로 고향을 찾을 때면 꼭 돼지국밥 한 그릇을 먹습니다. 저에게는 '소울 푸드'입니다. 돼지국밥은 소주와 같이 먹어야 제격이고요. 빨간 뚜껑 소주가 그립네요.

## 나의 존엄을 지켜주는 공부는 쓸쓸하지 않다

**정여울** 저는 《공부할 권리》라는 책에서 "공부란 '과거와 현재의 내 문제를 깨닫고, 미래의 내 삶을 설계하는 것'"32이라고 썼습니다. 스펙과 시험을 위한 공부에 너무 지쳐버린 제가 진정 갈망하는 공부가 무엇일까 생각하며 쓴 책인데요. 책을 읽는 공부가 아니라 삶에서 책을 살아내는 공부를 하고 싶은 마음도 담은 책입니다.

저는 공부를 통해 삶이 실제로 더 나아지는 경험을 많이 했습니다. 예컨대, 좋지 않은 상황(선생님이 감옥에 있는 상황) 속에서 어처구니없게도 뜻밖의 기쁨이 있었습니다. 세렌디피티serendipity라고 하지요. 만약 이 책의 출간이 앞당겨졌다면 조국 선생님과 제가 이렇게 기나긴 편지 나눔을 할 수 있었을까요. 불가능했겠지요. 선생님과 기나긴 편지 나눔을 할 수 있는 것은 슬픔 속의 기쁨이자 불운 속의 행운이라는 생각이 듭니다. 조국의 '폐문독서'와 정여울의 '매일 읽고 쓰기'가 만나 뜻밖의 세렌디피티를 이룬 책이 바로 《조국의 공부》이지요. 이 책을 쓰기 위해 우리는 더욱 용맹정진해 공부하고 있고, 이것이 '존

| 엄을 지켜주는 공부'라는 생각이 듭니다.

**조국** 정여울 작가는 '과거와 현재의 문제를 깨닫고, 미래의 삶을 설계하는 것'이라는 정의 외에 이런 비교를 했지요. "자격증과 스펙을 위한 쓸쓸한 공부"[33]와 '나의 존엄을 지켜주는 최고의 멘토인 공부'를 대비했어요. 치열한 대학입시 경쟁을 치르고 대학에 들어가도 학점 관리, 스펙 관리가 기다립니다. 또 입학을 위한 공부, 자격증 획득을 위한 공부, 정규직 취업을 위한 공부가 기다립니다. 이러한 시험공부 과정에서 승자는 극소수입니다. 다수는 패자가 됩니다.

저는 "자격증과 스펙을 위한 쓸쓸한 공부"를 하지 말라고 말하지는 못하겠습니다. 그러나 '나의 존엄을 지키는 공부'는 반드시 병행하라고 말하고 싶습니다. 그것은 인문학 공부일 수도 있고 음악, 예술 공부일 수도 있습니다. 자신의 고민과 상처의 근원을 알게 하고, 자존감과 행복이 있는 삶을 살게 해주는 공부를 찾으라는 것입니다.

# 참여하는 공부

# 2

: 길을 잃은 한국이 다시
길을 찾기까지의
투쟁과 연대

# 연連

어둠은 어둠을 몰아낼 수 없다. 오직 빛만이 어둠을 몰아낼 수 있다.
증오는 증오를 몰아낼 수 없다. 오직 사랑만이 증오를 몰아낼 수 있다.
— 마틴 루서 킹Martin Luther King

## 한국인의 정치·사회적 DNA

**정여울** 3·1 운동, 4·19 혁명, 5·18 민주화운동, 촛불운동, 응원봉운동까지 연대가 없었으면 지금의 대한민국 민주주의는 없었을 것입니다. 한편 유관순 열사, 전태일 노동운동가 등 한 사람의 용기가 있어 오늘날 우리가 누리는 권리가 존재할 수 있었습니다. 선생님이 생각하는 한 사람의 용기와 연대의 힘이 궁금합니다.

**조국** 대한민국이라는 정치·사회 공동체 속에 살고 있는 국민 다수는 생업에 바쁩니다. 직업적 정치인이나 사회운동가는 소수이지요. 그렇지만 생업에 바쁜 국민도 지켜봅니다. 기억합니다. 새겨둡니다. 그러다가 도저히 더 이상 수인受認할 수 없는 상태가 오면 직접행동direct action에 나서는 용기를 발휘합니다. 앞서 말한 운동과 혁명은 그런 직접행동으로 역사를 바꾼 예지요. 목숨을 건 용기와 연대의 산물입니다.

또한 국민은 절대 참을 수 없는 것, 절대 용납하지 못하는 것이 무엇인지 몸으로 보여줍니다. 외세의 강점과 억압, 부정선거와 권위주의 통치, 군부독재의 폭정, 선출되지 않은 자들의 권력 농단, 위헌·위법한 계엄 발동 등이 그것이지요. 각각의 사건에서 한 명 한 명 국민의 힘은 총칼을 휘두른 권력에 비해 미약했습니다. 그러나 용감한 국민의 연대는 이러한 권력을 무너뜨렸지요. 폭군暴君, 혼군昏君, 암군暗君, 광군狂君이 등장했고 앞으로도 그러하겠지만 결말은 같을 것입니다.

이웃 나라인 중국, 일본과 비교하면 한국인의 직접행동은 특별합니다. 두 나라와 달리 한국인은 직접행동에 기반한 승리의 경험을 축적하고 있습니다. 그리고 그 경험은 '정치·사회적

DNA'로 계승되고 있습니다.

## 빛의 혁명이 만드는 아름다운 기적

**정여울** 2017년 박근혜 대통령 탄핵 당시의 촛불혁명과 2024~2025년 빛의 혁명은 '뭔가 달라졌다'라는 느낌이 들게 합니다. 광장의 주체가 엄청나게 다변화했고 광장의 몸짓 또한 달라졌으며, 광장에서 느끼는 자유와 해방의 느낌 역시 달라졌다는 생각이 듭니다.

2017년에는 분노가 더 컸다면 지금은 사랑이 더 크다고 해야 할까요. 분노는 국정문란國政紊亂을 일으킨 사람들을 향한 것이었지요. 지금 우리가 광장에서 느끼는 사랑은 12·3 비상계엄이라는 초유의 사태에 맞서 우리의 삶, 우리의 자유, 우리의 가치를 지켜낸 '지금 이 순간에 대한 사랑'이 더 크다는 생각을 해보았습니다.

**조국** 저는 2017년 광장은 시민으로서, 2024년 광장은 정치인으로서 참여했습니다.

2017년 광장은 박근혜 대통령의 국정농단에 대한 분노로 열렸습니다. 최순실이라는 비선 실세의 존재가 주권자 국민의 자존심을 건드린 것입니다. '이게 나라냐'라는 구호에서 알 수 있듯, 온 국민의 마음속에 어째서 국가운영을 그런 식으로 했는지 비판하는 목소리가 들끓었습니다.

2024~2025년 광장은 윤석열 대통령의 내란에 대한 경악과 분노로 열렸습니다. 민주공화국 대통령이 아니라 전제군주가

되려 한 윤석열이 군대를 동원해 민주공화국의 근본을 무너뜨리려고 했으니까요. 윤석열은 역사를 박정희·전두환 시대로까지 역행하려 한 것입니다.

12·3 비상계엄 이전 2024년 광장의 초기 모습은 2017년과 비슷했습니다. 시민사회단체 또는 정당이 주최한 윤석열 규탄·퇴진·탄핵집회에 참석한 사람, 진행 방식, 분위기 등은 큰 차이가 없었습니다. 조직된 시민과 정치 고관여 시민이 중심이었습니다.

그런데 12·3 비상계엄 이후 광장은 확연히 달라졌습니다. 2017년 광장에서 보았던 다종다기하고 재기발랄한 깃발이 쏟아져 나왔습니다. 이름을 보면 절로 미소가 지어지는 단체명 깃발들 말입니다. 더 주목할 점은 20~30대 여성의 대대적 참여와 그들이 들고 온 응원봉입니다. 시민들이 부르는 노래도 기존의 운동권 노래가 아니라 K-팝 노래였지요. 또한 연단에서 발언하는 시민의 구성이 달라졌습니다. 정치인이나 시민사회단체 간부의 발언 외에 배달 라이더, 고등학생, 노래방 도우미, 성소수자 등이 마이크를 잡았습니다. 이들은 윤석열 일당을 비판함은 물론 자신의 꿈과 고통을 자신만의 방식으로 표현했습니다. 윤석열 파면과 처벌을 넘어 자신들의 인권을 존중받고 행복을 보장받는 세상을 말했습니다. 2017년 광장에서는 없었던 일입니다. 뭉클했습니다. 우리나라가 한 걸음 더 나아갈 것임을 직감했습니다.

## 자기 자신에게만 충성할 때 벌어지는 일
—2024년 12월 3일 12·3 비상계엄

**정여울** 윤석열 정권 출범 후 그의 언동, 태도, 정책 등은 비판을 받았고 마침내 12·3 비상계엄으로 그의 본모습이 드러났습니다. 사실 국정원 댓글 사건 수사 검사 윤석열, 2016년 국정농단 특별검사팀 수사팀장 윤석열은 국민에게 박수를 받았습니다. 사람이 바뀐 것일까요? 국민이 속은 것일까요?

**조국** 윤석열을 스타로 만든 것은 "사람에게 충성하지 않는다"라는 발언이었지요. 많은 국민이 그 의미를 '사람'이 아니라 '원칙'에 충성한다는 것으로 이해하고 박수를 보냈습니다. 저도 그랬습니다. 당시 범민주진보 진영 사람들도 같았고요. 그런데 대통령 윤석열의 실제 모습은 어땠습니까? 그가 한 "사람에게 충성하지 않는다"라는 말의 진짜 의미는 '타인에게 충성하지 않고 자기 자신에게만 충성한다'라는 것이었습니다. 윤석열은 자기 자신, 자기 가족, 자기 조직에만 충성하는 사람이었습니다. 이 점은 검사 윤석열과 대통령 윤석열 사이에 변동이 없었습니다. 윤석열은 그런 시각에 기초해 자기 자신, 자기 가족, 자기 조직을 위한 이익을 얻는 데 필요한 말과 행동을 했습니다. 우리 모두가 속은 것입니다. 전 민정수석비서관으로서 이런 사람의 본색을 꿰뚫어 보지 못한 점에 대해 깊이 자책하고 있습니다. 검사 출신 친구가 이렇게 위로하더군요. "속이기로 작정한 자에게 당하지 않는 경우가 없다."

그는 "검사가 수사권을 남용하면 깡패다"라는 그럴싸한 말도 했지요. 그런데 정작 검찰총장 윤석열 본인은 검찰권을 오남용했습니다. 대통령 시절에는 법무부장관이나 민정수석비서관을 통해 간접적으로 검찰 수사에 개입했을 것이고요. 윤석열이 맡은 사건들 중 유죄임에도 불구하고 무죄판결이 난 여러 사건을 생각해보십시오. 그는 검찰총장과 대통령 자리에 앉아 '깡패' 짓을 한 것입니다.

윤석열의 기세가 등등하던 시절, 저는 페이스북에 윤석열을 셰익스피어의 《맥베스》에 비유하는 글을 올렸습니다. 많이 알려진 고전 이야기지요. 왕의 신임을 받던 장군 맥베스가 마녀 세 명이 말한 예언에 혹하여 부인과 통모通謀해 왕을 시해하고 왕위에 오르지요. 그리고 선왕의 충신 맥더프를 죽이려 했으나 실패하고 그 가족을 다 죽입니다. 그러나 맥베스는 파멸하고 맙니다. 맥베스의 부인은 미쳐버려 자살하지요. 시간과 공간을 떠나 맥베스 같은 인간은 존재하고 맥베스가 벌이는 일은 발생하기 마련이라고 보았습니다.

## 가슴에 돋는 칼로 슬픔을 자릅니다
―2024년 12월 16일 조국의 서울구치소 입감

**정여울** 2024년 12월 3일, 대한민국 역사에서 영원히 잊을 수 없는 사건이 일어났지요. 12·3 비상계엄 직후에 급박히 돌아가는 정치 상황에서 끝까지 맞서 싸우다가 입감했는데, 당시 마음이 얼마나 복잡했는지 들려주면 좋겠습니다.

**조국** 위헌·위법한 12·3 비상계엄 선포 전, 저는 조국혁신당에서 2024년 창당 시부터 추진한 "3년은 너무 길다", 즉 윤석열 퇴진·탄핵 투쟁을 총괄하고 있었습니다. 12월 12일 대법원 선고가 예정된 상황이라 마음이 불안한 상태였습니다. 대법원에서 파기환송할 것이라는 예측이 있었지만 믿을 수 없었고요.

12·3 비상계엄 선포는 집에서 텔레비전을 보고 알았습니다. 믿기지 않았습니다. "미쳤구나"라는 말이 튀어나왔습니다. 과거 경험상 체포조가 와 있을지도 모른다고 생각해 집 주변을 살핀 뒤 곧바로 여의도로 갔습니다. 계엄군이 국회 경내로 진입하고 있다는 소식을 들으며 계엄 해제 표결을 했습니다. 표결 이후에도 미친 폭군이 무슨 짓을 할지 모른다는 판단에 국회 경내에 머물렀습니다. 그리고 매일매일 매시간 윤석열 내란수괴의 탄핵과 처벌을 역설하는 기자회견, 언론 인터뷰, 대중 연설을 했습니다. 그때 여의도에 집결한 국민의 의지와 열기에 감동했지요. 특히 색색의 응원봉을 든 20~30대 여성들의 참여가 눈에 띄었습니다.

마침내 12월 12일 대법원 선고일을 맞았습니다. 저는 대법정에 출석하지 않고 집에서 결과를 받았습니다. 참으로 실망스러웠습니다. 변호인단이 제기한 상고 이유 중 그 어떤 것도 받아들여지지 않았습니다. 법리적으로 납득이 가지 않았습니다. 당의원들과 당직자들도 침울해졌습니다. 그렇지만 대한민국 법체제를 존중해야 하기에 수용해야 했습니다. 입감 날짜는 12월 16일로 정해졌고, 저는 짧은 시간 안에 당 대표와 국회의원 인수인계 작업을 끝내야 했습니다. 당 대표와 국회의원으로서 공적 활동을 더는 할 수 없다는 것 외에 사랑하는 가족, 벗, 친구 들과 단절된다는 점이 마음을 무겁게 만들었습니다.

윤석열 탄핵소추 의결을 촉구하는 여의도 집회에서 고별 연설을 했습니다. 그 이전 행사에서는 정장을 입고 타이를 맸으나, 이날은 청바지를 입고 목도리를 두르고 단상에 올랐습니다. 그 마지막 연설 뒤 벗들, 가족과 함께했습니다. 다들 슬퍼했지만 견디고 이겨낼 수 있으리라는 것을 알고 있었습니다.

12월 16일 서울구치소 입감 날, 마음이 복잡했습니다. 구치소 앞에 모인 당 소속 의원, 당직자, 지지자 들의 표정을 보고 외침을 들으니 울컥했습니다. 그러나 저는 마음을 가라앉히고 준비한 기자회견문을 읽었습니다. 대학생 시절 좋아하던 양성우 시인의 시 〈꽃상여 타고〉의 한 구절을 인용한 회견문이었습니다.

"가슴에 돋는 칼로 슬픔을 자릅니다."[1]

## 이분법적 국제관계관
—2025년 4월 15일 서울대 중앙도서관 시진핑 자료실 폐쇄 촉구

**정여울** 윤석열 대통령 탄핵소추안 의결 이후 파면 선고가 난 지금까지도 탄핵에 반대하는 세력은 중국을 비난하는 거친 발언과 행동을 계속하고 있습니다. 탄핵 찬성 집회에 중국인이 참여하고 있다, 선관위에 중국인이 침투해 있다, 심지어 헌법재판소 헌법연구관 중 중국인이 있다 등의 허위 사실을 유포하면서 말입니다. 이 혐중 캠페인을 어떻게 보아야 할까요?

**조국** 탄핵 반대 집회에 걸린 현수막과 손팻말을 보니 탄핵의 배후도, 만악萬惡의 근원도 중국 공산당이더군요. 파면 선고 이후 친윤 대선주자 나경원은 서울대를 방문해 서울대 중앙도서

관에 설치한 '시진핑 도서'를 없애라고 시위했고, 친윤 20~30대 조직인 '자유대학' 등은 양꼬치 식당가를 돌면서 중국 반대 시위를 했습니다. 미국까지 가서 부정선거 음모론을 주장하고 그 배후에 중국이 있다고 강변한 극우 인사들도 있었지요. 그 속에 법학 교수, 변호사 들이 있더군요.

권위주의 또는 군사독재 정권하에서는 북한이 '주적'이었는데, 남북 간 국력 격차가 현격해진 이후 북한을 거론하는 것이 실효성이 없다고 판단하고, 그 대신 중국을 내세우는 것으로 보입니다. 이는 윤석열 및 윤석열 정부의 이분법적 국제관계관, 즉 '자유 진영' 대 '공산 진영'을 그대로 반영한 것입니다.

현재 미국과 중국 두 패권 국가가 전면 충돌하고 있고, 한국과 미국이 군사동맹 관계임을 모르는 사람은 없을 것입니다. 그러나 중국은 한국의 최대 수출 시장입니다. 중국에 살고 있는 한국 교민 수는 약 210만 명에 달합니다. 한국 지방대학은 중국인 유학생이 없으면 심각한 재정 위기에 빠질 것입니다. 이 간단한 사실을 기초로 판단하더라도 혐중 캠페인이 얼마나 국익에 반하는 것인지 알 수 있습니다. 이를 부추기는 극우 세력의 행태는 정말 위험하고 개탄스럽습니다.

## 숫자 계산에 가려진 본질
— 2025년 1월 26일 윤석열 대통령 구속 취소

**정여울** 윤석열 대통령이 석방되면서 정국이 또다시 얼어붙었습니다. 해도 해도 너무한다는 생각이 듭니다. 깨어 있는 시민의 힘으로 간신히 얻어낸 절반의 승리(윤석열 대통령 구속 및 탄핵 의결)가 물거품이 되어버리는 것은 아닐까 싶어 걱정과 분노에 잠을 이루지 못하는 사람이 아주 많습니다.

아마 조국 선생님도 많이 분노하고 걱정하고 있을 거라는 생각이 듭니다. 당시 이재명 더불어민주당 대표는 "내란 음모를 수행한 부하들은 다 구속돼 있는데 사형 또는 무기징역에 해당하는 내란수괴가 '산수 문제' 때문에 석방됐다. 여전히 믿기지 않는다"라고 했지요. 박은정 의원은 심우정 검찰총장에게 "구속 만기 날 전국 고검장 회의 왜 했습니까? 윤석열을 풀어주고 태극기 아스팔트 지지층 등에 업고 윤석열 검찰총장처럼 정치하고 싶습니까?"라고 강도 높게 비판했습니다.

제가 원하는 것은 단순한 정의와 풍요로운 민주주의입니다. 정의는 단순하면서 정확해야 하고, 민주주의는 더 풍요롭고 다채로운 목소리를 담을 수 있어야 합니다. 하지만 단순한 정의를 정확하게 실행하지 않으면, 풍요로운 민주주의는 아예 시도조차 하지 못하고 맙니다. 이렇게 법과 정의를 팽개친 사람들이 계속 이 나라의 최고 지도층 자리에 앉으면, 아무리 시민들이 풍요로운 민주주의로 무장해도 '단순한 정의'가 지켜지지 않을 거라는 생각이 듭니다.

조국 선생님은 윤석열 대통령 석방 이후 어떤 생각을 했는지 무척 궁금합니다.

**조국** 법원과 검찰의 중립성이라는 신화가 이번 기회에 확실히 깨졌다고 봅니다. 과연 그들이 윤석열 석방이 대한민국의 현재와 미래에 어떤 파급을 가져올지 몰랐을까요? 우수한 두뇌

소유자들이 그럴 리 없지요. 그러면 공식적으로 내세우는 논리 외에 그들이 왜 이런 결정을 했을지 분석해야 합니다. 법조 엘리트들은 왜 갑자기 지금 이 시점에 '새로운' 구속 기간 계산법을 도입했을까요?

 헌법재판소 안팎에서 윤석열의 행위를 옹호한 여타 저명한 법조인과 법학자 들을 떠올려보십시오. 재판정에서 전직 헌법재판관, 전직 검찰총장, 전직 국무총리, 전직 법무부장관 등이 자리 잡고 윤석열의 행위를 정당화했습니다. 또한 (소수였긴 하지만) 저명한 원로 헌법학자가 같은 주장을 펼쳤지요. 70년간 유지해온 구속 기간 계산법을 갑자기 바꾼 지귀연 판사와, 당연히 해야 할 '즉시항고'를 포기하도록 지시한 심우정 검찰총장도 같은 대열에 있다고 봅니다.

 일찍이 알렉시 드 토크빌Alexis de Tocqueville은《아메리카의 민주주의 1De la démocratie en Amérique-Première Partie》에서 "법률가들은 두드러지게 보수적이고 반민주주의적 기질을 드러낸다"[2]라고 갈파한 바 있는데, 한국 법조 엘리트도 예외가 아니었습니다. 그들은 자신들이 국민을 향해 강조해온 법치法治가 실제로 무엇인지 보여주었습니다. 그들은 철두철미하게 당파성에 입각한 법해석, 법적용을 하는 사람들입니다. 유발 하라리Yuval Harari의 개념과 논리를 빌리자면 법치는 '상상의 질서'[3]인데 이것을 유지하려면 엘리트들이 신봉하고 준수해야 합니다. 안타깝게도 한국의 법조 엘리트 상당수는 그렇지 않습니다. 그러면 국민이 이 상상의 질서를 신뢰하고 따를 수가 없지요.

## 피청구인 윤석열을 파면한다
#### —2025년 4월 4일 피청구인 윤석열 파면

**정여울** 드디어 윤석열이 파면되었습니다. 12·3 비상계엄에서 4·4 피청구인 윤석열 파면까지 무려 123일 동안이나 가슴 졸인 국민에게 무엇보다 기쁜 소식입니다. 특히 선생님은 2019년 8월 9일부터 무간지옥無間地獄 같은 힘겨운 나날을 견뎌왔을 테니 감회가 새로울 것 같습니다. 법학자로서 탄핵 선고 판결문을 어떻게 바라보는지요.

**조국** 4월 4일 윤석열 탄핵 선고 소식을 이곳 독거실에서 텔레비전 생방송으로 접했습니다. 저는 대국민 메시지나 언론 인터뷰에서 윤석열은 100퍼센트 파면된다고 수차례 공언했습니다. 그런데 3월 7일 지귀연 부장판사에 의한 느닷없는 구속 취소로 윤석열이 석방되면서 마음이 불안했던 것은 사실입니다. 정상적 법조인이라면 '각하'나 '기각' 의견을 쓸 수 없는데, 윤석열 구속 취소를 만든 희한한 계산법 같은 논리가 힘을 얻는 것은 아닌가 하는 걱정을 했지요.

문형배 헌법재판소 소장권한대행이 결정문을 읽기 시작해 몇 분 지나니 결론이 보이더군요. 편안한 마음으로 주문 낭독을 기다렸습니다. "피청구인 윤석열을 파면한다"라는 문장이 나오는 순간 절로 손뼉을 쳤습니다. 2024년 12월 3일 밤 이후 여러 순간이 차례로 떠올랐습니다. 무도하고 무능한 폭군의 폭거로 얼마나 많은 사람이 힘들었고, 얼마나 크게 나라의 토대가 뒤흔들렸습니까.

윤석열 탄핵을 가장 먼저 외치고 선봉에 서서 싸웠던 정당의 전 대표로서 뿌듯함이 있었습니다. '국민께 드린 약속을 지켰구나'라는 마음이었습니다. 다른 한편 '그런데 나는 갇혀 있구나'라는 쓸쓸함이 밀려든 것도 사실입니다. 솔직히 말해 1심에서 유죄를 받았으나 2심에서는 무죄로 뒤바뀐 판결을 받은 동료 정치인들이 부러웠습니다. 국민이 잘 알고 있는 당시 이재명 더불어민주당 대표 사건 외에도 조국혁신당 의원과 당직자 들을 기소한 사건인 김학의 출국금지 사건, 울산시장 선거 개입 사건 등이 있습니다. 그렇다고 침울함에 빠지지는 않습니다. 제가 유죄판결을 받은 사안을 두고 훗날 종합적 평가가 이뤄지리라 믿기 때문입니다. 2024년 4월 10일 제22대 국회의원 선거에서 조국혁신당이 소기의 성과를 이룬 것은 정치적 복권의 시작이라고 봅니다.

## K-민주주의의 힘
—2025년 4월 5일 윤석열 파면 후 주말 집회

**정여울** 이번 12·3 비상계엄을 겪으며 '한국 민주주의의 미래를 어떻게 복원할 것인가'라는 시급한 과제가 우리 앞에 놓여 있는데요. 한국 민주주의 복원은 어떠한 방향으로 나아가야 할까요?

**조국** 윤석열 일당이 파괴한 K-민주주의 복원이 당면한 가장 시급한 시대적 과제입니다. 12·3 비상계엄에 맞서 민주헌정을 지켜낸 주권자 국민의 요구를 K-민주주의 안에 반영해 K-민주주의를 재구성하고 강화하는 것 역시 시대적 과제입니다.

1987년 6월 항쟁으로 군부독재를 종식하고 1987년 헌법을 갖게 된 이후, 우리나라에서 비상계엄을 선포하고 계엄군이 국회를 침탈하는 일은 있을 수 없다고 확신하며 살았습니다. 그건 태국 혹은 미얀마에서 발생하는 일이라고 생각했어요. 그러나 이 확신은 12·3 비상계엄 앞에서 무너졌습니다. 이때 K-민주주의의 취약점이 드러났습니다. 12·3 비상계엄 이후 현재까지 저는 이렇게 되뇌고 있습니다. '민주주의에 완성은 없다. 극단적 신념을 지닌 최고권력자와 그 추종 세력이 언제든지 파괴할 수 있다. 민주주의는 언제나 주권자의 손으로 지켜내야 하는 제도다.'

K-민주주의 복원과 재구성이 가능해진 것은 12·3 비상계엄을 온몸으로 막은 국민, 여의도를 비롯한 전국에서 형형색색의 응원봉을 들고 집회에 참석한 국민 덕분입니다. 또 트랙터를 몰고 상경하다가 남태령 고개에서 막힌 농민들과 연대하기 위해 전국에서 달려간 국민 덕분입니다. 우리는 여기서 우리나라의 미래에 희망이 있음을 확인할 수 있습니다.

K-엘리트가 내란에 맞서 민주주의를 지켜낸 것이 아닙니다. 이른바 명문 대학을 나오고 각종 고위직을 거친 사람들은 12·3 비상계엄을 옹호하거나 점잖은 척하며 양비론을 설교했지만, 주권자 국민은 사태의 본질을 꿰뚫어보았고 나아가 행동했습니다. 전두환 군사독재 정권을 물리친 6월 항쟁의 집단경험이 그 후 수십 년 K-민주주의 유지의 정신적 원천이었던 것처럼, 2024년 주권자의 집단경험은 K-민주주의를 새로운 길로 이끌 것입니다.

## K-엘리트의 추태
—2025년 4월 8일 한덕수 권한대행 헌법재판관 후보자 지명

**정여울** 윤석열은 헌법재판소 파면 결정에도 승복 메시지를 내지 않았고 형사재판에 출석해서도 헌법재판소 결정 내용을 부인하며 무죄를 주장했습니다. 한편 한덕수 권한대행은 이전에 자신이 한 말을 뒤집고 헌법재판관 2인을 지명했습니다. 이들은 왜 이러는 걸까요?

**조국** 그들은 대한민국 지배 엘리트의 법의식, 윤리의식을 극명하게 드러냈습니다. 두 사람 다 서울대를 졸업하고 고시에 합격해 각각 검사와 경제관료로서 승승장구했지요. 한덕수는 미국 하버드대까지 가서 박사학위를 받은 사람입니다. 엉망진창이던 잼버리 대회에 방문하여 "아이 엠 어 그래듀에이트 오브 하버드 I am a graduate of Harvard"라고 자랑했지요. 이들에게 법이란 자신의 권력, 이익, 지위를 유지·강화하는 도구일 때만 의미가 있는 것일까요. 겉으로는 법치와 헌법을 말하지만 자신 또는 자신이 속한 세력이 위기에 처할 때는 안면 몰수하는 특징을 보인 것입니다.

윤석열은 헌법재판소가 8 대 0 만장일치로 내린 파면 결정을 두고 수용도 승복도 하지 않습니다. 오히려 윤석열은 파면 후 사저 앞에서 "다 이기고 돌아온 거니까 걱정 마라"라고 말했습니다. 트럼프 대통령 흉내를 내듯, 'Make Korea Great Again' 문구를 새긴 빨간 모자를 쓰고 득의만면한 모습도 연출했지요. 평생 검찰권을 휘두르며 살다 보니 자기 마음에 들지 않으면 국회 결정도 사법부 결정도 하찮게 보는 태도가 골수에 박힌 것입니다.

한덕수 대통령 권한대행은 소극적 권한 행사만 해야 한다는 근거를 내세우며 진보 성향 마은혁 헌법재판관 임명을 거부했지요. 그러고는 윤석열이 파면되자 윤석열의 절친이자 골수 검찰주의자인 이완규와 보수 성향 고위법관 함상훈을 헌법재판관으로 지명했습니다. 윤석열과 사전에 교감했을 거라고 확신합니다. 이완규는 12·3 비상계엄 후 '안가 회동'을 하고 휴대전화를 교체한 내란 관련 피의자이고, 함상훈은 2,400원을 횡령한 버스 기사 해고는 정당화한 반면 성범죄자 해고는 부당하다고 판결한 사람입니다. 이는 정권 교체가 이뤄져도 헌법재판소 구성을 보수화해 차기 정부 행보에 브레이크를 걸겠다는 포석입니다. 진영의 이익을 위해 '일구이언一口二言'을 감수한 것입니다.

그런 뒤에 갑자기 대선에 출마하겠다고 선언했습니다. 12·3 비상계엄을 막지 못한 또는 방조한 책임이 있는 자가, 공정한 선거 관리에 집중해야 할 지위에 있는 자가 대통령이 되겠다고 나선 것입니다. 이후 한덕수는 국민의힘 친윤 지도부에 의해 대선 후보로 추대될 뻔했지요. 다 알다시피 며칠 지나지 않아 날아갔고요. 참으로 추했습니다.

윤석열과 한덕수는 학력과 경력에서 K-엘리트의 대표 격입니다. 이번 내란 국면에서 두 사람은 K-엘리트의 인식과 행태가 어느 수준인지 잘 보여주었습니다.

## 맞불 놓기
—2025년 4월 24일 문재인 대통령 뇌물수수 혐의 기소

정여울 가슴 아픈 소식이지만 짚고 넘어가지 않을 수 없

는 사건이 있습니다. 바로 문재인 대통령이 2025년 4월 24일 뇌물수수 혐의로 기소되었다는 사실입니다. 사건의 실체와 진실에는 관심이 없고 오직 '정치 탄압'이라는 목표에만 매진하는 검찰은 문재인 대통령의 입장을 한 번도 제대로 듣지 않은 채 기습적으로 기소를 단행했습니다. 물론 우리는 문재인 대통령이 결백하다는 것을 잘 알고 있습니다. 이런 식의 정치 탄압을 끝장내려면 어떤 변화가 이뤄져야 하는지요?

**조국** 검찰의 문재인 대통령 기소는 시기와 내용으로 볼 때 비판받아 마땅합니다. 지난 3년 5개월간 수사하다가 왜 지금 시점에 기소했겠습니까? 윤석열이 파면되고 내란죄 형사재판에 출석하는 상황이 전개되자 반대편인 문재인 대통령을 기소한 것이지요. 이른바 '맞불 놓기'입니다. 그리고 4월 27일 더불어민주당 대선 후보를 선출하기 2일 전인 4월 25일에 기소했지요. 재를 뿌린 것입니다. 문재인 대통령이 딸 부부와 문제의 사위 취업을 공모했는지, 그것을 사전 의논하고 관련 기관에 지시했는지 등을 입증하는 증거가 없는 것으로 알고 있습니다.

일단 기소해서 1심, 2심 때까지 계속 피고인으로 법정에 출석하도록 만들겠다는 것입니다. 이러한 수사 행태는 윤석열·김건희 부부에 대한 소극적 수사와 극명하게 대비됩니다. 이로써 검찰은 중립적이고 공정한 수사권 행사의 주체가 될 수 없음을 스스로 드러냈습니다. 검찰개혁의 최종 목표인 수사와 기소의 완전 분리가 왜 필요한지 보여준 것입니다.

# 압수수색
#### —2025년 4월 30일 윤석열 대통령 압수수색

**정여울** 마침내 윤석열·김건희 부부 압수수색이 이뤄졌습니다. 인사 청탁 및 이권 개입 등 각종 의혹을 확인하기 위해서라고 하네요. 과연 수사가 제대로 이뤄질지 의구심을 보이는 국민이 많은데요. 어떻게 생각하는지요?

**조국** 먼저 윤석열·김건희 부부 자택 압수수색은 윤석열 파면 훨씬 이전에 이뤄졌어야 합니다. 법사라는 호칭마저 가소로운 건진법사 전성배가 김건희 씨에게 초고가 그라프 다이아몬드 목걸이, 명품 가방, 인삼 등을 제공했다는 의혹을 확인하려면 신속한 증거 확보가 중요합니다. 김건희 씨도 전성배도 대통령이 아니기에 불소추 특권이 없습니다. 윤석열 파면 선고 훨씬 이전에 압수수색을 해야 했음에도 하지 않았습니다. 증거인멸 시간을 준 것입니다.

전성배의 집과 법당 압수수색도 2024년 12월에야 이뤄졌고요. 모두에게 증거인멸 시간을 준 것입니다. 그리고 이 수사를 지휘하는 신응석 서울남부지검장은 대표적인 윤석열 라인 검사입니다. 윤석열이 서울중앙지검장으로 있을 때 형사제3부 부장검사로 보좌했고, 윤석열이 검찰총장이 된 후 서울남부지검 제2차장검사로 영전했습니다. 윤석열이 대통령이 된 후에는 검사장으로 승진했지요. 요컨대 이번 자택 압수수색은 증거 불충분 무혐의 처분을 하기 위한 생색내기라고 봅니다.

김건희 씨의 범죄 혐의는 전성배 관련 청탁금지법 위반뿐이 아닙니다. 윤석열 탄핵소추가 이뤄지기 전에 터진 '명태균 게이트'와 관련해서도 검찰은 김건희 씨를 전혀 강제 수사하지 않았음을 기억해야 합니다.

요컨대 윤석열 파면 이후에야 비로소 수사를 전개하는 검찰의 형태는 1945년 8월 16일부터 독립운동가 행세하는 친일파 꼴입니다.

> **정여울** 12·3 비상계엄 후 윤석열을 옹호하는 데 앞장선 사람 중에 나경원 의원도 있는데, 서울대 법대 82학번 동기지요?

**조국** 맞습니다. 판사 생활을 하다가 이회창 당시 신한국당 대표가 발탁하면서 정치인이 되었지요. 윤석열과는 대학 시절부터 가까웠던 사이로 압니다. 나경원 의원은 윤석열 파면 후 '친윤계' 대표주자로 나섰습니다. 이 사람뿐이 아닙니다. 국회 안에서 단식 농성을 하며 윤석열을 옹호한 박수영 의원(부산 남구), 한남동 관저 앞에서 윤석열 방패 노릇을 한 송언석 의원(경북 김천시)도 저의 서울대 법대 동기입니다. 송 의원은 이후 국민의힘 원내대표로 선출되었더군요. 박근혜 정부 청와대에서 대통령비서실 경제금융비서관을 하다가 윤석열 정부 때 경제부총리가 된 최상목도 그렇습니다. 최 부총리는 법대를 수석으로 졸업하고 엘리트 경제관료의 길을 걸었습니다. 그런데 12·3 비상계엄 후 윤석열이 탄핵소추되자 헌법재판소의 결정을 끝까지 무시하며 마은혁 헌법재판관을 임명하지 않았지요. 집권 세력 내 대학 동기끼리 이심전심이었을 것입니다. 윤석열 정부 국토교통부장관으로 서울~양평 고속도로 노선변경을 정당화한 원희룡도 동기인데, 그는 서울대를 수석 입학했습니다. 다들 참 '화려'하지요? 이들은 서로 끈끈하게 묶여 있을 것입니다. 그리고 이들은 철두철미하게 기득권체제의 구성원이자 수호자 역할을 해왔습니다. 이들이 저를 보고 어떻게 말할지는 가히 짐작이 갑니다.

문득 의문이 떠오릅니다. 이들은 조정래 작가의 《아리랑》과 《태백산맥》을 읽었을까요? 한강 작가의 《소년이 온다》와 《작별하지 않는다》를 읽었을까요? 앞서 이야기한 김윤식 교수님의 조언을 따랐을까요?


## 법조 엘리트의 해석과 국민의 선택권
―2025년 5월 1일 이재명 더불어민주당 대선 후보 선거법 위반 사건 상고심 선고

**조국** 아래는 당시 이재명 더불어민주당 대선 후보 선거법 위반 사건 상고심 선고에 관해 공개한 옥중 서신입니다.

조희대 대법원장 주도로 유례없이 빨리 잡혀 내려진 5월 1일 자 이재명 더불어민주당 대선 후보 선거법 위반 사건 상고심 선고는 시기와 내용 모두에서 대법원의 대선 개입입니다. 파기환송 후 이어질 서울고법과 대법원의 선고가 6월 3일 대선 전에 나올 수는 없겠지만, 이번 선고는 한 달밖에 남지 않은 대선에 영향을 줄 의도로 내려진 것이 분명합니다.

이번 사건은 한국의 엘리트집단이 숭앙하는 미국에서는 기소조차 되지 않습니다. 미국 등 다수 OECD(경제협력개발기구) 국가에서는 허위사실공표죄 자체가 없습니다. 정치적 공방 과정에서 발생하는 부분적 허위 발언은 처벌 대상이 아니라, '팩트 체크' 대상일 뿐입니다. '정치'가 '사법'에

복속되지 않도록 한 것입니다.

그러나 한국의 최상위 법조 엘리트들은 정치적 논쟁이나 표현의 자유 영역에 형법이 개입해서는 안 된다는 '사법자제의 원칙judicial self-restraint'을 받아들이지 않습니다. 이들은 선출된 권력이 아니지만 판결로 정치에 개입하고 판을 흔듭니다. 이번 대법원 선고 이전, 지귀연 부장판사가 전례 없는 계산법으로 윤석열 구속을 취소해 탄핵 국면의 판을 흔들고 탄핵 반대 진영의 기세를 살려준 일을 상기해보십시오. 지 부장판사의 결정이나 이번 대법원 상고심 판결이 순수하게 법률적 판단에 따른 것이라고 할 수 있겠습니까. 다시 한번 통탄합니다.

이번 대법원 선고로 윤석열 등 내란 주도·동조 세력은 환호하고 있습니다. 저는 이번 판결을 접하면서 브라질 루이스 이나시우 룰라 다시우바Luiz Inacio Lula da Silva 대통령에 대한 수사·기소·재판을 떠올렸습니다. 브라질 검찰과 법원이 주도하여 노동자 출신 룰라를 감옥에 넣은 사건입니다. 룰라는 시련을 겪은 뒤 다시 대통령으로 선출되었지만, 이 사건은 '사법 쿠데타'의 악례를 보여주었습니다.

저는 이번 대법원 판결에서 최상위 법조 엘리트들의 '이재명 혐오'를 느꼈습니다. 서울대·법조 엘리트 출신 윤석열은 미친 짓을 해 파면되었지만, 소년공 출신 이재명이 대통령이 되는 것은 못 보겠다는 음성이 들리는 듯합니다. 몇마디 발언을 이유로 후보 자격을 박탈하겠다는 것입니다.

토크빌은 법률가들이 "대중의 행동에 엄청난 거부감뿐만 아니라 인민의 통치에 대해 은밀한 경멸감을 갖고 있다"[4]라고 경고한 바 있습니다. 나라의 운명을, 정치의 향방을 법률가들에게 맡길 수는 없습니다.

민주주의는 결코 '법률가 통치체제juristocracy'가 아닙니다. 법조 엘리트의 해석이 국민의 선택권 위에 설 수는 없습니다. 민주주의를 지키고 책임지는 최종 주체는 법조 엘리트가 아니라 국민입니다. 5월 1일 법조 엘리트는 자신의 방식으로 대선에 개입했습니다. 이제 주권자 국민의 선택이 남았습니다. 누가 뭐라 해도 대통령은 국민이 뽑습니다.[5]

## 대화와 타협 그리고 단호함이 필요한 때
―**2025년 6월 3일 제21대 대통령 선거**

**정여울** 6·3 대통령 선거 결과를 어떻게 평가하는지, 많은 분이 궁금해할 것 같습니다.

**조국** 이재명 후보의 당선은 모든 여론조사가 예고하고 있었습니다. 불안한 마음이 없었던 것은 아니지만 방송 3사 출구조사를 보고 안심했습니다. 제가 주목한 점은 다른 곳에 있습니다. 먼저 후보별 득표율을 범진보와 범보수로 재점검해서 살펴볼 필요가 있습니다. 이재명 후보 49.2퍼센트, 권영국 후보 0.98퍼센트를 합하면 50.18퍼센트지요. 김문수 후보 41.15퍼센트, 이준석 후보 8.34퍼센트를 합하면 49.49퍼센트입니다. 윤석열 내란이라는 비상한 상황임에도 0.91퍼센트 차이입니다. 계엄에 기반한 내란이라는 희대의 사건이 벌어졌어도 내란수괴와 단절하지 않고 오히려 비호하는 정당의 후보가 무려 41.15퍼센트를 얻었습니다. 이재명 대통령이 역대 민주 진영 대통령 중 최대 득표로 당선되었지만, 범보수 진영의 세력이 여전함을 보여준 것입니다.

향후 국민의힘은 사사건건 이재명 정부의 발목을 잡을 것입니다. 여야 대화와 타협도 필요하지만 단호함이 더 필요하다고 생각합니다. 윤석열 등 내란 일당의 처벌을 완료하는 상황에서 이뤄질 2030년 대선을 위해 범진보 진영이 경각심을 놓치지 말아야겠다는 생각을 했습니다. 그때 국민의힘은 윤석열과 확실히 단절한 후보를 내세울 테니까요. 그 전에 당명을 바꾸는 쇼도 할 것이고요. 그리고 이준석 후보가 8.34퍼센트를 얻었는데, 20~30대 표를 많이 얻은 것 같습니다. 특히 이번 대선에서는 투표권이 없는 10대 남성 청소년 사이에 이준석 후보 인기가 제법 있었다고 들었습니다. 이재명 정부가 젊은 남성 사이에 이런 경향이 나타난 원인을 분석하고 사회·경제·문화적 차원에서 대책을 마련하길 바랍니다.

## 우리는 어디로 갈 것인가
―2025년 6월 4일 제21대 대통령 취임선서

**정여울** 마침내 이재명 정부가 출범했습니다. 이재명 대통령에게 전하고 싶은 메시지가 있다면 어떤 것이 있을까요? 한국 사회가 나아갈 방향 그리고 조국혁신당의 미래와 '조국(정치인 조국)의 미래'는 어떻게 될까요?

**조국** 6·3 대통령 선거는 처음부터 끝까지 내란 심판이었습니다. 국민은 12·3 비상계엄으로 내란을 일으켜 민주헌정을 무너뜨린 세력을 분명히 심판했습니다. 이재명 정부는 내란으로 파괴된 민주와 민생 회복을 가장 시급한 1차 과제로 삼을 것이라 믿습니다. 국내외적 경제 상황이 심각하므로 이에 대처하는 조치도 마련할 것입니다.

저는 조국혁신당 전 대표로서 그리고 국민의 한 사람으로서 이재명 정부의 성공을 진심으로 바랍니다. 이재명 대통령은 대선 후보 시절 더불어민주당은 '중도보수 정당'이라고 말했습니다. 이재명 대통령이 독일의 대표적 중도보수 정당인 기독교민주당Christlich Demokratische Union Deutschlands, CDU 출신으로 최고의 총리로 평가받는 앙겔라 메르켈Angela Merkel의 길을 가길 빕니다.

이재명 대통령은 역대 어느 민주 진영 대통령보다 좋은 정치적 환경 속에서 일할 수 있습니다. 여당이 국회에서 확실한 다수를 점하고 있으니까요. 검찰개혁, 사법개혁, 언론개혁 등 대한민국의 틀을 바꾸는 개혁을 실현할 수 있는 천재일우千載一遇의 기회입니다. 경제 활성화, 민생 강화 조치와 함께 정권 초기에 각종 개혁을 이루어내길 바랍니다. 힘은 있을 때 써야 합니다. 개혁은 국정 지지율이 높을 때 단행해야 합니다. 진보층은 물론 중도층도 바라고 있습니다.

아직 '조국의 미래'를 말할 시간은 아니라고 봅니다. 국민께서 저의 쓸모가 남아 있다고 판단하면 역할을 주실 것이라 믿습니다. 조국혁신당 창당 시의 초심을 생각하며 더 깊이 성찰하고 더 넓게 세상을 보고자 합니다. 특히 주거·의료·교육·돌봄 등의 분야에서 사회권을 강화하려면, 비정규직 노동자와 플랫폼 노동자, 프리랜서 노동자 등 특고(특수형태근로종사자)의 인권을 보장하려면, 어떠한 정책과 계획이 필요한지 공부하고 있습니다. 그리고 내란 세력의 뿌리를 뽑고 사회 대개혁을 이루기 위한 더 큰 정치, 더 넓은 정치를 고민하고 있습니다.

: 선량한 의도의 정치가
 민주주의를 발전시킬 때

나는 나에게 일어나는 사건에 의해 바뀔 수 있다.
그러나 나는 그 사건에 의해 축소되는 것을 거부한다.
— 마야 안젤루 Maya Angelou

## 태어나서 본 아름다운 풍경

**정여울** '태어나서 내가 본 끔찍한 풍경'을 다시금 떠올리게 하는 시대입니다. 그래서 '태어나서 내가 본 아름다운 풍경'을 그려봅니다. 잠시 맑고 고운 생각을 하고 싶어서요. 선생님에게 그 풍경은 어떤 시간과 장소, 상황 속에 있었는지요? 그 풍경을 세 가지만 이야기해주면 좋겠습니다.

**조국** 자연 풍경과 사회 풍경으로 나눠 답하겠습니다. 40대까지 저는 등산을 즐겼습니다. 한라산에 두 번 올랐는데 눈이 내리는 상황에서 산을 오르던 중 고라니를 만난 적이 있습니다. 제 착각이겠지만 그 순간 고라니와 교감하는 듯했습니다. 지리산엔 세 번 올랐습니다. 지리산은 시절과 경로에 따라 다른 풍경을 보여줍니다. 특히 세석평전細石平田으로 올라갈 때의 비경과 고원 같은 세석을 가득 채운 연분홍 철쭉을 보는 기쁨은 대단했습니다. 독도에는 두 번 방문했는데, 배를 타고 독도를 돌 때 보이는 독도의 모습은 동해안 깊은 물과 함께 어우러져 장관을 이루었습니다. 미국 유학 시절 동부 쪽에서 대서양으로 나가 고래 떼를 본 적이 있습니다. 거대한 고래 등에서 뿜어져 나오는 숨결을 직접 보았을 때 장엄함을 느꼈습니다.

아름다웠던 사회 풍경은 국민의 집단적 직접행동 모습입니다. 1987년 6월 항쟁 당시 시청 앞을 꽉 채웠던 시민들 모습, 2017년 촛불혁명 때 '이게 나라냐'를 외치며 광화문을 밝혔던 촛불 행렬, 2019년 서초동 사거리에서 검찰개혁을 외치며 거대한 촛불 십자가를 만든 시민들 모습. 그리고 2024년에서 2025년까지 내란에 맞서 응원봉을 들고 〈다시 만난 세계〉를 합창한 시민들 모습을 잊지 못합니다. '사람이 꽃보다 아름답다'라는 것을 새삼 확인한 시간이었습니다.

## 당신은 무슨 주의자입니까

**정여울** "당신은 무슨 '주의ism자'입니까"라는 질문을 자주 받았을 것 같습니다. '너는 어느 쪽이냐'라는 질문을 받는다면 어떻게 대답하겠습니까?

**조국** 먼저 저는 저 자신을 특정한 하나의 '주의자'라고 규정하는 것이 가능하지도 타당하지도 않다고 생각합니다. 일제강점기, 권위주의, 군사독재를 거친 우리에게는 사상 탄압이라는 아픈 역사가 있습니다. 제게 국가보안법 제7조 위반 전과가 있는데, 이를 두고 아직도 빨갱이라고 공격하는 사람들이 있지요. 2024년 제22대 국회의원 선거에서 국민의힘은 조국혁신당의 사회권 선진국 공약을 사회주의라고 비난하기도 했고요.

그렇지만 정치인으로서 저 자신의 정치적 이념과 신조를 추상적이나마 밝힐 필요는 있다고 생각합니다. 지극히 당연하지만 저는 '민주주의자'입니다. 어떠한 형태의 엘리트 지배에도 반대합니다. 어떠한 엘리트도 국민의 견제와 통제를 받아야 합니다. 우리나라의 경우 정치 엘리트에 관한 민주적 통제는 자리 잡았지만 경제 엘리트, 법조 엘리트의 경우는 통제가 미미합니다. 예컨대, 독일은 노동조합이 기업 경영에 참여합니다. 미국은 검사장과 판사(연방대법관 제외)를 직선제로 선출하고 있으며, 중대 사건의 경우 기소 여부를 시민이 판단하는 '기소배심'을 운영합니다. 또한 연방대법관을 제외하고 주 대법관과 하급심 판사를 직선으로 뽑고 있으며, '유죄협상plea bargaining'으로 합의하지 못한 형사사건의 경우 유무죄를 판사가 아니라 시민이 판단합니다.

다음으로 저는 '자유주의자'입니다. 여기서 '자유주의'의 정확한 의미 전달을 위해 영어 표현을 사용하자면 'liberalism'이지 'libertarianism'이 아닙니다. 후자는 흔히 '자유방임주의'로 번역하지요. 제게는 국가권력이 표현의 자유와 프라이버시 등 시민의 자유를 침해·제약하는 것에 강한 경계심이 있습니다. 자유주의의 가치를 망각하면 전체주의나 권위주의의 망령을 불러오게 됩니다.

또한 저는 '사회민주주의자'입니다. 여기서 말하는 '사회민주주의'가 소련이나 북한의 국가 사회체제가 아니라는 것은 두말할 나위가 없습니다. 저는 경제민주화를 추구하고 있고 시장을 국가가 적절히 통제하는 것이 필요하다고 보고 있습니다. 북유럽과 독일 같은 나라에서 성취한 각종 사회·경제 개혁이 우리나라에서도 이뤄져야 합니다. 조봉암과 조소앙의 사상도 대한민국이 구현해야 합니다. 최근 미국 민주당 뉴욕시장 후보 경선에서 '민주적 사회주의자'를 자처한 서른세 살 조란 맘다니Zohran Mamdani가 선출되었더군요. 그는 무료 공영버스, 무상 보육, 임대료 동결 등 혁신적 공약을 내걸었습니다.

마지막으로 저는 '애국주의자'입니다. 애국이란 단어를 보수의 전유물인 것처럼 인식하고 있는데, 이제 애국은 진보의 것이 되어야 한다고 생각합니다. 러시아 문학의 아버지로 불리는 알렉산드르 푸시킨Александр Пушкин이 한 유명한 말이 있습니다. "나는 내 조국을 에이부터 제트까지 경멸하지만, 외국인이 이런 나의 감정을 공유하면 매우 불쾌하다." 저는 대한민국의 혁신과 발전을 위해 대한민국의 문제와 모순을 비판하고 있습니다. 그러나 대한민국 자체는 사랑합니다. 조상이 살아온 이 땅, 내가 묻힐 이 땅, 후손이 살아갈 이 땅을 향한 사랑은 항상 제 가슴속에 있습니다.


## 민중, 우중, 폭중

**정여울** "사람을 무는 개가 물에 빠졌을 때, 그 개를 구해줘서는 안 된다. 오히려 더 두들겨 패야 한다. 그러지 않으면 개가 물에 나와 다시 사람을 문다." 선생님이 루쉰魯迅의 이 말을 언급한 적이 있습니다. 통합과 용서를 생각하다가 본래의 결심을 잃을 위험이 큰 현시대 상황에서, 루쉰의 말은 더욱 통렬한 일침으로 다가옵니다. 학자로서, 장관으로서, 정치가로서 사람을 대하는 변치 않는 태도와 변한 태도가 있다면 그것은 무엇인지요?

**조국** 루쉰의 그 말은 〈'페어플레이'는 아직 이르다論"費厄潑賴"應該緩行〉라는 에세이를 함축한 문구지요. 루쉰은 반개혁가들이 페어플레이를 하지 않는데 개혁가들이 페어플레이해야 한다고 말하는 것은 잘못이라고 일갈했습니다. "페어를 받을 자격이 없는 자라면 조금도 페어하게 대할 필요가 없다. 상대가 페어하게 나온 다음, 그에게 페어해도 늦지 않다."[6] '사람 무는 개'에게 어설픈 관용을 베풀다가는 도로 물릴 것이라고 경고했고요.

현재 한국 상황에 바로 적용할 수 있는 경고라고 생각합니다. 민주공화국의 근본을 부수려 한 12·3 내란 세력은 응징 대상이지 페어플레이 파트너가 아닙니다. 서울서부지방법원을 파괴하고 헌법재판관을 위협하는 극우집단도 마찬가지입니다.

루쉰의 글은 날카롭습니다. 그는 어떤 우상도 섬기지 않고 지성의 힘으로 맞섭니다. 일제강점기 한국의 지식인들은 루쉰을 읽었고, 현대 한국 사회에서도 종종 루쉰을 소환합니다. 여기서도 루쉰을 다시 읽고 있는데, 공유하고 싶은 문장 몇 개가 있습니다.

첫째는 〈이것과 저것 4: 선두와 꼴찌這個與那個(四): 最先與最後〉라는 글에 나오는 문장입니다. 루쉰은 《한비자韓非子》의 '경마의 묘법競馬之妙法', 즉 "선두를 다투지 않으며 꼴찌를 부끄러워하지 않는 것"[7]을 거론한 후 이렇게 말합니다.

"우승자는 당연히 존경할 만하다. 그러나 뒤떨어졌으되 기꺼이 결승점까지 달려가는 주자와 그런 주자를 비웃지 않고 진지하게 보는 관객, 그들이야말로 중국 미래의 대들보이리라."[8]

이는 어린 시절부터 경쟁과 승리만을 미덕으로 배우고 또 그 레이스 속으로 떠밀리는 현대 한국인에게도 절실한 말이 아닌가요? 극소수 승자 외에 나머지 사람은 열패감을 느끼게 만들고, '패자부활전'의 문을 닫아버리거나 조금만 열어두는 사회가 정상 사회일까요?

둘째는 지식인과 민중 모두에게 경계심을 주는 문장입니다. 루쉰은 〈지식계급에 관하여關於知識階級〉에서 지식인 중에는 서민 출신이 많지만, "영예를 누리고 지위가 높아지면서 서민들을 잊게 되고, 특별한 계급이 되"[9]어, "자신들이 대단하다고 여기며 부자들 집으로 가 파티를 하고, 돈도 많아지며, 집도 좋아"[10]진다고 지적합니다. 그러다가 마침내는 서민들을 더는 동정하지 않고 서민들에게 압박을 가하기도 하며, 서민들의 적으로 변한다고 비판합니다.

'지식층(인텔리겐치아)'이 '식자'와 다른 것은 자신의 존재 기반이 서민 혹은 민중이 아니어도 그들의 고통에 공감하고 그들의 목소리를 대신하는 역할을 수행한다는 데 있습니다. 장 폴 사르트르Jean Paul Sartre는 《지식인을 위한 변명Plaidoyer pour les intellectuels》에서 이를 잘 제시하고 있습니다. 대한민국 현대사에는 민주화와 사회개혁을 위해 헌신한 지식인의 사례가 많습니다. 동시에 루쉰이 지적한 경로를 밟아 변절한 지식인도 많습니다.

루쉰은 〈폭군의 신민暴君的臣民〉에서 민중 역시 비판합니다. 그는 빌라도 총독이 예수를 석방하려 했으나 오히려 민중이 예수 처형을 요구했음을 예로 들면서 말합니다. "폭군 치하의 신민은 대개 폭군보다 더 포악하다. (……) 폭군의 신민들은 폭정이 남의 머리에 떨어지기만을 바라고, 그것을 보고 기뻐하며, 남의 참혹함을 오락으로 삼고, 남의 고통을 구경거리로 삼으면서 위안을 얻는다."[11]

루쉰은 민중이 역사의 주인임을 믿었고 민중의 선함에 감동받았습니다. 자신이 타고 있던 인력거를 몰던 인력거꾼이 노파가 인력거 손잡이에 걸려 넘어지자 그 노파를 어떻게 대했는지 적으면서, 이 작은 사건이 자신을 "부끄럽게 하고 나를 새롭게 만들며 내게 용기와 희망을 불어넣어 준다"[12]라고 했습니다. 루쉰은 민중의 다른 면모를 냉정하게 포착한 것입니다. 역사의 주인이자 나라의 주권자인 민중은 우중愚衆일 수도 있고 폭중暴衆일 수도 있음을 꿰뚫어본 것이지요.

## 지방분권 개헌

> **정여울** 대선 시기만 다가오면 '지방분권 개헌'이란 이슈가 활활 타오릅니다. 왜 개헌하기가 힘든 걸까요? 지금 개헌이 필요한 걸까요?

**조국** 많은 사람이 지방분권 개헌의 필요성을 말하는데, 대한민국이 서울 집중화로 '서울공화국'이 되고 지역은 고사 상태란 것은 주지의 사실입니다. 사람과 돈이 모두 서울로 몰려가니 지역은 공동화할 수밖에 없지요. 과거 지역 명문 대학도 지금은 '지잡대('지방 소재의 잡다한 대학'의 약어로 지방 대학교를 비하하는 용어)' 취급을 받는 지경입니다. 이 점을 직시하고 변화를 추구한 정부는 노무현 정부입니다. 그렇지만 이명박·박근혜 정부에서 이 변화의 흐름이 끊어졌습니다. 문재인 정부에서는 적폐청산, 소득주도성장, 코로나19 위기 대처 등을 중심에 두면서 지방분권 추진이 우선순위에서 뒤로 밀렸습니다. 윤석열 정부는 언급할 가치도 없고요.

우리는 '파리공화국'이었던 프랑스가 개헌을 기반으로 '지방분권공화국'을 선언했음을 기억해야 합니다. 우리 역시 강력한 지방분권이 가능하도록 헌법적 근거를 마련해야 합니다. 과거 헌법재판소가 행정수도를 '관습헌법' 위반이라고 결정했으니까요.

지방분권 개헌과 별도로 현행 1987년 헌법에는 부족한 점이 많습니다. 1987년 헌법은 군사독재 종식과 직선제 도입, 헌법재판소 신설 등 중요한 변화를 일으켰지요. 그런데 그 후 38년이 흘렀습니다. 1948년 제헌헌법 이후 1987년까지의 시간만큼이 흐른 것입니다. 그사이 사회는 많이 변했고 국민의 욕구도 다양해졌습니다. 이를 반영하는 최고 규범 개정이 필요합니다.

먼저 5·18 정신이 헌법 전문前文에 들어가 있지 않습니다. 그 결과 지금까지도 5·18 정신을 폄훼하는 작태가 벌어지고 있습니다. 그리고 6·10 정신도 빠져 있지요. 국민의 다양한 목소리를 권력 구조에 반영하려면 '연합정치'를 활성화해야 합니다. 이를 위해 연합정치를 헌법적으로 뒷받침하는 조치가 필요합니다. 가령 대통령 선거에 결선 투표제를 도입할 필요가 있습니다. 이는 거대 정당 외에 소수 정당도 대선에서 자신의 정강·정책을 자유롭게 펼치도록 하고, 그 후 연합을 이루게 하는 장치입니다. 이것은 프랑스가 오랫동안 실시해오고 있지요. 무엇보다 이것은 다양성을 보장하는 동시에 정치 연대를 가능하게 합니다. 그리고 대통령과 국무총리의 권한을 조정해 '책임총리제'를 도입했으면 합니다. 이 책임총리는 국회의 추천을 받아 대통령이 임명하면 좋겠습니다. 또한 양극화 해소, 민생과 복지 강화를 위해 사회권 보장 규정을 신설해야 합니다. 개헌에 관한 공감대가 여야를 넘어 확산하고 있는 만큼, 2026년 지방선거에서 개헌안 국민투표를 하는 것도 하나의 방안입니다. 이를 위해 국회 개헌 특위를 가동해야 할 것입니다.

## 약자와 복지

**정여울** 여성, 아동, 청년, 장애인, 이주민, 비정규직 노동자 등은 우리 사회에서 기득권이 아닌 약자로 여겨집니다. 다른 사람이 안전하지 않으면 나도 안전할 수 없습니다. 약자와 복지에 관한 큰 그림이 궁금합니다.

**조국** 민주화 내용 중에는 문화민주화도 포함되어 있습니다. 위 질문에서 열거한 집단은 통상 '소수자'로 불립니다. 여성 대 남성, 성소수자 대 이성애자, 아동 대 성인, 장애인 대 비장애인, 이주민 대 한국인, 비정규직 대 정규직 등의 대립을 생각해보면 짐작이 가겠지요. 이들은 정치적 진보·보수와 별도로 '약자'의 처지에 놓여 있습니다.

민주주의에서 의사결정 법칙은 다수결이지요. 그런 까닭에 소수자는 자신의 이익, 욕망, 고통 등을 다수결로 관철하기가 어렵습니다. 이들은 숫자가 적거나 숫자는 비등해도 정치·사회적 힘이 약합니다. 또한 소수자를 향한 낙인과 차별이 재생산되고 있습니다. 권위주의 또는 군사독재 정권하에서는 물론, 민주화한 나라에서도 소수자에게 가해지는 유무형의 억압은 존재합니다. 더구나 정치·경제적 위기가 오면 소수자를 공격해 정치적 이득을 취하려는 시도마저 벌어집니다.

우리나라에는 장애인차별금지법은 있지만, 포괄적 차별금지법은 만들지 못하고 있습니다. 특히 성소수자의 인권 보장과 관련해 기독교계의 강력한 반대가 있기에 정치권이 입법을 회피하고 있는 것이 현실입니다. '기독교 교리를 설파하는 게 불법이 되는 것이 아니냐'라는 오해와 불안이 있는 것 같습니다. 차별금지법의 내용이 종교의 자유를 부정하도록 만들어지지는 않을 것입니다. 소수자도 다수자와 똑같은 인간이라는 점을 인정받지 못하고 있는 것입니다. 다수자는 이들의 고통을 직시하지 않고 외면합니다. 반면 불교 조계종의 경우는 총무원장께서 직접 행사를 주관해 성소수자에 대한 차별이 있어서는 안 된다고 설법한 바 있습니다. 나치는 유대인뿐 아니라 장애인과 성소수자도 학살했지요. 이는 극단적 경우지만 낮은 수준의 억압과 차별도 정당화할 수는 없습니다.

'동성혼을 인정하자는 것이냐'라는 격한 반론도 있더군요. OECD 국가 중 동성혼을 인정하는 추세가 증가하고 있고, 이를 인정하지 않아도 '시민계약'이라는 법적 틀을 새로 마련해 이들의 인권(보험상 피부양권, 상속권, 연금수령권 등)을 보호하는 경우가 많다는 사실을 기억해야 합니다. 보수적 기독교세가 강한 미국의 여러 주에서도 동성혼이나 시민계약을 인정하고 있습니다.

## 정치·경제·사회민주화

**정여울** 한국 민주주의가 이렇게 허물어질 줄은 몰랐습니다. 한편 위기 때마다 빛을 발한 민주 국민의 위력을 12·3 비상계엄 이후 다시금 깨달았습니다. 중앙대 김누리 교수는 "정치민주화는 어느 정도 이뤄냈는데 사회민주화가 전혀 이뤄지지 않고 있다. 경제민주화는 말할 것도 없고 문화민주화도 안 돼 있다"라고 했습니다. 선생님은 우리 사회가 얼마나 민주적이라고 생각하는지요?

**조국** 12·3 비상계엄은 K-민주주의의 취약성을 여지없이 드러냈습니다. 이후 영국 시사주간지 《이코노미스트The Economist》의 부설 경제분석기관인 이코노미스트 인텔리전스 유닛Economist Intelligence Unit, EIU이 발표한 분류에서 한국 민주주의는 '완전한full 민주주의'에서 '결함 있는flawed 민주주의'로 추락했지요. 스웨덴 예테보리대학 민주주의다양성연구소Varieties of Democracy Institute, V-Dem는 〈민주주의 보고서 2025Democracy Report 2025〉에서 한국을 더 이상 '자유민주주의' 나라가 아니라 그 아래 단계인 '선거민주주의' 나라라고 분류했어요. 물론 주권자 국민의 행동으로 K-민주주의의 복원력은 확인했습니다.

김누리 교수의 진단에 많은 학자가 동의할 것입니다. 민주주의는 단지 자유로운 선거와 표현의 자유(언론·출판·집회·결사의 자유를 포괄하는 넓은 의미)만 의미하는 것이 아닙니다. 물론 이 둘은 민주주의의 핵심 요소로, 과거 권위주의 또는 군사독재 정권 시절에 우리는 이를 박탈당했습니다.

윤석열은 12·3 비상계엄으로 이 두 가지를 없애거나 극도로 제약했지요. 민주주의 절차에 따라 선출된 권력이 민주주의를 파괴하려 한 것입니다. 향후 개헌 등으로 대통령의 권한을 축소해야 한다는 것에는 많은 사람이 공감대를 형성하고 있습니다.

이상과 같은 정치민주화 문제는 12·3 비상계엄에도 불구하고 조속히 회복하리라고 봅니다. 문제는 경제민주화입니다. 경제민주화는 박근혜 대선 후보 시절 김종인 선대위원장이 전면에 내세운 용어입니다. 집권 후에는 국정 과제에서 사라져버렸지만, 정치권에서 경제민주화라는 화두를 던졌다는 점에서는 의미가 있었습니다.

경제민주화의 정의나 추진 방식은 아직 사회적 합의가 형성되지 않았으나 그 내용에 양극화 해소, 부익부 빈익빈 해소, 대기업과 중소기업 상생 등을 포함한다는 점에는 공감대가 형성되어 있습니다. 이러한 문제는 대한민국 구성원이라면 심각히 인식하는 사안이지요. 다만 보수 진영은 시장원리로 해결할 수 있다는 입장이고, 진보 진영은 시장원리를 제약해야 해결할 수 있다는 입장입니다.

독일의 경우 사회민주당 Sozialdemokratische Partei Deutschlands, SPD 같은 좌파 정당이 아니라 기독교민주당 같은 우파 정당도 경제민주화에 동의하고 있으며, 구체적 법과 제도로 보장하고 있습니다. 독일의 노동삼권勞動三權 보장 수준, 노동자의 경영 참여, 사실상 무료인 대학등록금, 실업수당 등 복지 정책을 생각해보면 쉽게 알 수 있습니다. 그런데 우리나라는 이 정도 내용도 빨갱이 정책이라고 매도당하기 십상입니다. 조국혁신당은 OECD 수준의 경제민주화 내용을 사회권이라 규정하고, 사회적 선진국 건설을 시대 과제로 삼고 있습니다. 경제민주화가 이뤄지지 않으면 정치민주화의 기반이 약해집니다. 삶이 불안정하고 위태로워지면 민주주의가 아닌 극단적 해결책에 유혹을 느끼기 때문입니다.

문화민주화란 대한민국 구성원의 의식민주화를 말합니다. 앞서 이 책의 〈약자와 복지〉에서 살펴보았듯 외국인, 장애인, 성소수자 등 소수자를 향한 의식을 개선하지 않으면 다수자가 소수자를 억압하는 다수의 폭정이 발생하게 마련입니다.

## 한쪽으로 치우친 세력의 비극

**정여울** 도널드 트럼프 대통령 당선 이후 세계 정세가 요동치고 있습니다. 대한민국이 '트럼프 이후' 세계를 준비하는 것이 어느 때보다 중요한 시기가 왔습니다. 트럼프 정부가 공공부문 일자리를 대대적으로 축소하고 LGBT(레즈비언Lesbian, 게이Gay, 양성애자Bisexual, 트랜스젠더 Transgender를 뜻하며 성소수자를 일컫는 포괄적 용어)를 비롯해 다양한 소수자를 배제하거나 이들에게 폭언을 일삼고, 환경운동의 미래를 어둡게 하는 수많은 정책을 내놓는 동안, 전 세계에서 극우 세력이 목소리를 키우고 있어

더더욱 걱정이 큽니다. 극우 세력은 언제든 발호할 수 있다는 것을 잊지 말아야 합니다. 한국뿐 아니라 세계적으로 극우 세력이 커다란 목소리를 내는 상황인데요. 이들에게 대적할 방법은 무엇일까요? 초등학생마저 탄핵 반대 의견을 표명하는 경우가 많았다는데 과연 이 상황을 어떻게 타개해야 할까요? 질문 범위가 너무 넓어서 일단 극우 세력 확장을 어떻게 보는지 선생님의 의견을 듣고 싶습니다.

**조국** 극우 세력 득세는 한국뿐 아니라 전 세계적 현상입니다. 유럽 주요 국가에서 극우 정당이 급부상해 의회에서 상당한 의석을 확보했습니다. 특히 나치 통치 경험으로 극우 세력이 자리 잡기 힘든 나라로 인식되던 독일에서 '네오 나치' 성향의 독일대안당Alternative für Deutschland, AfD이 독일사회민주당을 제치고 2위를 차지한 것은 충격이었습니다. 트럼프 행정부의 실세라는 일론 머스크Elon Musk는 바로 이 독일대안당을 지지한다고 공개 표명했지요. 나치식 경례를 연상하게 하는 팔동작까지 하면서 말입니다.

미국 트럼프 행정부는 공화당 정권이지만, 미국 공화당의 전통적 기준을 넘어 급속히 과격하게 우향우하고 있음을 쉽게 확인할 수 있습니다. 심지어 트럼프 대통령의 일흔아홉 번째 생일에 수도 워싱턴 D.C.에서 대규모 열병식을 하더군요. 구소련, 중국, 북한에서 보던 장면이 미국에서 일어난 겁니다.

1987년 민주화 이후 한국의 집권 세력은 권위주의 또는 군사독재 세력과 중도·온건 보수 세력의 연합체였습니다. 적어도 담론 차원에서는 후자가 우위를 유지했습니다. 그러나 윤석열 집권 이후 이 구도가 변했습니다. 대통령 자신이 극우 유튜브 애청자였다는 점 외에 그간 보수 정권하에서도 정부직에 진출하지 못했던 극우 인사들이 윤석열 정권 곳곳에 자리 잡았습니다. 그리고 주변화되어 있던 극우 유튜버들의 발언권과 영향력이 강해졌습니다. 극우성향 기독교 세력도 여기에 결합했고요. 이들은 혐중과 숭일 정서, 외국인과 성소수자 등 소수자 혐오 정서, 반페미니즘 혹은 반여성 인권 정서를 공유하거나 유포하고 있습니다. 또 정치적으로는 이승만·박정희·전두환 등 독재자를 열렬히 찬양합니다. 윤석열은 이 세 사람을 합친 존재로 인식되고 있습니다. 이들의 정치적 대변자는 국민의힘으로, 그 안에서 중도·온건 보수의 목소리는 크게 위축되어 있습니다. 국민의힘 자체가 극우화한 것입니다.

특히 염려스러운 것은 20~30대 남성 일부가 이들의 선동에 경도되고 있다는 점입니다. '이준석 현상'도 같은 맥락에서 발생했다고 봅니다. 대한민국이 경제선진화와 정치민주화를 이루었음에도 청년들의 미래는 불안합니다. 등록금 부담, 주거비 부담, 좋은 일자리 부족 등이 계속되고 있습니다. 이러한 문제를 구조적으로 해결하지 못하는 상황에서는 청년들이 자체 경쟁에 몰입하거나 주변적 존재로 밀려납니다. 새 정부는 이 점에 각별히 주의를 기울이고 대책을 마련해야 합니다.

### 레거시 미디어와 유튜브의 팩트 체크

**정여울** 박근혜 정부는 역사 교과서 국정화를 시도하려다 실패했는데, 역사교육을 퇴행시키려는 그러한 시도가 실패하자 '유튜브 정치'를 통한 극우 세력 확장에 더욱 힘을 쏟은 것이 아닐까 싶을 정도로 극우 유튜브 문제가 심각합니다.

결국 이번 내란 사태의 원인 중 하나도 '유튜브를 보고 정세를 판단하는 최고통치자'의 어처구니없는 정국 운영이 아닐까 싶습니다. 이는 레거시 미디어legacy media의 후퇴와도 관련이 있을 텐데, 향후 민주주의 발전과 관련해 언론과 유튜브 문제를 어떻게 생각하는지 궁금합니다.

**조국** 레거시 미디어. 이건 정확한 영어 표현이 아니지만 이미 자리를 잡았기에 그냥 사용하겠습니다. 진보·보수를 막론하고 쇠퇴는 비슷합니다. 요즘 종이신문을 구독하거나 사서 읽는 사람이 급격히 줄었습니다. 방송사에서 방영하는 프로그램도 텔레비전이 아니라 스마트폰으로 봅니다. 뉴스의 경우 신문이나 텔레비전보다 포털로 접하는 사람이 더 많을 것입니다.

이러한 변화 속에서 유튜브가 긍정적이건 부정적이건 큰 역할을 하고 있습니다. 유튜브 시청이 시민의 삶에서 빠질 수 없게 된 것입니다. 유튜브가 기성 언론이 제공하지 못하는 정보와 재미, 오락을 제공하는 것은 사실입니다. 문제는 상당수 정치 유튜브가 검증하지 않은 사실을 자신의 추측과 상상에 기초해 유포하고, 더 나아가 극단적 행동을 선동한다는 점입니다. 이를 시청하는 시민은 이들의 음모론에 심취하고, 이들의 선동에 따라 행동하는 일도 발생합니다. 부정선거 음모론에 빠진 대통령이 쿠데타를 일으킨 것은 대표적 악례지요. 이어진 서울서부지방법원 난입·파괴 사건은 최악의 사례라 할 것입니다.

레거시 미디어는 물론 대한민국이라는 체제 차원에서 이런 사태를 예방·억제하는 조치가 필요합니다. 유튜브 자체를 통제할 수는 없습니다. 대신 '팩트 체크'를 신속히 체계적으로 제공하는 시스템을 갖춰야 합니다.

## 한국 사회의 엘리트주의

**정여울** 1987년 정치민주화를 이루면서 대표자를 직선으로 뽑는 대의민주제는 안착했지만 그 이면에서 법조 엘리트, 관료 엘리트가 지배 의지를 관철하고 있다는 비판이 있습니다.

**조국** 대통령, 국회의원, 시장, 도지사, 지방의원 등을 직선으로 뽑게 된 것은 분명 정치민주화의 성과입니다. 이것이 가능해진 근본적 힘은 1987년 6월 항쟁이라는 주권자의 직접행동에서 나왔고요. 군사독재 정권하에서 법조 엘리트와 관료 엘리트는 정권 유지를 위해 복무하는 존재였습니다.

정치민주화 이후에도 이 두 엘리트집단의 충원 방식은 변하지 않았습니다. 고시라고 불리는 시험이 그 기반이지요. 미국에서는 중대 사건의 기소 여부와 행사재판의 유무죄를 시민이 판단합니다. 그리고 검사장과 판사 상당수를 직선으로 뽑습니다. 관료도 우리처럼 시험으로만 선발하지 않습니다.

현대 한국 사회는 과거시험 합격으로 관료가 되는 고려·조선 시대 때 체제를 유지하고 있습니다. 시험 합격으로 획득한 지위와 권한은 국민도, 선출된 권력도 건드리지 못한다는 관념이 자리 잡고 있습니다. 법률 또는 경제 분야는 고시에 합격한 엘리트가 맡아야 하는 것 아니냐는 관념도 있고요. 성공회대 김동춘 교수가 말한 '시험능력주의'가 만연하고 있는 것입니다.

군사독재 정권하에서는 하위 파트너에 불과하던 법조 엘리트와 관료 엘리트는 민주화 이후 상당한 독자성을 갖추었고, 점점 더 자신들의 권한을 확장하고 공고하게 만들어왔습니다. 그리하여 민주적 통제에서 자유로운 '법률가 통치체제'가 자리 잡았다는 평가를 받고 있습니다. 예산편성권을 독점하고 있는 기획재정부 권한도 막강하지요.

그리하여 저는 이 엘리트집단에 대한 민주적 통제 방안을 마련해야 진정한 민주주의가 가능하다고 주장하고 있습니다.

## 사회권에 관하여

**정여울** 조국혁신당에서 말하는 사회권과 관련해 질문하고 싶습니다. 이것은 조국혁신당과 다른 당의 중요한 차별점이라고 생각합니다. 사회권을 확립했을 때 우리 사회가 어떤 방향으로 바뀌어갈 수 있다고 생각하는지요. 사실 12·3 비상계엄을 어떻게든 벗어나기 위해 국민이 집중하다 보니, 우리 사회에 여전히 존재하고 있는 수많은 문제(소수자에 대한 차별, 여성 문제, 인권, 복지, 환경 등 중요하지만 항상 뒷전으로 밀리는 우리 사회의 근원적 문제)가 묻힌 느낌이 큽니다. 이런 수많은 동료 시민들의 요구를 향해 조국혁신당의 사회권은 좀 더 구체적 답을 들려줄 수 있으리라 기대합니다.

**조국** 대한민국은 2021년 문재인 정부 시기 경제적 기준에서 선진국으로 공식 분류되었습니다. 유엔무역개발회의United

Nations Conference on Trade and Development, UNCTAD 설립 후 '개발도상국'을 '선진국'으로 격상한 첫 국가지요. 표현의 자유, 선거의 자유 등 자유권도 선진국 수준으로 보장하고 있었습니다. 2024년 자유권을 박탈하려 한 12·3 비상계엄이 있었지만 우리 국민의 힘으로 격퇴했습니다.

그런데 선진국 대한민국에 살고 있는 우리 국민은 행복한가요? 사회권 선진국으로 나아가야 한다는 조국혁신당의 주장은 이 질문에서 출발합니다. 이것은 제가 정치인으로 변신하기 이전부터 강조한 것인데, 2024년 3월 3일 창당하면서 당의 핵심 목표가 되었습니다.

우리나라의 연평균 노동시간은 OECD 최고 수준입니다. OECD에 따르면 2023년 기준 우리나라 연평균 노동시간은 1872시간으로 OECD 평균보다 약 130시간이나 더 일합니다. 그런데 전체 임금노동자 중 약 37퍼센트가 비정규직이기에 일자리가 불안정합니다. 게다가 비정규직은 동일한 노동을 해도 정규직 임금의 절반가량을 받습니다. 다른 OECD 국가에서 '동일노동 동일임금Equal Pay for Equal Work' 원칙을 확립한 것과 대조되지 않습니까?[13]

'동일노동 동일임금'은 권리로 보장해야 합니다. 여기에다 집값과 전셋값이 매년 오르면서 주거비 부담이 매우 큽니다. 싱가포르의 국민 다수는 공영임대주택에서, 오스트리아 빈의 시민 다수도 사회주택(공영·협동조합 임대주택)에서 평생 살 수 있습니다. 주거비 걱정이 없는 것이지요. 우리에게는 왜 이런 권리가 없는 것일까요.

OECD 국가 중 미국 일부 주 외에 한국만 상병傷病수당을 도입하지 않고 있습니다. 일하다가 아픈 사람의 치료권을 보장하지 않는 것입니다. 그뿐 아니라 플랫폼 노동자, 프리랜서 노동자 등 현행 근로기준법상 근로자에 해당하지 않는다는 이유로 보호받지 못하면서 일하는 사람이 아주 많습니다. 이런 상황에서는 자유권도 위태로워집니다. 사회권을 말하는 것은 바로 이런 문제를 해결해야 한다는 뜻입니다.

사회권은 복지와 다릅니다. '권權'이란 단어에서 알 수 있듯, 이는 국민의 권리입니다. 유엔사회권규약에 뿌리를 둔 사회권을 헌법에 규정하고 그 이전이라도 법, 제도, 정책으로 실현해야 합니다. 그래야 불안정하고 위태로운 국민의 삶을 개선할 수 있습니다. 나아가 K-민주주의도 더욱 튼튼해질 수 있습니다.

: 법을 알면 보이는 것들

범죄를 처벌하는 것보다 범죄를 예방하는 것이 더 바람직하다.
이것은 모든 훌륭한 입법의 근본 목적이다.
— 체사레 베카리아 Cesare Beccaria

## 왜 나는 법을 공부하는가

정여울《왜 나는 법을 공부하는가》에서 이런 문장을 발견하고 뭉클했습니다.

감옥 안에는 온갖 종류의 사람이 들어오고 또 온갖 일이 벌어졌기에, 형사법 학자로서 '참여관찰'을 할 수 있는 좋은 기회이기도 했다. 빨간 수번 딱지를 가슴에 붙이고 포승에 묶여 생활해야 하는 사형수와 간식을 나눠 먹으며 대화하기도 했고, 조폭 중간간부와 목욕탕에서 벌거벗고 기싸움을 하기도 했으며, '개털'이라 불리는 힘없고 돈 없는 수인들의 항소이유서를 써주기도 했다.[14]

지금도 감옥 안에서 이렇게 다양한 사람들을 만나고 있겠지요. 감옥에서 '호모 엠파티쿠스'의 운명을 느끼는 순간도 있을 테고요.

《왜 나는 법을 공부하는가》를 읽으며 12·3 비상계엄과 관련해 많은 시사점을 찾을 수 있었습니다. '법을 공부하는 것'과 '현실에서 자행하는 법(관)의 횡포(법 자체의 횡포라기보다는 정의롭지 못한 판결을 내리는 법관, 정의의 편에 서지 않는 검사, 변호사 들)'를 보는 것에 얼마나 간극이 클까 하는 생각이 들었습니다. 그리고 헌법을 한 자 한 자 필사하는 젊은 여성 독자들의 모습을 보면서 우리가 진정 간직해야 할 법의 모습은 이런 것이 아닐까 싶었습니다. 법학자로서 지금 감옥에 갇혀 생각하는 법의 의미는 또 남다를지도 모릅니다. 그래서 이토록 광포한 법의 횡포를 목도하면서도, 그 법의 희생자가 되면서도, 왜 법을 공부하는지

> 묻고 싶습니다. 그럼에도 선생님이 법을 공부하는 이유는 무엇인지요?

**조국** 인용한 문장은 1993년 국가보안법 위반으로 서울구치소에 구금되었을 때의 경험담입니다. 지금은 다른 수형자와의 소통이나 교류가 불가능한 조건에서 생활하고 있습니다. 12·3 비상계엄은 민주주의뿐 아니라 법치주의도 파괴했습니다. 12·3 비상계엄 이후 윤석열의 발언만 보더라도 그가 자신을 법 위의 존재로 생각하고 있음을 확인할 수 있습니다. 그는 '법치' '룰 오브 로rule of law'를, '법을 이용한 지배' '룰 바이 로rule by law'로 왜곡하고 그렇게 써먹은 법치 파괴자입니다.

윤석열 외에 그를 옹호하는 법률가 또는 법률가 출신 정치인들의 발언도 보십시오. 명문 대학을 졸업하고 법조 엘리트였던 사람들이 12·3 비상계엄을 옹호했습니다. 그들은 헌법재판소 재판정, 국회, 극우 집회 등에서 궤변과 망언을 쏟아냈습니다. 이들이 현직이었을 때 그들에게 수사받고 기소되고 또 재판받는 상황을 상상해보십시오. 과연 공정한 수사·기소·재판이 가능했을까요?

정치민주화 이전은 물론 그 이후에도 법조 엘리트는 자신의 판단과 결정에 면책특권을 부여받은 신성가족 엘리트였습니다. 헌법에 규정한 탄핵제도도 최근에서야 이들을 향해 쓰였습니다. 많은 국민이 사법부 독립, 검찰 수사의 공정성은 강조하면서, 법조 엘리트에 대한 민주적 통제는 말하지 않습니다. 근대 민주주의의 출발은 프랑스대혁명과 미국독립혁명이라고 합의되어 있습니다. 이 두 혁명 이후 민주 국가에서 형사재판은 비법률가 시민이 참여하는 구조로 만들어졌습니다.

영미법계는 배심제, 대륙법계는 참심제로 차이가 있지만 근본정신은 같습니다. 유죄·무죄를 단지 법관의 판단에 맡기지 않는다는 것이지요. 토크빌의 유명한 통찰이 있습니다. "'범죄자'를 재판하는 사람이 실질적으로 사회의 주인인 셈이다. (……) 배심원 제도는 실질적으로 사회의 통솔권을 인민에게 또는 시민들 중 어느 한 계급의 수중에 내맡기는 셈이다."[15] 우리나라는 노무현 정부가 추진한 사법개혁 산물로 국민참여재판을 도입했지만, 극소수 사건에서만 시행하고 있습니다. 배심원단의 결정이 판사를 구속하지도 않고요.

미국의 예를 봅시다. 앞서 언급했지만 주요 사건의 경우 시민이 기소 여부를 결정합니다. '기소배심'이라고 하지요. 그리고 우리나라의 검사장에 해당하는 'District Attorney'는 국민이 직선으로 뽑습니다. 시험으로 선발된 검사는 'Assistant District Attorney'로 불리며 선출된 검사장의 지휘를 받습니다. 연방대법관을 제외하고 주 대법관이나 하급심 판사를 직선으로 뽑는 주가 많습니다. 우리식으로 말하면 시장이나 도지사를 뽑을 때 법관과 검사장을 뽑는 것이지요. 이런 민주적 통제가 있어야 법치가 민주와 같이 갈 수 있습니다.

법률 전문가의 지식과 논의는 헌법을 필사하는 시민의 의식, 관점과 결합해야 합니다. 그렇지 못하면 법해석과 법적용에 문제가 발생합니다. 제게 왜 법을 공부하는지 물었지요. 법에 민주주의가 관철되도록 하기 위하여 공부한다고 답하겠습니다.

## 법비와 법추

정여울 선생님은 교수 시절인 2016년 12월 '법비法匪'는 불리하다 싶으면 '법추法鰍'가 된다고 일갈한 바 있습니다. 검찰총장 출신 윤석열 대통령의 12·3 비상계엄 선포, 지귀연 부장판사의 윤석열 구속 취소 결정, 심우정 검찰총장의 항고 포기를 보면서 9년 전 이 발언이 떠올랐습니다.

**조국** '법비'는 법을 악용하고 오남용하는 도적, '법추'는 법기술을 사용해 법망을 요리조리 빠져나가는 법미꾸라지를 지칭하는 비유입니다. 윤석열은 법비의 두목입니다. 그는 검찰총장 시절부터 대통령이 되어서까지 법을 자신의 권력을 강화하고 비판자와 반대자를 억압하고 처벌하는 도구로 사용했습니다. 김건희 씨 관련 온갖 비리를 어떻게 덮었는지 이제는 다 알지 않습니까. 윤석열은 자신과 배우자의 범죄 혐의를 수사하려는 특별검사법에 번번이 거부권을 행사했지요.

윤석열이 직접 나서서 수사를 지휘한 울산시장 선거 개입 사건, 김학의 출국금지 사건, 월성원전 폐쇄 사건, 디스커버리 사건 등은 모두 무죄가 나왔습니다. 관련 피고인들은 문재인 정부 인사 또는 그 가족이었지요.

결국 윤석열은 법치 자체를 파괴하는 극단적 행동을 했습니다. 내란이 실패하자 윤석열은 경고성 계엄, 통치행위 운운하며 비상계엄을 정당화했지요. 또 자신의 체포 지시를 증언한 국정원 차장, 특전사령관의 공작 운운하면서 국회의원 체포 지시를 부인했습니다. 부끄러움을 모르는 법추의 진면목을 보여준 것입니다. "호수 위에 달그림자" 운운하는 장면에서는 기가 막히더군요.

윤석열 구속 취소 결정과 검찰의 항고 포기 문제는 이미 앞에서 다뤘습니다. 윤석열의 '합법적 탈옥'은 엘리트 법기술자들의 합작품입니다. 그들은 '의심스러울 때는 피의자·피고인의 이익으로'라는 형사법의 대원칙을 따른다는 명분을 내걸고 내란수괴를 풀어주는 새로운 계산법을 만들어내고 추인했습니다. 마치 이들은 '법해석권은 우리에게 있으니 법을 모르는 자는 입 닫고 있으라'라고 말하는 것 같습니다. 많은 국민이 분노하고 허탈해했는데 여기서 그치면 안 됩니다. 이것을 법조 엘리트에 관한 민주적 통제를 고민하고 만들어내는 계기로 삼아야 합니다.

## 법이 공정해도 법률가가 공정하지 않다면

**정여울** '법을 어떻게 집행할 것인가'라는 문제는 항상 논란의 중심에 있습니다. 법해석, 법집행의 공정성은 늘 의심을 받아왔는데 윤석열 정부 들어 이 문제에 관한 국민적 경각심이 더 높아진 것 같습니다.

**조국** 윤석열이 검찰총장으로서 지휘한 수사와 그가 대통령이 된 후 검찰이 진행한 수사는 엄정하게 재평가해야 합니다. 앞에서 열거한 여러 사건은 무죄판결이 났지만 아무도 사과하지 않고 책임지지도 않습니다. 반면 고발사주 사건 등에서 윤석열 검찰총장의 관여 여부는 수사 자체가 이뤄지지도 않았습니다. 김건희 씨의 범죄 혐의 수사는 오히려 면죄부를 주기 위한 것이었습니다. 그 외 '명태균 게이트'에서 윤석열과 김건희의 육성이 공개되었지만 수사는 지지부진했습니다. 검찰은 윤석열 탄핵소추 이전부터 윤석열·김건희 부부의 관여를 알고 있었으나 덮어두고 있었지요.

이와 달리 문재인 대통령과 문재인 정부 인사, 당시 이재명 더불어민주당 대표는 어떻게 수사를 진행했습니까? 표적을 정해놓고 자기들이 원하는 결과가 나올 때까지 터는 수사를 했습니다. 공정과 상식? 가소로운 가식이지요. 윤석열이 휘두른 검찰권은 자신과 패거리의 이익을 보호하고, 반대편은 베고 찌르는 흉기에 불과했습니다.

이곳에서 장석남 시인의 신작 《내가 사랑한 거짓말》을 읽었습니다. 평소 정치색 있는 시를 짓지 않는 분인데 이번 시집은 달랐습니다. 그중 〈법의 자서전〉이라는 시의 여러 구절이 가슴 깊이 다가왔습니다.

## 재심, 잘못된 판결을 바꿀 수 있는 힘

**정여울** 박정희 대통령 암살범으로 지목되어 사형당한 김재규 씨의 재심이 열린다고 합니다. 역사적으로 커다란 의미가 있다는 생각이 듭니다. 해외에도 이와 비슷한 사례가 있는지 궁금하기도 하고요. 법학자로서, 정치인으로서 이렇게 역사적으로 커다란 의미가 있는 사건을 어떻게 생각하는지 더욱 궁금합니다. 아무리 시간이 지났어도 '잘못된 판결'을 바꿀 수 있는 세상이 되기를 바라는 마음으로 이 질문을 드립니다.

**조국** 1979년 10월 26일 김재규 중앙정보부장이 박정희 대통령을 총으로 살해한 것은 변함없는 사실입니다. 10·26 사건 다음 날 새벽 4시 비상계엄을 선포했는데 10·26 사건 당일 김재규는 민간인이었습니다. 그런데 군사법원이 재판을 합니다. 전두환이 지휘하던 보안사는 수사를 진행하며 각종 가혹행위를 범합니다. 10·27 비상계엄의 합법성도 문제입니다. 대통령 유고有故 상황은 맞지만 전시·사변 상황은 아니었거든요.

재판 과정에서 보안사는 쪽지를 넣어 재판에 개입합니다. 재판은 초급행으로 진행했고, 1980년 5월 20일 대법원에서 내란 목적 살인을 인정하면서 사형을 확정하고 나흘 뒤 사형을 집행했습니다. 2025년 서울고등법원은 수사 과정에서 가혹행위가 인정된다는 이유로 재심 개시를 결정합니다. 김재규 수사와 재판은 더 깊이 분석해야 합니다. 내란 목적이 있었는지 재검토해야 하고 재판의 주체와 절차도 재검토해야 합니다.

유신체제의 폭압이 극에 달했던 1979년 당시, 사실상 왕이었던 박정희를 살해했기에 공정한 수사와 재판을 기대할 수는 없습니다. 법리적 타당성과 절차적 인권 보장 같은 주장은 아무런 공감을 얻지 못하고 묻혀버렸습니다. 오히려 이것은 비난받고 심지어 위해危害를 초래할 주장이었습니다. 수사와 재판을 재검토하는 것은 김재규 사건에 그치면 안 됩니다. 초기에 정치·사회적 낙인이 찍혀버린 다른 사건에서도 수사와 재판이 제대로 이뤄졌는지 살펴보아야 합니다.

법원에서 인혁당 재건위 사건, 약촌 오거리 살인 사건 등 몇몇 사건에서 재심 결정을 하고 무죄판결을 내리기는 했습니다. 이런 사건들은 살인이 실제로 발생한 김재규 사건과 달리 범죄 자체를 조작한 사건이었지요. 그렇다면 이러한 사건에서만 잘못이 있었을까요? 수사기관과 법원이 편견과 선입견에 사로잡혀 사실 판단, 법리 적용, 양형 결정 등에서 잘못을 범한 경우는 없을까요? 우리는 이런 문제를 살펴야 합니다.

**정여울** 김재규 재심 외에도 근래 많은 재심이 받아들여져 무죄판결이 났습니다. 정치적 사건으로는 조봉암 사건, 인민혁명당 재건위원회 사건, 강기훈 유서대필 사건 등 독재 정권하의 대표적 '사법살인' 사건에 무죄판결이 내려졌어요. 비정치적 사건으로는 약촌 오거리 살인 사건, 부친살해 혐의 여성 사건 등에서 무죄판결이 내려졌습니다.

**조국** 정치민주화의 성과 중 하나가 바로 재심 무죄판결입니다. 권위주의 또는 군사독재 정권 시절 법원은 검찰과 거의 한 몸이었습니다. 수많은 민주화 운동가와 야당 정치인이 수사기관에서 고문당한 후 기소되었는데, 법원 판결문은 검찰 공소장을 거의 옮겨 붙이는 수준이었습니다. 당시 검찰은 물론 법원도 정권을 위한 법률적 도우미에 불과했습니다. 정치민주화 이후에는 정치인과 시민사회활동가를 이런 식으로 처벌하는 일이 대폭 줄었습니다. 그렇지만 재심으로 무죄가 내려진 여러 살인 사건을 보면, 수사기관의 편견과 과욕의 산물인 잘못된 수사가 법원에서 전혀 걸러지지 못했음을 알 수 있습니다.

한편 재심 무죄판결이 내려졌어도 엉터리 수사·기소를 한 경찰과 검사를 비롯해 유죄판결, 심지어 사형을 선고한 판사들은 아무런 책임을 지지 않습니다. 재심 무죄판결은 아니지만 다른 사례를 들어보겠습니다. 윤석열 검찰총장이 지휘한 김학의 출국금지 사건은 1심부터 무죄가 선고되어 대법원에서 확정되었습니다. 울산시장 선거 개입 사건의 경우 1심은 유죄판결을 내리고 중형을 선고했는데, 2심은 모두 무죄를 선고했습니다. 당시 이재명 더불어민주당 대표의 선거법 위반 사건도 마찬가지 경로를 밟았습니다. 어떤 판사를 만나는가에 따라 명운이 갈린 것입니다. 최종적으로 무죄확정이지만 이때 유죄판결을 내린 판사들은 아무런 책임을 지지 않습니다.

사마천의 《사기》에서 소개하는 이리李離 이야기를 하고 싶습니다. 그는 춘추전국시대 진나라 문공文公 시절 법관이었습니다. 어느 날 그는 자신이 법을 잘못 적용해 범인이 아닌 자를 사형에 처했음을 알게 됩니다. 이 과오가 밝혀진 뒤 이리는 진문공에게 자신을 사형에 처해달라고 요청합니다. 진문공이 고의가 아니었음을 지적하며 이 요청을 거절하자 이리는 자결하지요. 한국 법률가들이 유념해야 할 고사가 아닐까요.

## 형사법의 성편향

**정여울** 요즘 선생님의 책 《형사법의 성편향》을 탐독하고 있습니다. 원래는 대중서만 다루려고 했는데 이 책은 연구서이긴 해도 매우 중요해서 많은 독자가 꼭 읽었으면 좋겠다는 생각이 들었습니다. 선생님은 형법학자로서 이 책을 쓴 것인데 많은 분야 중에서도 '형법학'을 전공으로 선택한 이유가 궁금해졌습니다.

**조국** 《형사법의 성편향》은 법학 서적인데 읽고 있군요. 제 학문전공이 형사법인데, 한국 형사법 이론과 판례가 남성 중심으로 형성되어 있음을 비판한 책입니다. 2023년 서울대 김승섭 교수가 흑인, 여성, 장애인, 성소수자, HIV 감염인 등 소수자 차별을 다룬 좋은 책 《타인의 고통에 응답하는 공부》를 낸 바 있습니다. 이 책 제목을 빌리자면 《형사법의 성편향》은 형사법 학자로서 여성의 고통에 응답하려는 공부의 산물입니다. 출간 이후 형사법학계보다 여성학계에서 더 큰 반응을 보였지요. 시간이 걸리긴 했지만 대법원 판례가 바뀌는 데도 기여했습니다.

제가 대학원 입학 후 전공으로 형사법을 택한 데는 몇 가지 이유가 있습니다. 먼저 제가 대학과 대학원을 다니던 1980년대 전두환 군사독재 정권의 대표적 지배 도구가 형사법이었습니다. 불심검문, 임의동행, 체포·구속, 압수수색 등에서 절차적 보장이 이뤄지지 않았고 진술거부권이나 변호인의 도움을 받을 권리 등도 무시당했습니다. 검경 수사에서는 각종 고문과 가혹행위가 이뤄졌습니다.

대학원 입학 후 미란다 규칙Miranda Rule 등 미국 연방대법원이 확립한 각종 규칙을 공부하면서 '이거다'라는 생각이 들었습니다. 또한 과잉범죄화의 폐해를 비판하고 도덕을 형법에서 분리하는 비범죄화 이론, 정치적 표현의 자유를 형법으로 억압해서는 안 된다는 이론도 마음을 붙잡았습니다. 진로를 고민하고 있던 저를 학문의 길로 이끈 지도교수 이수성 박사님(전 서울대 총장)의 전공이 형사법이었다는 점도 제게 영향을 주었습니다.

> **정여울** 《형사법의 성편향》에서 앤 존스Ann Jones의 말을 인용한 부분도 인상적이었습니다. "남성에 의해, 남성을 위해 만들어지고, 전全역사를 통하여 남성을 대표하여 축적되어 온 법률은 남성적 편향을 법전화하며 또한 여성적 시각을 무시하여 여성을 체계적으로 차별한다"[16] 라는 말입니다. 1980년 문장인데도 이렇게 절절하게 다가오는 이유는 여전히 우리 사회가 그런 성편향을 극복하지 못했기 때문일 것입니다. 물론 좋아진 부분도 많지만 가야 할 길은 더 멀다는 생각이 듭니다. 여러 관직을

거치며 이러한 우리 사회의 성편향을 극복해갈 수 있는 희망과 대안도 많이 확인했을 것 같습니다. 형사법의 성편향뿐 아니라 우리 사회의 성편향(이것은 뫼비우스의 띠처럼 이어진 문제겠지요)을 극복할 수 있는 대안을 듣고 싶습니다.

**조국** 여성 인권은 과거에 비해 많이 향상되었습니다. 여성의 사회진출도 늘어났고 사회 전반에서 성평등의식도 높아졌으며 성희롱·성폭력·성차별 등에 관한 법 제도도 정비되었습니다. 소수지만 남성이 육아와 가사를 전담하는 가정도 늘어나고 있습니다. 젊은 세대일수록 성편향에 관한 경각심이 높습니다.

그런데 일부 20~30대 남성은 자신들이 역차별을 받고 있다고 여겨 여성 인권을 말하는 사람을 '페미니스트'라며 공격하는 경향을 보이고 있습니다. 심지어 페미니스트란 단어가 욕처럼 쓰이더군요. 그들은 성차별은 옛날 일이고 여성을 과잉보호하고 있다며 여성가족부 폐지를 주장합니다. 정치권에서 이를 활용하기도 합니다. 단적으로 윤석열은 대선 후보 당시 여성가족부 폐지를 공약으로 내걸었지요. 이준석 개혁신당 대표도 이런 20~30대 일부 남성의 주장을 대변하는 역할을 하고 있습니다.

우리가 직시해야 할 점이 있습니다. 그것은 현저한 남녀 임금 격차, 여성에게 편중된 육아와 가사 부담, 결혼과 출산 후 정규직 복직의 어려움, 국가기관이나 사기업에서의 승진 유리천장 등의 문제입니다. 분명 이러한 문제를 해소하지 못했는데 여성을 과잉보호하고 있다거나 남성이 역차별을 받는다고 주장하는 것은 사실을 왜곡하는 일입니다. 성희롱·성폭행을 금지하고 제재하는 행위도 제도화했으나 여성들은 삶의 일상에서 불안과 공포, 불쾌와 모욕을 느끼며 살아가는 경우가 많습니다. 성희롱·성폭력을 당했더라도 바로 공개하며 싸우는 일이 쉽지도 않습니다.

　이상의 문제를 해결하는 것은 여성을 우대하고 남성을 억압하는 것이 아닙니다. 남성과 여성이 평등한 존재로 평등하게 살 수 있는 조건과 환경을 만드는 것은 남성에게도 좋은 일입니다. 가부장제가 남성에게 요구하는 '남성성'은 남성에게도 억압이기 때문입니다. 저는 기성세대 남성에게 이런 질문을 던지곤 합니다. "당신 딸이 어떤 세상에서 살기를 원하느냐?" "당신 사위 또는 딸의 남자친구가 어떤 사람이면 좋겠느냐?"

## 일상화된 폭력으로부터의 해방

　**정여울** 최근 '일상화된 폭력'에 저항하는 방법이 무엇일지 심각하게 고민하고 있습니다. 학교폭력의 약자인 '학폭'이라는 말을 자주 들을 정도로 그것이 일상화된 사회라면 폭력이 얼마나 심각한 것일까요? 일이 잘 풀리지 않을 때 폭력을 사용하는 것은 가장 비겁한 일이지만, 일상에서 그런 일을 여전히 많이 봅니다. 법적 처벌이 과연 폭력 완화에 도움을 주는지도 회의적입니다.
　요즘 '여성살해' '페미사이드'라는 말이 너무 자주 기사에 오르내립니다. 대한민국에서 여성이 2일에 한 명씩 살해되고 있다는 충격적 기사도 보았습니다. 살인미수까지 합치면 훨씬 잦은 빈도로 여성에게 심각한 위협과 폭력이 일상적으로 가해지는 셈입니다.
　얼마 전에는 제 친구가 맘카페에서 '아이를 절대 때려

서는 안 된다'라는 당연한 주장을 펼쳤다가 엄청난 악성 댓글을 받기도 했습니다. '때리는 것밖에 방법이 없을 때가 있다'라는 식으로 아이를 훈육하는 일의 어려움을 폭력을 정당화하는 근거로 곧바로 사용하는 부모들의 거침없는 댓글에 큰 충격을 받았습니다.

가정에서부터 시작되는 폭력, 여전히 일상 곳곳에 만연한 폭력을 근절하려면 어떤 노력이 필요할까요? 또한 법학자의 시각에서 일상에 만연하고 있는 '폭력을 통한 문제 해결'이라는 사고방식을 어떻게 풀어내고 싶은지 궁금합니다.

**조국** 학교폭력이건 가정폭력이건 데이트폭력이건 모두 법으로 금지하고 있고 위반자는 처벌을 받습니다. 자식과 학생 훈육권에도 체벌은 포함되지 않습니다. 그렇지만 현실에서는 그것이 이뤄지고 있습니다.

법적 처벌을 제도화해도 폭력이 사라지지는 않습니다. 또한 법이 항상 학교와 가정 깊숙이까지 들어와 있기도 힘듭니다. 실은 이런 폭력을 법적으로 규제하지 않았던 기간이 매우 깁니다. 오히려 국가폭력을 당연시하거나 심지어 숭앙했고 권위주의 또는 군사독재 시대도 길었습니다. 그 속에서 살아온 사람들의 의식과 행위가 쉽게 바뀌지 않고 있습니다.

그 점에서는 교육과 문화의 중요성을 말하고 싶습니다. 어린 시절부터 폭력은 안 된다는 교육이 이뤄져야 합니다. 나아가 폭력을 조장하거나 묵인하는 문화를 없애려는 노력도 필요합니다.

## 범죄라고 규정한 행위가 정말 범죄가 맞는가

**정여울** 선생님이 권한 《절제의 형법학》을 읽고 있는데, 이 책이 '법학자 조국'의 진면목을 보여준다는 생각에 새삼 감동하고 있습니다. 사실은 이 책이 법학총서 시리즈라 법학 전공이 아닌 제게 너무 어려우면 어쩌나 하는 걱정이 있었어요. 그런데 비전공자도 조금만 노력하면 읽고 이해할 수 있도록 어렵지 않게 썼다는 걸 느끼면서 진심으로 감동했습니다. 난생처음 '법학이 이렇게 재미있고, 흥미진진하고, 우리 일상과 속속들이 관련된 것이로구나'라는 생각을 하며 더욱 감탄했습니다.

'조국의 공부'를 따라가다 보면 끊임없이 더 공부하고 싶은 갈망이 느껴집니다. 12·3 비상계엄 이후의 기나긴 환난 속에서도 소박한 행복을 느꼈습니다. 공부는 그 자체로 참 아름다운 것이로구나, 그런 뿌듯한 감정을 안고 이 책을 읽었습니다. 또한 학문은 결국 현실에 참여함으로써 진정한 의미를 얻는 것임을 더욱 뜨거운 마음으로 공감했습니다. 저는 이 책이 '조국의 앙가주망 engagement'[17]이라는 관점에서, 공부 자체가 '앙가주망'의 의미를 지녀야 한다는 뜻에서, 더 많은 대중이 이 책을 읽었으면 좋겠습니다. 《절제의 형법학》을 쓸 때 어떤 심정이었는지, 이 책은 선생님에게 어떤 의미를 지니고 있는지 이야기해주세요.

**조국** 《절제의 형법학》은 교수 시절 발표한 논문을 재구성한 책입니다. 한국의 법 현실을 바라보는 법학자 조국의 문제의식과 입장을 확인할 수 있는 책이지요. 2019년 '조국 사태'가 아니었다면 학교로 돌아가서 그 후속 작업을 하고 있었을 겁니다.

형법은 특정 행위를 범죄로 규정하고 제재를 가합니다. 경찰, 검찰, 법원, 교정본부 등 강제력을 지닌 국가 기구가 형법을 집행합니다. 하지만 우리는 '범죄라고 규정한 행위가 정말 범죄가 맞는가'라는 질문을 던져야 합니다. 다른 나라에서는 전혀 범죄가 아니고 허용하는 행위인데, 우리나라에서는 범죄로 처벌하는 것이 많습니다. 예컨대, 거짓이 아니라 사실을 알려 타인의 명예가 훼손되는 것을 처벌하고 있습니다. 수업 시간 이외의 교사의 정치 활동도 처벌하고, 노조의 파업도 처벌합니다. 그 결과 표현의 자유, 정치적 기본권, 노동삼권 등 국민의 권리가 위축되고 있습니다. 민주주의가 억압을 받는 것이지요.

한편 간통이나 혼인 빙자 간음도 오랫동안 처벌을 받았지요. 근래 헌법재판소가 위헌이라고 결정하기 전까지 말입니다. 군대 내에서 근무 시간 이외의 시간에 합의에 따른 동성애를 해도 범죄로 처벌합니다. 헌법을 사용해 시민의 사생활을 통제하겠다는 것 자체가 비민주적이지요. 형법은 도덕 고양 수단이 아닙니다. 간통이나 혼인 빙자 간음은 인간의 본능과 관련된 것으로 처벌규정과 무관하게 발생합니다. 위헌 결정 이후 간통이나 혼인 빙자 간음 행위가 폭증했을까요? 전혀 아닙니다. 이혼을 형법으로 막을 수 없듯이 이 두 가지 행위도 형법으로 통제할 수 없습니다. 군인이 근무 시간에 이탈해 동성애를 하면 징계 대상입니다. 이성애를 한 경우도 마찬가지입니다. 그런데 군인으로서 해야 할 일을 다하고 서로 합의하에 동성애를 했다고 강제 수단을 동원해 시간, 장소, 방법을 밝히고 처벌하는 것이 온당할까요?

| **정여울** 선생님이 지금 감옥에 갇혀 있다는 사실 자체가

> 우리 사회의 '과잉형벌화' '과잉범죄화' '과잉도덕화' 참상을 보여준다는 생각이 들어 더욱 가슴이 아픕니다. 그런데 아직 일반 독자에게는 아직 과잉형벌화, 과잉범죄화, 과잉도덕화 개념이 낯설 수 있으니 이것이 왜 문제가 되는지, 이것이 왜 헌법의 자유를 가로막는지 이야기해주세요.

**조국** 권위주의 또는 군사독재 정권은 형법을 지배 도구로 썼습니다. 그들에게 형법은 각종 정치적 기본권을 억압하는 도구였습니다. 또한 그들은 도덕화된 형법을 유지하며 자신들의 비민주성을 은폐했습니다. 과잉범죄화되고 과잉도덕화된 형법은 시민의 정치적 행위나 합법적 취향을 억압하고 통제합니다. 결국 그런 형법을 해석하고 집행하는 국가기관의 선택에 국민의 명운이 달리고 맙니다.

이런 맥락에서 한국 형법 중 비범죄화·비도덕화된 부분을 밝힌 것입니다. 이 책 발간 이후에도 현실은 조금도 변하지 않았습니다. 형법은 사회 질서와 가치를 유지하기 위한 '최후 수단ultima ratio'으로 사용해야 합니다. 그런데 우리나라는 그와 정반대로 형법이 온갖 분야의 맨 앞에 나서서 개입하고 있습니다. 정치의 사법화司法化도 같은 맥락에서 발생한 폐해입니다.

# 살아내는 공부

3

: 인간적 약점을
　사랑하게 만드는 원동력

우정은 오직 깊이 존중하는 사람 사이에서만 가능하다.
— 프리드리히 니체 Friedrich Nietzsche

## 나의 존경하는 후배, 박종철을 기리며

**정여울** 2024년 4월 17일 박종철 열사의 어머니 정차순 여사가 별세했습니다. 그때 페이스북에 "어무이, 너무 걱정 마시고 편히 가시이소. 종철이가 추구했던 꿈은 잊지 않고 있습니다"라며 "여기는 제가 단디 해보겠습니다"라고 했습니다.

1987년 1월 14일이었습니다. 군사독재 정권은 찬연燦然한 젊음을 끊고 "책상을 탁! 치니까 억! 하고 죽었다"라는 대한민국 민주화 운동사에 두고두고 남을 흉측한 거짓말을 했지요. 박종철 열사는 그렇게 어이없이 떠났고, 5개월 뒤 이한열 열사의 축 처진 몸과 벗겨진 운동화는 국민에게 참을 수 없는 분노와 슬픔을 불러일으켰습니다.

박종철 열사가 추구한 꿈은 무엇이었고, 우리는 어떻게 그 꿈을 이룰 수 있을까요?

**조국** 박종철은 저의 고교 1년 후배, 대학 2년 후배입니다. 종철이가 대학입시 재수를 했거든요. 1987년 1월 14일 종철은 남영동 대공분실에서 고문·살해당했고, 이 죽음은 1987년 6월 항쟁의 시발점이 되었습니다. 영화 〈남영동1985〉(2012)에서 당시 상황을 잘 그려냈습니다. 박종철 추모관(정식 명칭은 '박종철센터')은 학생 시절 하숙했던 서울 관악구 신림동에 설립해 운영하고 있습니다. 2024년 정치인이 된 후 저는 그곳을 방문해 종철의 동상을 어루만졌습니다.

박종철의 꿈은 종철이가 학생 시절에 어떤 활동을 했는가로 유추할 수 있습니다. 종철은 전두환 군사독재 정권에 맞서 싸웠음은 물론, 학생 신분을 숨기고 공장 활동을 하며 노동 인권 향상을 도모했습니다. 종철은 정치민주화만 꿈꾸지 않았던 것입니다. 종철의 궁극적 목표는 사회·경제민주화였다고 감히 말하겠습니다. 종철은 국가폭력과 맞서 싸우다가 국가폭력의 희생자가 되어 그 국가폭력을 끝장내는 사람이 되었지만, 그의 짧은 삶의 바탕에는 사회·경제적 약자와의 연대와 그들 삶의 개선이라는 확고한 목표가 있었습니다.

## 나의 빛나는 벗, 최강욱

**정여울** 선생님에겐 좋은 친구가 정말 많다는 생각이 듭니다. 친구는 고난과 역경의 순간에 비로소 우정의 깊이가 더 절실하게 드러나는데, 특히 최강욱 전 의원님과의 우정이 멀리서 보기에도 부러웠습니다. "우리 아이들은 아빠보다 최강욱 아저씨를 더 좋아한다"라는 얘기도 참 정겹고 좋았지요. 고난과 역경 속에서 우정이 사라지는 일도 많은데, 두 분의 우정은 시련 속에서 더욱 단단해진 것이 아닌가 하는 생각이 들었습니다.

문재인 대통령과 노무현 대통령의 우정도 나란히 기억났습니다. 노무현의 친구 문재인이 아니라 문재인의 친구 노무현이라고 말하며 자랑스러워하던 노무현 대통령의 생전 모습도 그립게 떠올랐습니다. "친구를 보면 그 사람을 알 수 있다고 하지 않습니까? 노무현의 친구 문재인이 아니라 문재인의 친구 노무현입니다." 지금 생각하니 이 말이 더욱 아름답고 눈물겹게 다가옵니다. 그토록 비극적 죽음도 그들의 우정을 갈라놓지 못했으니까요. 고난과 역경 속에서도 친구를 잃지 않고 오히려 더 단단해진 우정 이야기를 들려주면 어떨까요?

**조국** 최강욱 의원은 저의 대학 후배로 오랜 인연이 있습니다. 선후배 사이지만 친구처럼 지내고 있지요. 최강욱의 최고 강점은 윗사람, 센 사람 앞에서 절대 기가 죽거나 뜻을 굽히지 않고 직언한다는 점입니다. 그는 대중에게 검찰개혁의 전사로 알려져 있는데, 훨씬 이전인 군검찰 시절부터 군 내외의 압력을 물리치고 병역 비리와 장성 진급 비리 수사를 진행했습니다. 당시 저는 '역시 최강욱이다'라며 박수를 보냈지요. MBC의 감독기구인 방송문화진흥회 이사를 역임할 때는 공영방송의 공정성 유지를 위해 싸웠습니다.

이런 의지와 능력을 잘 알았기에 문재인 정부 청와대 공직기강비서관으로 같이 일하자고 제안했습니다. 이후 윤석열 검찰총장이 문재인 정부 총공격에 나설 때, 최강욱은 직격탄을 맞았습니다. 윤석열이 최강욱을 얼마나 싫어했는지는 고발사주 사건을 보면 알 수 있습니다. 검찰총장의 눈과 귀로 불리는 '범정犯情' 책임자 손준성이 고발장을 작성해 검사 출신 국회의원 김웅에게 전달한 사건이지요. 손준성은 재판에서 무죄를 받았으나, 재판부는 손준성의 윗선인 검찰총장의 개입이 있었을 수 있다고 판결문에 명기했습니다.

당시 청와대 안에서 최강욱이 윤석열을 강하게 비판하고 견제하는 입장을 견지했다는 건 윤석열도 잘 알고 있었을 테니까요. 지금은 변호사 활동을 멈추고 유튜브 채널〈최강욱TV〉를 개설해 국민과 소통하고 있습니다. 동생 최강혁과 함께《이로운 보수 의로운 진보》를 썼는데 베스트셀러가 되었다 하더군요.

저도 옥중에서 재미있게 읽었습니다. 강추합니다.

최강욱은 강경파 이미지가 강하지만, 잘 알려지지 않은 사실 하나만 들려주어도 의외의 면모를 엿볼 수 있을 겁니다. 최강욱은 클래식 뮤직 마니아입니다. 어느 정도냐 하면 어떤 곡을 들었을 때 누가 작곡했는지 아는 것은 물론, 지휘자가 누구고 어느 오케스트라인지도 바로 압니다. 다른 문화·예술 분야 소양도 매우 풍부합니다. 의외인가요? 알면 알수록 의외의 매력이 넘치는 벗입니다.

## 지식인의 지식인, 유시민 작가

> **정여울** '내 인생의 소중한 인연'이라 여기는 우정에 관한 에피소드도 함께 들려주면 좋겠습니다. 특히 유시민 작가와의 인연이 궁금합니다. 두 분은 어떻게 만났고 어떻게 친해졌는지요. 조국 선생님 수감 이후 유시민 작가가 한 유튜브 채널에 출연해 가슴이 아파 차마 전화를 하지 못했다고 하면서 눈가가 촉촉해지는 장면을 보았습니다.

**조국** 유시민 작가는 저의 대학 선배로, 그가 옥중에서 쓴 〈유시민의 항소이유서〉를 보고 그를 처음 알게 되었습니다. 저를 포함한 많은 대학생이 〈유시민의 항소이유서〉를 돌려 읽었습니다. 명문이었지요. 유시민 작가는 78학번으로 79학번인 윤석열과 비슷한 시기에 대학에 입학했지만 전혀 다른 삶의 궤적을 걸었습니다. 지성과 무無지성의 차이기도 했지요. 책을 좋아하는 사람과 술을 좋아하는 사람의 차이기도 하고요.

대학 시절과 청년 시절에는 사적 교류가 없었습니다. 그래도 젊은 시절 저는 유시민 작가의 칼럼을 읽고 방송을 보며 많이 공감했습니다. 지금의 유시민 작가는 범진보 진영에서 칭찬을 받고 있지만, 그가 현실 정치인으로 뛸 때는 많은 비난을 받았지요. 그때도 저는 그의 문제의식에 공감했습니다. 2013년 정계에서 완전히 은퇴하고 전업 작가로 살고 있는데, 부럽습니다. 저야말로 한때 전업 작가로 사는 삶을 꿈꿨던 적이 있거든요. 능력도 안 되는 사람의 몽상이었지만요.

그런데 역설적으로 저는 뒤늦게 정치인이 되었습니다. 유시민 작가는 21세기 한국의 현실 정치에 관심을 기울이고 관여하는 사람들에게 뜨겁지만 냉철한 조언과 지침을 내려주는 사람입니다. 진보 진영 내에서 '지식인의 지식인' 역할을 하고 있지요. 2019년 '조국 사태'가 일어났을 때, 그는 가장 먼저 이 사태의 본질을 '윤석열의 쿠데타'로 규정했습니다. 눈물 나게 고마웠습니다. 저를 집으로 불러 직접 잡은 생선으로 회를 떠서 대접해주기도 했지요.

제가 조국혁신당 창당을 고민할 무렵 노무현재단에서 운영하는 유튜브 채널 〈사람사는세상 노무현재단〉 속 코너인 '알릴레오 북's'에 초대받아 출연했는데, 촬영 후 유시민 작가가 한마디 툭 던지더군요. "비례대표 후보만 내는 게 어때요?" 제 속마음을 들킨 것 같았습니다. 옥중에서 《청춘의 독서》 특별증보판을 읽고 있는데 다시금 그의 혜안을 확인합니다. 2009년 초판이 나왔을 때 바로 읽은 책인데, 저는 유시민의 책 중 이 책을 제일 좋아합니다.

## 우정, 힘들 때 더더욱 빛이 나는 관계

**정여울** 점점 더 각박해지고 힘들어지는 세상 속에서 많은 사람이 '베스트프렌드가 없다' '친구를 사귀는 것이 두렵다' '또 상처받을까 봐 사람을 만나는 것이 어렵다'라고 호소하고 있습니다.
 우정을 얻고 이를 지켜내려면 구체적으로 어떤 노력을 해야 하는지, 선생님의 경험이나 에피소드를 들려주세요. 가장 힘든 순간 필요한 것은 가족의 지지와 친구의 응원이라고 생각하거든요. 친구들의 우정은 어떤 힘을 주고 있는지요. 또 친구와의 우정을 지키기 위해서는 어떤 노력이 필요한지요.

**조국** 권력과 이익 논리가 관철되는 세속 사회에서 이 논리가 작동하지 않는 또는 덜 작동하는 영역이 가족과 친구입니다. 물론 무한경쟁, 승자독식 논리가 심화하면서 가족과 친구도 파편화하고 상호 충돌하는 경우도 많습니다. 가족은 선택 대상이 아닙니다. 부모와 형제자매는 그냥 존재하는 것이지요. 반면 친구는 선택하고 관계를 만들어가는 사람입니다. 그래서 피를 나눈 가족보다 더 깊고 호흡이 잘 맞기도 합니다.
 친구는 권력과 이익 논리가 머릿속에 주입되기 전에 관계를 형성했거나 그 논리 바깥에서 만나 관계를 형성한 경우 진짜배기로 남습니다. 특히 상황이 어렵거나 고통받는 시간에 말을 건네주고 손을 잡아주는 것이 진짜 친구가 되는 출발점입니다. 폭탄주를 마시고 만취해 어울리는 것이 친해지는 길이라고 생각할 수도 있지만, 이는 '유사類似 우정'을 형성하는 데 그칠 수 있습니다. 술을 같이 마시며 속을 터놓는 대화를 나누는 것은 우정 형성에 중요한 계기이긴 합니다. 단, 그 자체만으로는 우정의 지속성을 만들지 못합니다.

저의 경우 2019년 '조국 사태(뒤에서 상세히 말하겠지만, 저는 그 본질이 '조국 사냥'이라고 봅니다)' 이후 친구 관계가 전면 재편되었습니다. 여기에는 격렬했던 정치 대립이 영향을 미쳤습니다. 저를 사모펀드에 기반한 권력형 비리범으로 규정하며 비난을 퍼붓고 떠나간 사람도 제법 있었습니다. 이들은 예외 없이 윤석열 지지자가 되었지요. 반면, 한동안 연락하거나 만나지 못했음에도 "너를 믿는다"라고 말해준 친구도 많았습니다. 제가 출타가 어렵다는 것을 알고 집 근처 식당에서 위로와 격려의 식사 자리를 마련해준 친구 역시 많았습니다. 그런 친구들이 있었기에 저는 무너지지 않았습니다.

> **정여울** 2019년 이전에는 방송에 나와 선생님을 "우리 국이"라고 부르며 친한 친구처럼 굴다가, 2019년 이후 조국 공격의 선봉에 서고 윤석열·한동훈의 수사를 찬양한 진중권 씨가 기억납니다.

**조국** 유시민 작가는 진중권을 '백색 소음'으로 취급하라 했지만, 짧게 답하겠습니다. 진중권은 저와 대학 동기로 대학원 시절 같이 공부한 적이 있습니다. 그런데 2019년 '조국 사냥'이 시작되자 검찰 편에 섰습니다. 김경율·서민·권경애·강양구와 함께 일명 '조국 흑서'란 책도 발간했지요. 이들은 진보를 자처하며 자신들은 진영에 매이지 않고 옳은 말을 한다고 뻐겼는데 이후 행보는 어땠나요? 그들은 국민의힘과 수구 보수 언론이 원하는 말을 하는 나팔수 노릇을 했습니다. 2022년 대선에서는 이재명을 맹비난하고 윤석열을 지지했습니다. 윤석열 당선 후 윤석열과 한동훈이 갈라서자 한동훈 편에 붙더군요. 권경애의 경우, 자신이 대리한 학교폭력 피해 사망자 재판에 출석하지 않은 게으름으로 피해자가 패소하게 만들었지요. 피해자 어머니의 울부짖음이 기억납니다. 시간이 걸리긴 했지만 다들 본색이 드러났다고 봅니다.

## 스승에 관하여

**정여울** "스승의 날에 그리워할 스승이 없다"라고 말하는 사람들이 많아져서 가슴이 아픕니다. '평생 공부하는 사람들'에게는 스승의 존재가 더욱 소중하지 않을까 싶습니다.
저는 국어국문학과 박사학위를 마치고 학계를 떠나 작가가 되기는 했지만, 가슴속 스승님들은 항상 제 안에 살아계신다고 생각해요. 문학평론가 김윤식 교수님의 영향도 많이 받았고, 조정래 선생님과 친했던 문학평론가 황광수 선생님은 제 인생의 멘토이자 소울 메이트였습니다.

**조국** 제가 학자 출신이라 그런지 '스승'이라고 하면 논문 지도 교수님이 먼저 떠오릅니다. 서울대 대학원 석·박사과정 시절 지도 교수님이 이수성 선생님이었습니다. 이후 서울대 총장과 국무총리를 역임했지요. 대학 졸업반 시절 제가 진로를 고민할 때 선생님은 저를 불러 "너는 법조계가 아니라 학교로 가는 게 좋겠다. 내 방에 와서 공부하렴"이라고 했습니다. 그 제자들은 이제 정년퇴임을 했거나 정년퇴임을 앞둔 교수들이지요. 이

수성 선생님은 수구가 아닌 진정한 보수주의자입니다. 선생님이 지도한 제자들은 매년 스승의 날에 모여 인사를 드리고 함께 식사를 합니다. 품이 넓어 다양한 성향의 제자들을 모두 받아들이고 각자의 성향을 발전시키도록 도와준 분이지요. 그 제자 중 제가 가장 골칫거리를 안겨준 사람이 아닌가 싶습니다. 젊은 시절에는 국가보안법 위반으로 투옥되고, 예순 살이 되어 다시 감옥에 들어갔으니까요.

논문 지도라는 연과 무관하게 제가 스승으로 생각하는 분이 있습니다. 조정래 작가, 김초혜 시인 부부입니다. 두 분은 제가 교수로 활동하던 시절 처음 만났는데, 그때부터 지금까지 음양의 지도와 후원을 해주고 있는 분입니다. 두 분의 이력은 설명할 필요가 없겠지요. 학연이나 지연 같은 개인적 인연이 없음에도 두 분은 늘 저의 활동을 주목하고 인생의 주요 길목마다 어떤 역할을 해야 하는지 정확히 짚어주었습니다. 두 분의 말씀은 언제나 본질을 꿰뚫고 번개처럼 뇌리에 꽂힙니다. 제가 투옥된 후, 두 분은 집필 공간이 있는 강원도에서 몇 시간을 달려 서울남부교도소까지 접견을 오셨습니다. 참으로 송구하고 감사했습니다.

> **정여울** 정치인의 길에서, 인간 조국의 길에서, 각각 배움을 준 사람이 있다면 누구인지요? 롤모델로 삼는 분도 있는지요?

**조국** 대학원생 시절에는 1960년대 판결로 '형사절차혁명'을 이끈 얼 워런Earl Warren 제14대 미국 연방대법원장과 현대 정의론의 대가 존 롤스John Rawls의 영향을 많이 받았습니다. 그 이전인 청년 시절에는 리영희, 강남길, 조영래 이런 분들이 사표

師表였습니다. 정치를 하겠다고 결심한 후에는 김대중 대통령의 비전과 포용, 노무현 대통령의 결기와 투지를 항상 생각했습니다. 극도로 우편향된 정치 지형 속에서 사회민주주의와 진보 정치를 추구한 조봉암의 분투와 비극도 잊지 않고 있습니다. 더 멀게는 임시정부의 핵심으로 '삼균주의三均主義'를 제창한 조소앙의 사상도 제 가슴속에 있습니다.

## 동지를 모으는 덕목

**정여울** 《주역周易》을 해설한 《계사전繫辭傳》에서 이런 문장을 보았습니다. "두 사람이 마음을 모으면 그 예리함은 쇠도 끊을 수 있다. 마음을 함께할 때 나온 말은 그 향이 난꽃과 같다."[1] 뜻에 맞는 동지同志를 모으는 리더의 덕목이 무엇이라 생각하는지요?

**조국** 동지란 대의를 실현하자는 뜻을 같이하는 사람을 말하지요. 교수 시절엔 주로 홀로 연구하고 논문을 발표하는 것이 일상이었기에 동지의 의미가 크게 다가오지 않았습니다. 물론 넓은 의미에서 진보를 위해 호흡을 맞추고 행보를 같이하는 사람들은 있었지요.

끈끈한 동지를 얻게 된 것은 문재인 정부 때 청와대에 들어가면서부터였습니다. 검찰개혁을 비롯한 권력기관 개혁을 추진하면서 강력한 저항에 부딪혔고, 이를 극복해가는 과정을 같이하는 사람들이 생긴 것입니다.

그리고 조국혁신당을 창당하고 선거를 치르는 과정에서 뜻을 같이하는 동지들이 추가로 형성되었습니다. 교수, 학자 출신인 제가 어떻게 이토록 많은 동지를 얻게 되었을까 생각해봅니다.

첫째는 검찰개혁, 검찰독재 정권 조기종식 등 대의에 관한 저의 확고하고 결연한 의지를 분명히 확인했기 때문일 겁니다. 대의 실현을 말이나 글로만 하지 않으리라는 게 느껴진 것입니다.

둘째는 함께하는 사람들 각자의 의견, 능력, 경험을 존중하고 역할을 설정해주어 그럴 겁니다. 정당을 만들고 이끌다 보면 각계각층의 사람들을 만납니다. 대의에 관한 생각은 같지만 경로, 방법, 속도 등에서는 생각이 다른 경우가 꽤 있습니다. 그 차이를 인정하고 사람들이 제각기 기여하도록 만드는 것이 리더의 덕목입니다.

## 리더, 손가락을 타인이 아니라 자신에게로 향하는 사람

> **정여울** 2025년 2월 10일 자 《한겨레》의 문재인 대통령 인터뷰를 보았습니다. 문재인 대통령이 선생님을 두고 "가장 아픈 손가락"[2]이라며 "한없이 미안하다"[3]라고 하더군요.

**조국** 저도 이 안에서 보았습니다. 더 중요한 건 윤석열을 검찰총장으로 선택한 것을 "두고두고 후회"[4]하며, 윤석열 정부 탄생에 "내가 제일 큰 책임이 있다"[5]라고 한 점입니다. 저 역시 책이나 언론 인터뷰에서 윤석열 검찰총장 인선과 관련해 '인사 검증 책임자로서 정무적 책임을 진다'라는 취지의 발언을 여러 번 한 바 있습니다. 문재인 대통령께 누를 끼쳐 송구한 마음이고요.

윤석열 검찰총장의 검찰권 오남용, 뒤이은 윤석열의 정치인으로의 변신과 국민의힘 후보 당선, 이후 대통령으로서의 무도·무능·무책임한 행태 등을 차례차례 접하고 분노한 국민이 윤석열 검찰총장 발탁의 책임을 묻고자 하는 것은 정당합니다. 그러나 이 모든 책임을 검찰총장 발탁에만 귀결하는 것은 과도하다고 생각합니다.

윤석열이 대통령으로서 한 수많은 거짓말과 개소리를 돌이켜보십시오. 헌법재판소 재판장에서 드러난 뻔뻔함과 비겁함을 떠올려보십시오. 윤석열은 검찰총장 후보 때도, 검찰총장 때도, 그랬다고 봐야 할 것입니다. 문재인 대통령이든 누구든 당시엔 윤석열의 상태가 이 정도라고는 상상할 수 없었습니다.

문재인 대통령의 이 인터뷰에 이어, 당시 이재명 더불어민주당 대표는 2025년 2월 11일 〈김어준의 겸손은힘들다 뉴스공장〉 인터뷰에서 지난 대선 패배는 자신의 책임이 제일 크다고 발언했습니다. "대선에서 진 것은 제일 큰 책임이 저한테 있어요. (……) 준비도 부족했을 거고, 자질도 부족한 점이 있고, 과거의 이력들에서도 흠잡을 데가 있는 것이고요."[6] 문재인 대통령도 당시 이재명 더불어민주당 대표도 자신에게 '제일 큰 책임'이 있다고 말한 것입니다.

손가락을 타인에게로 향하는 것은 쉬운 일입니다. 자기 책임을 인정하고 사과하는 것은 어려운 일입니다. 사람도, 정치도, 민주주의도 후자를 바탕으로 발전하고 성숙합니다. 윤석열을 위시한 내란 일당에게서는 이런 모습을 볼 수 없지요. 저도 윤석열 검찰의 표적 수사를 비판하면서 동시에 저의 흠결과 과오를 여러 번 사과한 바 있습니다. 12·3 비상계엄에 분노하고 헌정 회복을 바라는 정치인과 세력이 각자 스스로를 성찰하면서 연대하기를 희망합니다.

: 모두가 승리하는
삶을 살기를

승리는 전투에서 항상 이기는 것이 아니라,
당신이 넘어질 때마다 기필코 다시 일어나는 것이다.
— 나폴레옹 보나파르트 Napoléon Bonaparte

## 독거, 내면을 바라보는 시간

**정여울** 소란의 한가운데에 있다가 독거 중입니다. 독거 생활이 힘겹지는 않은지 무척 걱정스럽습니다.

**조국** 하루 40분의 실외운동(공휴일 제외)과 접견이 있는 경우 이외에는 독거실에 있어야 합니다. 당연히 답답하고 갑갑합니다. 활발한 정치활동을 전개하던 시간에 비해 혼자 있는 시간이 압도적으로 많은 것은 물론입니다. 그렇다고 바깥세상과 단절되어 있지는 않습니다. 신문, 편지 등으로 바깥소식을 듣습니다. 실내에서 스쾃과 푸시업을 하고, 2리터짜리 생수통 여섯 개를 비닐가방에 넣어 팔운동을 합니다.

이 안에서 김대중 대통령이 번역·출간한 넬슨 만델라Nelson Mandela의 자서전 《자유를 향한 머나먼 길Long Walk to Freedom》을 읽었습니다. 아시다시피 만델라는 남아공 백인우월주의 인종차별 정부에 맞서 싸우다가 종신형을 선고받고 약 27년의 수감 생활을 했지요. 제가 하는 생활과 딱 맞는 회고가 있습니다.

> 교도소에서 살아남으려면 일상생활 속에서 만족을 찾을 수 있는 방법을 찾아야 한다. 자기 옷을 특별히 깨끗하게 세탁한다든지 (……) 최대한으로 공간을 이용할 수 있도록 감방 안을 잘 정돈한다든지 하여 성취감을 느낄 수도 있다. 교도소 밖에서 더 중요한 일들을 함으로써 느끼는 것과 똑같은 자부심을 교도소 안에서는 사소한 일들을 함으로써 가질 수 있다.[7]

독거실에서 책을 읽고 글도 쓰지만 조용히 내면을 돌아보기도 합니다. 특히 저녁 9시 30분이면 독거실 불이 미등으로 바뀌면서 취침 시간이 시작됩니다. 새벽 6시 30분에 불 전체가 켜지면서 기상을 알립니다. 저녁 9시 30분에 곧바로 잠들기가 쉽지 않고, 늦게 잠이 들어도 새벽 6시 30분 전에 일어납니다. 이 시간대에는 운동할 수도 없고 책을 읽기도 어렵습니다. 제가 명상을 배운 적은 없지만 저절로 고요함에 잠깁니다. 그 고요함 속에서 제 마음과 뜻을 돌아봅니다. '네가 진정 원하는 것, 추구하는 것은 무엇이냐?' '어떤 어려움과 시련에도 포기할 수 없는 것은 무엇이냐?' 이런 질문을 던집니다. 종교 차원에서 이뤄지는 '마음 비우기'와는 다릅니다. 마음 다지기라고나 할까요. 통상적 기준으로 저는 최악의 상태에 처해 있습니다. 그러나 이러한 마음 다지기로 두려움과 불안감을 정리하고 있습니다.

> **정여울** 명나라 여곤呂坤이 쓴 《신음어呻吟語》에 이런 구절이 있습니다. "고요함이란 입을 다물고 침묵한다는 의미가 아니다. 뜻을 깊이 머금어 멀리까지 미치게 하고, 몸가짐이 한가롭고 단정하며 근엄한 것이야말로 참된 고요함이다."[8] 황동규 선생님은 혼자 있는 "환해진 외로움"을 "홀로움"이라 표현했습니다.[9] 고요히 자신과 마주하면서 예전과 견주어볼 때 달라진 것이나 새롭게 한 생각이 있는지요?

**조국** 2024년 창당 이후 정치인으로서, 정당 대표로서 질주하는 삶을 살며 대중 앞에 서서 말하고 대중과 함께 움직였습니다. 그러다가 2024년 12월 16일부터 원하지 않는 독거 생활을 하고 있습니다. 정치인으로서 했던 활동은 대부분 하지 못합니다. 국민으로서 누리는 자유도 대부분 누리지 못합니다. 독거실에서 생활하기에 이 안에서도 다른 사람과의 접촉이나 대화가 매우 제한적입니다. 비자발적이지만 고독과 고요의 삶을 살고 있습니다. 비유하자면 태풍으로 고기잡이에 나가지 못하고 섬에 갇힌 어부가 묵묵히 배를 수리하고 그물을 다듬고 있는 것 같다고나 할까요.

운동, 독서, 집필 등을 하고 있지만 조용히 내면을 들여다보는 시간이 더 많습니다. 이전까지의 삶에서 정치인으로 혹은 인간으로 어떤 흠이 있었는지 부족함이나 과도함은 없었는지, 오만이나 편견을 갖고 있진 않았는지 찬찬히 살펴봅니다. 앞서 언급한 자서전에서 만델라는 "교도소는 사람의 인격을 시험하는 일종의 도가니이다"[10]라고 말했습니다. 제 인격을 유지하도록 저 자신과 계속 대화합니다. 교수, 장관, 국회의원 같은 직업 또는 지위가 없는 한 명의 사람으로 한 명의 국민으로 저 자신과 세상을 깊이 바라봅니다. 이렇게 자신과 마주하면 인간으로, 정치인으로 어떻게 살 것인지 그 답을 구체화하게 됩니다. 소명이라는 종교 용어를 쓰자면 나의 소명은 무엇인가, 나의 쓰임은 무엇인가를 확인하고 정리하게 됩니다.

## 감옥에서 받은 편지

**정여울** 아마 감옥에서 국민에게 가장 많은 편지를 받고 있는 정치인이 아닐까 상상해봅니다. 감옥에서 받은 편지 중 감동적인 내용을 소개해주세요.

**조국** 수많은 분께 편지를 받았습니다. 원래 제가 알던 친구,

동지, 지인도 보내주지만 개인적으로 만난 적 없는 수많은 국민도 편지를 보내줍니다. 2019년 법무부장관 후보 지명 이후부터 2024년 저의 입감까지 약 6년의 세월 중 각자 다른 순간을 기억하고 중시하면서 위로와 격려를 보내줍니다. 저를 언론 보도로 알게 된 분, 저의 책이나 글로 알게 된 분, 저의 정치활동으로 알게 된 분 등 다양합니다. 나이, 성별, 직업, 지역 등도 다 다르고요. 국내뿐 아니라 국외에서도 꾸준히 편지를 보내줍니다. 이 자리를 빌려 깊은 감사 인사를 드립니다. 그리고 답신을 할 수 없었다는 것에 양해를 구합니다.

이러한 편지 중 어느 분의 것을 소개해야 할지 고민스럽습니다. 모두 소중하니까요. 그중 몇 분의 편지를 소개하겠습니다.

첫 번째 분은 기업을 운영하는 분입니다. 검찰 조사를 받은 후 영장이 발부되어 구속되었다가 보석으로 석방되었는데, 1심 재판 선고를 받고 다시 구속되었다고 합니다. 이후 항소심에서 모두 무죄를 받고 대법원에서 확정되었답니다. 그 과정에서 겪은 고통을 적으면서 그는 검찰개혁과 사법개혁의 필요성을 역설했습니다.

두 번째 분은 유죄판결을 받은 동생의 상황을 적으면서 다음과 같이 말했습니다. "대한민국에서 검찰의 기소는 곧 유죄입니다. 검찰이 기소하면 판사도 유죄 추정의 색안경을 씁니다. 왜냐면 그들 집단은 무오류여야 하기 때문입니다." 그분의 사연이 남의 일 같지 않았습니다.

세 번째 분은 1965년생으로 저와 동갑인데 산업현장 노동자로 일하는 시민입니다. 어려운 환경에서 태어나 중학교 졸업 후 공고에 진학했고, 제가 대학에 들어간 1982년 공고를 졸업한 뒤 산업현장에 들어가 현재까지도 현장에서 일하는 분입니다. 저와는 성장배경과 경로가 판이한 분이지요. 그분은 장문의 친필 편지를 여러 번이나 보내주었습니다. 정직한 노동으로 주거를 월세로 시작해 전세를 거쳐 자기 소유로 바꿔 나간 일, 대학을 졸업한 그리고 곧 졸업할 두 자식의 취업이 어렵다는 점 등을 토로하는 한편 계엄을 일으킨 세력과 계엄을 옹호하는 세력을 향한 분노를 표출했습니다. 그러면서 저에게 "우리는 서로가 서로에게 빚지고 있다"라며 정치인의 역할을 제대로 해달라고 당부했습니다. 가슴이 찡했습니다.

네 번째 분은 저의 서면 인터뷰와 언론 기고 등에 달린 댓글을 100개씩 정리하고, 제가 관심을 보일 듯한 정치·사회 이슈를 요약해 보내줍니다. 그러면서 꼭 말미末尾에 시 한 편을 곁들입니다. 매번 아름다운 풍광이 담긴 사진도 동봉하고요. 그중 캐나다 시인 오리아 마운틴 드리머Oriah Mountain Dreamer의 〈초대The Invitation〉라는 시 일부를 소개하고 싶습니다.

> 당신이 누구를 아는가, 어떻게 이곳에 왔는가,
> 내게는 중요하지 않습니다.
> 내가 알고 싶은 것은
> 당신이 불길 한가운데서 나와 함께 설 수 있는 사람인가,
> 뒤로 물러서지 않을 사람인가입니다.
>
> (……)
>
> 다른 모든 것이 무너져 사라져도
> 무엇이 당신의 내면을 지탱하고 있는가.[11]

## 변한 것과 변하지 않은 것

> **정여울** 20대 후반인 1993년 국가보안법 위반으로 5개월 정도 서울구치소에 수감된 것으로 알고 있습니다. 감옥에 갇힌 1993년과 2025년 사이에 변하지 않은 것은 무엇인가요?

**조국** 대학원생 시절 활동이 문제가 되어 경찰 대공분실에서 조사를 받고 수감되었다가 집행유예로 석방된 적이 있습니다. 국제앰네스티Amnesty International가 저를 '양심수'로 선정했지요. 대법원에서 확정한 것은 국가보안법 7조 위반으로 징역 1년, 집행유예 2년을 선고했지요. 추후 사면·복권되었습니다.

이번 투옥은 다들 알고 있듯 2019년 법무부장관 후보 지명 후 전개한 검찰 수사의 결과입니다. 직권남용, 청탁금지법 위반 등으로 유죄를 확정했는데 당시 윤석열 검찰총장이 지휘한 '인디언 기우제' 식 수사의 의도와 배경에 주목했으면 합니다.

서울구치소는 언론에 많이 나오는 대표적 교정시설입니다. 그런데 지은 지 오래되어 건물이나 시설이 상당히 노후화한 상태입니다. 그리고 과밀 수용이 심각합니다. 현재 150퍼센트를 넘은 것으로 압니다. 이런 상황에서 교정·교화는 연목구어緣木求魚입니다. 단지 가둬둘 뿐이지요. 교도관들의 근무 부담과 스트레스도 과중한 상태입니다. 다른 지역 상황도 유사합니다. 부지는 있으니 새로 지으면 되는데 예산확보가 힘듭니다. 국회든 정부든 교정 관련 예산은 항상 후순위로 미루거든요.

이후 서울남부교도소로 이송되었는데 독거실 크기는 작아졌으나 전반적으로 시설이 확실히 차이가 났습니다. 상대적으로 최신 시설인 광주교도소도가 그나마 괜찮다고 들었습니다. 교수 시절 제 전공이 형사법입니다.

　1993년과 2025년 사이에 30여 년의 간격이 있는데, 저의 관찰로는 변하지 않은 것이 있습니다. 수용자의 다수는 여전히 사회·경제적 취약계층이라는 점입니다. 지난 30여 년 동안 한국의 경제 수준은 엄청나게 높아져 선진국이 되었습니다. 그런데 그 선진의 혜택을 받지 못한 계급·계층이 엄연히 존재하고, 그 출신 사람들이 범죄를 범해 감옥에 들어오고 있습니다. 특히 재산 범죄와 폭력 범죄를 범한 사람이 많아 보입니다.

　현재 교정체제는 감금 위주로 운영되고 있습니다. 이러면 재범률이 높아질 수밖에 없습니다. 재범률이 높아진다는 것은 범죄피해자가 계속 생긴다는 것이지요. 한데 정치권이나 일반 국민은 교정체제 개혁에 예산이 들어가는 것을 못마땅하게 생각합니다. 수용밀도를 대폭 낮추고 각종 '사회내⒩ 처우'와 '사회복귀' 프로그램을 마련해야 합니다. 예산을 써야 합니다. 그래야 재범률이 떨어져 사회 전체가 안전해집니다.

　상세한 이야기는 줄이고 백범 김구 선생이 《백범일지》에서 갈파한 말씀으로 갈음하겠습니다.

> 후일 우리나라가 독립한 후 감옥 간수부터 대학교수의 자격으로 사용하고, 죄인을 죄인으로 보기보다는 국민의 일원으로 보아서 선을 지도하기에만 주력해야 하겠고, 일반 사회에서도 감옥살이한 자라고 멸시하지 말고 대학생의 자격으로 대우해야 감옥을 설치한 가치가 있겠다.[12]

　너무 이상적 이야기라고 생각할지도 모르겠습니다. 그러나 백범의 이러한 문제의식은 21세기 대한민국에도 소중합니다.

## 아무 말 없이, 오직 '승리'라는 단어만을 적다

**정여울** 대리기사님이 얼굴을 알아보고 요금을 받지 않고, 카페주인이 알아보고 쿠키 하나를 더 주기도 하는 등. 그런 따스하고 뭉클한 국민 한 사람 한 사람의 지지와 응원으로 느낀 점이 많을 것 같습니다.

요즘은 또 어떤 '뜻밖의 응원' 속에서 살아가고 있는지, 아직 언론이나 책에서 말하지 않은 한 사람 한 사람의 미담이 있다면 알려주세요. 독자들은 그런 에피소드를 통해 '뜻밖에도 우리와 아주 가까운 사람 조국'의 모습을 느끼고 좋아하는 것 같습니다.

**조국** 전직 국회의원과 정당 대표라서 수용 사실이 교도소 내에 널리 알려진 상태입니다. 교도관과 수용자 모두 친절하게 대해줍니다. 실은 독거실 위치가 일반 수용자와 접촉하기가 쉽지 않은 곳입니다. 변호인을 접견하거나 실외운동을 할 때 수용자들과 마주치는데, 그때마다 나지막이 "대표님, 수고 많으셨습니다" "대표님, 힘내십시오"라고 하는 분들이 있습니다. 특별히 찡했던 순간도 있습니다. 실외운동은 수용동과 수용동 사이 공간에서 합니다. 어느 날 제가 이 공간을 뛰면서 돌고 있는데, 1층 창살 안에 있는 사람 모습이 보였습니다. 그는 흰 종이 위에 '승리'라고 적고 제가 보라고 계속 서 있었습니다.

여기 있는 사람들이 어떤 죄목으로 재판받고 있는지, 어떤 죄목으로 유죄판결을 받았는지 저는 알지 못합니다. 고의범도 있을 것이고, 과실범도 있을 것입니다. 중범죄를 범한 사람도 있을 것이고, 가벼운 범죄를 범한 사람도 있을 것입니다. 죗값을 제대로 치르는 사람도 있을 것이고, 억울한 사람도 있을 것입니다. 그분들이 모두 건강하게 생활하다가 석방 후 새로운 출발을 하길 기원하고 있습니다. 오스카 와일드Oscar Wilde는 말했습니다. "모든 성인에게는 과거가 있고, 모든 죄인에게는 미래가 있다Every saint has a past, and every sinner has a future." 저도 한 명의 수용자로서 낮은 마음과 자세로 살고 있습니다.

## 상처받은 자의 승리

**정여울** 매번 '정여울 작가에게' 보낸 선생님의 손글씨 편지를 보며 이 책의 가장 중요한 원동력이 바로 그 정성스러운 손글씨 편지의 온기에서 우러나옴을 느낍니다. 제 이름이 박혀 있는 손글씨 편지를 볼 때마다 여전히 신기하고 벅찬 감동을 받습니다.

'승리'라는 글자를 종이에 써서 오래오래 서 있던 그 사람의 모습이 선연하게 떠올라 잠을 이루지 못했습니다. 승리라는 단어에는 조국이라는 한 사람을 향한 지지나 응원 차원을 넘어 우리 모두를 아우르는 커다란 힘이 있다는 생각이 들었습니다. 승리라는 한 단어에 우리가 꿈꾸는 모든 갈망을 투영할 수 있을 것만 같았습니다. 그 승리는 조국의 승리를 넘어 우리 모두의 승리라는 생각이 들어 더욱 벅찬 느낌으로 다가왔습니다.

어쩌면 그 승리 속에 투영할 수 있는 우리의 꿈은 민주주의의 승리, 깨어 있는 시민의 승리, 우리가 끝내 잃어서는 안 될 모든 믿음과 가치의 승리일지도 모릅니다. 또한 승리는 결코 패배할 수 없는 조국, 궁극적으로는 반드시 승리할 조국, 나아가 결코 포기할 수 없는 우리 모두의 눈부신 이상을 떠올리는 말이기도 했습니다.

　　선생님이 꿈꾸는 승리는 어떤 것인지, 승리라는 말이 불러일으키는 자유연상을 들어보고 싶어졌습니다.

**조국** 그 수용인이 정확히 무슨 이유로 '승리'라는 글자를 종이에 써서 저를 향해 들고 서 있었는지는 알지 못합니다. 그가 어떤 사람인지, 어떤 죄를 범하고 들어와 있는지도 알지 못합니다. 그렇지만 그 수용인도 국민의 한 사람이라는 것, 그가 저에게 보내려고 한 메시지가 2019년 이후 국민이 저에게 보내준 메시지와 일맥상통한다는 점은 분명합니다.

　2019년 이전 저는 '진보 지식인'으로 분류되었습니다. 그런데 제가 일상에서 접하는 사람의 다수는 엘리트, 상류층, 주류 계층이었습니다. 제가 남성이고 영남 출신이며 서울대를 졸업하고 미국 유학까지 한 사람이니까요.

　한데 2019년 '조국 사태' 이후 인간관계가 전면 바뀌었습니다. 제가 원래 잘 안다고 생각한 사람, 친분이 있다고 생각한 사람들이 썰물처럼 멀어져갔습니다. 《사기》의 저자 사마천의 말이 떠올랐습니다. "권세나 이익 때문에 사귄 경우에는 권세나 이익이 바닥나면 그 교제가 멀어지는 법이다."[13] 그들은 전화, 문자 등 어떠한 연락도 없었습니다. 그 빈자리를 다른 사람들이 채워주었습니다. 각각의 계층과 지역에서 평범하고 성실하게 살아가는 국민이었습니다. 대한민국은 엘리트 지배 사회가 아니라 민주주의 사회여야 함을 굳게 믿는 국민이었습니다. 각자 흠결과 한계가 있지만 극복하기 위해 노력하고, 타인의 흠결과 한계를 따뜻한 시선으로 바라보고 손을 내미는 국민이었습니다.

그분들도 그 수용자처럼 승리를 원하고 있었습니다. '조국의 승리'뿐 아니라 '우리의 승리'를 원했습니다. 2019년 서초동 검찰개혁 집회에 나와 거대한 '서초동 십자가'를 만든 시민들이 '조국 수호' 팻말을 들고 외쳤습니다. 이 '조국 수호'도 조국 개인에 대한 수호만은 아니었을 겁니다. 더불어민주당과 주요 시민사회단체는 이 집회에 참석을 거부했습니다.

저에게 승리의 의미는 단지 조국 개인의 부활이 아닙니다. 저에게 마음 한 조각을 준 국민의 승리여야 합니다. 그분은 수용자일 수도 있고, 노동 인권을 보장받지 못하는 노동계급일 수도 있으며, 미래가 불안한 MZ세대일 수도 있고, 차별받는 성소수자일 수도 있습니다.

저는 2024년 제22대 국회의원 선거 기간에 언론 인터뷰에서 '상처 입은 치유자'라는 개념을 사용한 적이 있습니다. 이는 상처받지 않은 삶을 산 사람보다 상처받은 사람이 타인과 세상을 치유하는 데 더 나은 치유자healer가 될 수 있다는 개념입니다. 조국이 추구하는 승리는 바로 이처럼 상처받은 자의 승리입니다.

: 불꽃 같은
  상처 입은 치유자

생
生

**나는 두렵지 않다. 나는 이것을 하기 위해 태어났다.**
— 잔 다르크 Jeanne d'Arc

## 가장 낮은 곳에서 맨몸으로 쓰는 책

**정여울** 2021년 《조국의 시간》을 출간하면서 "가족의 피에 펜을 찍어 써 내려가는 심정이었습니다. 그러나 꾹 참고 써야 했습니다"[14]라고 썼습니다. 2022년 《조국의 법고전 산책》을 쓸 때, 죽음 같은 고통을 견디며, "목에 칼을 찬 채"[15] 이 책을 썼다고 했습니다. 2025년 《조국의 함성》에는 "교수, 학자, 선비로서의 조국이 아니라 투사, 웅변가, 정치인으로서의 조국을 확인할 수 있을 것이다. 조국의 머리보다 가슴을, 지력智力보다 용력勇力을, 논리보다 직관을, 이성보다 감성을 느낄 수 있을 것이다"[16]라고 썼습니다. 지금 이 책은 이전과 집필 방식도, 집필 장소도, 집필 시기도 다릅니다. 이 책을 쓰는 지금의 마음은 어떤지요?

**조국** 언급한 책은 모두 어려운 시기에 썼습니다. 고통을 견디고 이겨내는 방법 중 하나가 집필이었습니다. 검찰의 표적 수사, 언론의 무차별 보도, 정치권의 공격이 끝없이 이어지는 상황에서 정신 줄을 놓지 않고 심지를 곧추세우기 위해 책을 썼습니다.

지금 진행하는 대담은 그때와 차이가 있습니다. 최종 확정판결이 나왔기에 검찰, 언론, 정치권의 공세는 거의 사라졌습니다. 이제 교수, 장관, 국회의원 같은 지위를 잃었습니다. 물론 저는 여전히 정치인이고 지금도, 앞으로도 정치를 할 것입니다. 그러나 갇혀 있는 지금, 저는 수인일 뿐입니다. 답변을 쓸 때 컴퓨터를 사용할 수 없고 인터넷 검색도 할 수 없습니다. 제 머릿속에 있는 것을 여기서 허용하는 수성펜과 편지지를 사용하여 적어

내려갑니다. 풍부한 답변은 어렵지만 진솔하고 간명한 답변을 하게 됩니다. 정치라는 마지막 소명을 가슴 깊이 간직하고 있기에 여러 지위 상실도, 유죄판결도 속 쓰리지 않습니다. 가장 낮은 곳에서 맨몸으로 이 책을 쓴다는 느낌입니다.

> **정여울** 글쓰기는 선생님의 인생에서 매우 중요한 부분을 차지하고 있는데요. 법학자, 교수, 민정수석비서관, 법무부 장관, 국회의원, 당 대표 등 다채로운 명함을 지녔음에도 '글쓰는 조국'만은 변하지 않았다는 생각이 듭니다. 또한 글쓰기는 선생님의 삶을 지탱해온 중요한 원동력이었을 듯합니다. 평생에 걸쳐 쌓아온 조국의 읽기와 쓰기는 이 책의 중심 주제이기도 하지요. 글을 쓰는 사람이 되고 싶다는 생각은 언제 처음 했는지요.

**조국** 청소년 시절, 좋아하는 작가들의 책을 읽으면서부터 글쓰기에 관심이 생겼습니다. 책을 읽을 때 감동과 재미를 느끼며 '나도 이런 글을 쓰고 싶다'라는 생각을 했지요. 그리고 학교에서 독후감 숙제를 내주면 소설, 수필, 시 등을 읽고 쓰면서 제 생각과 느낌을 적었습니다. 읽는 것도 중요하지만 그에 관해 쓰는 것을 병행하면 자신의 사고가 정리되고 발전합니다. 거창하게 긴 글을 쓰는 것이 아니라 책 어귀에 몇 자를 적는 것부터 시작하면 좋습니다. 이런 태도는 추후 글쓰기에 큰 도움을 줍니다.

12·3 비상계엄 직후 헌법 필사가 '힙'한 실천으로 받아들여지고 있던데 자신이 감동한 시구, 소설 속 문장 등을 공책에 적는 습관을 들이는 것도 글쓰기에 도움을 줄 것입니다.

**정여울** 글쓰기로 삶의 어려움을 어떻게 극복할 수 있는지도 함께 이야기해주면 더더욱 좋을 것 같습니다.

**조국** 삶의 어려움을 글쓰기만으로 극복할 수 있겠습니까. 삶의 어려움은 그 원인을 해결하려는 노력으로 해소할 수 있겠지요. 그렇지만 글쓰기로 자기 고통의 근원, 욕구의 뿌리 그리고 삶의 어려움 속에서도 놓칠 수 없는 것들을 정리한다면 삶의 어려움을 대면하고 극복하는 마음가짐을 갖출 수 있을 것입니다. 글을 쓰는 동안 삶의 어려움을 잊는 해방감도 느끼고요. 전 세계적 베스트셀러인《해리 포터Harry Potter》시리즈의 저자 조앤 롤링Joanne Rowling은 가난한 싱글맘이었을 때 카페에 앉아 글쓰기를 시작했습니다. 당시 그의 마음이 어땠을지 상상해보십시오. 물론 우리 모두가 롤링이 되지는 못합니다. 그러나 그 시절 롤링에게 글쓰기는 곧 구원이었을 것입니다.

## 성공의 진정한 의미, 내면의 행복

**정여울** '성공'에 관한 정의는 저마다 다르면서 같기도 하지요. 의식주를 얼마나 풍요롭게 누리느냐가 성공의 한 척도이기도 하고요. 성공을 어떻게 정의하느냐에 따라 인생의 지향점도, 가치관도 달라질 거란 생각이 듭니다. 선생님에게 '성공'이란 무엇인가요?

**조국** 생계 자체가 어려운 빈곤층에게 성공은 생계 걱정으로부터의 해방일 것입니다. 이 점에서 성공은 절대 빈곤을 벗어난 사람들을 전제로 정의해야 합니다. 통상 성공의 기준으로 드는 것은 지위 또는 재산입니다. 이를 두고 단지 속물적이라고 비난할 수는 없다고 생각합니다. 철저한 종교인이 아닌 한 지위 또는 재산에 대한 욕망을 버리고 살아가라고 요구하기는 힘든 일이겠지요.

그런데 지위가 높아지고 재산이 늘어나도 불행한 사람이 많습니다. 더 높은 지위, 더 많은 재산을 추구하는 데 급급한 사람도 많습니다. 지위나 재산이 성공의 기준이라면 국가기관이나 회사의 최상층이나 슈퍼리치가 되는 것만이 성공일 것입니다. 그렇게 될 수 있는 사람이 몇 명이나 되겠습니까?

이상의 관점에서 저는 성공했는지 확인하는 질문은 '당신은 행복한가'라고 봅니다. 이는 기본적 의식주 해결을 전제로 가족, 친구, 사회 속에서 인정받고 존중받는 존재 혹은 작더라도 의미 있는 역할을 하는 존재인지 묻는 질문입니다. 이런 존재가 되면 행복할 것이고, 행복하면 성공한 것입니다.

간혹 부자나 유명인이 극단적 선택을 하는 경우가 있습니다. 정확한 원인은 알 수 없지만 이는 돈이나 유명세가 행복을 보장하지 않는다는 것을 방증합니다. 도식적으로 말하자면 기본적 생계 해결이 먼저이고, 그다음이 행복입니다. 이 두 가지를 충족해야 성공이라 할 것입니다.

## 순한 사람, 무서운 사람

**정여울** 선생님의 삶에는 여러 가지 페르소나가 함께해왔습니다. 법학자 조국, 행정관료 조국(민정수석비서관, 법무부장관), 작가 조국, 정치인 조국 등 다양한 역할이 조국이라는 존재가 만들어진 기반일 텐데요. 그때마다 인생의 중점이 어떻게 변화해왔는지요. 저는 '순한 사람 조국'이 '투사 조국'으로 변신하는 과정에서 선생님의 마음 깊숙한 곳에서 우러나오는 용기의 힘을 느꼈습니다. 지금은 어떤 새로운 조국이 매일매일 만들어지고 있는지요.

**조국** 그 다양한 역할을 하는 조국은 하나의 조국입니다. 직업을 기준으로 보면 차례차례 이동했으나 사람은 하나 아니겠습니까. 2017년 이전까지는 법학자 조국입니다. 그때는 학자를 천직이자 소명이라 여기며 법학을 연구하면서 살았습니다. 자랑 하나 하겠습니다. 한국연구재단의 한국학술지인용색인Korea Citation Index, KCI 시스템에 따르면, 2004년부터 2015년 3월 30일까지 법학 연구 분야에서 제 논문이 가장 많이 인용되어 피인용 횟수 1위를 기록했습니다.

민정수석비서관, 법무부장관 조국은 학자 시절 꾸준히 주장해온 검찰개혁 등 국가 권력기관 개혁을 직접 감당해보겠다는 의지로 움직였습니다.

민정수석비서관 시절 공격을 많이 받았지만 성과는 있었습니다. 법무부장관으로 입각한 결정은 다 알다시피 멸문지화를 초래했습니다. 장관이 되어 검찰개혁을 완수하겠다는 꿈은 처절하게 무산되었습니다. 그리고 온 가족이 피의자, 피고인 신세로 전락해 법정에 서야 했습니다. 생물학적으로는 살아 있었지만 정치·사회적 생명은 끊어졌습니다. 비난과 조롱 속에서 저 자신을 추스르게 해준 것은 글쓰기의 힘입니다. 글을 쓰는 것은 누구도 막을 수 없으니까요. 글을 쓰는 순간만큼은 제가 주인이니까요. 글을 쓰는 동안에는 고통을 잊을 수 있으니까요. 그 과정에서 책 몇 권이 나왔습니다. 정치인 조국은 이상의 여러 조국이 합쳐진 것입니다.

법학자 조국에게는 연구의 엄밀함과 치밀함이 중심이었습니다. 사회 활동도 했지만 삶의 중심은 연구에 있었습니다. 민정수석비서관, 법무부장관 조국은 선출된 최고권력을 보좌하고 국정 과제를 수행하는 것이 중심이었습니다. 작가 조국은 글로만, 책으로만 국민과 소통할 수밖에 없는 고립자였지요. 현재의 조국, 즉 정치인 조국은 국민과 직접 소통하고 그 요청에 부응하면서 권력을 위임받아 세상을 바꾸는 데 모든 힘을 쏟습니다. 이는 지성과 논리만큼 또는 그 이상으로 감성과 용기가 필요한 분야입니다. 투사 조국을 느낀다면 다행입니다. 국민에게는 '순한 사람', 대한민국의 적 또는 국민의 적에게는 '무서운 사람'이 되고자 합니다.

## 조국 사태가 아닌 조국 사냥, 그 이후

**정여울** 정치인으로 변신하게 된 결정적 사건은 무엇인가요?

**조국** 2019년 법무부장관 후보로 지명된 후 벌어진 '조국 사태'입니다. 당시 검찰개혁과 '조국 수호'를 외치는 시민들이 서초동 사거리를 가득 채웠지요. 반면 주요 대학 캠퍼스에서는 '조국 사퇴'를 외치는 집회가 열렸습니다. 제가 한편에서는 검찰개혁의 상징으로, 반대편에서는 불공정의 상징으로 인식된 것이지요.

> **정여울** 그로부터 6년이 흘렀는데 당사자로서 '조국 사태'를 어떻게 보나요. 2019년 법무부장관 지명 후 수사 대상이 되고 재판을 받을 때까지 여러 번 대국민 사과를 했습니다. 유죄판결 확정 뒤에는 수용한다는 의사를 밝혔고요. 그렇지만 법정에서 강하게 무죄를 주장한 이유를 들려줄 수 있을까요?

**조국** 몇 가지 팩트를 체크한 후 답변하겠습니다. 먼저 제가 법무부장관 후보로 지명되었을 때 언론은 이를 집중 보도했고, 당시 윤석열 검찰총장이 내세운 조국 불가론의 근거는 사모펀드였습니다. 그런데 저는 사모펀드로는 수사도 기소도 받지 않았습니다. 배우자 정경심 교수도 사모펀드 건은 무죄판결을 받았습니다. 검찰도 수사를 진행하면서 사모펀드로는 저를 잡지 못한다는 걸 알았을 것입니다.

그러자 자식들의 인턴 증명서와 딸이 받은 동양대 표창장을 파고들었습니다. 저는 이와 관련해 여러 차례 사과했습니다. 〈세상을 바꾸는 시민언론 민들레〉의 고일석 에디터는 사과 횟수를 모두 세어 총 열세 번 사과했다는 기사를 쓰기도 했습니다. 인턴 활동의 실제 시간과 증명서에 기재된 시간 사이에 차이가 있다는 점에 관해 공직자로서 사과하고 도의적·법적 책임을 져야 한다고 생각했습니다. 주변 친구·지인 들과 입시전문가들은 이 수사를 지휘하는 검사들의 자녀부터 윤석열 정부 장관들의 자녀, 국민의힘 정치인들의 자녀까지 이들의 생활기록부에 기재된 인턴 활동을 다 조사해야 한다고 열변을 토하더군요. 동양대 표창장의 경우 발급권자인 최성해 총장의 발언이 공개되었는데 저를 맹비난하며 "조국이 대통령 되면 나라 망한다. 학교를 위해 조국과 세게 붙었다"라고 했더군요.

이 두 가지 외에 딸이 3학기 장학금 총 600만 원을 받은 것을 두고 왜 제가 청탁금지법 위반을 했다고 보는지, 민정수석비서관으로서 감찰 불능 상태를 보고받고 감찰 종료를 결정한 뒤 사직 처리로 매듭짓기로 한 것이 왜 직권남용인지 이해가 가지 않았습니다. 법정에서 무죄를 주장하지 않을 수 없었습니다.

청탁금지법은 공직자의 배우자를 규율 대상으로 하며 처벌 규정이 없습니다. 공직자의 자식은 아예 규율 대상도 아닙니다. 그럼에도 불구하고 법원은 '자식의 독립생계 여부'라는 기준을 만들어 유죄판단을 했습니다. 이는 법원의 권한을 넘어선 '법창설法創設'이라고 생각합니다.

청와대 특별감찰반의 감찰 대상(유재수)이 감찰을 거부하고 잠적한 상태에서 의견을 두루 듣고 사직 처리를 결정한 것이 직권남용죄가 된다는 것도 납득이 가지 않습니다. 청와대 특별감찰반은 강제 수사권이 없습니다. 1심 재판부가 판결문을 읽기 전에 내부 의견 차이가 있었음을 밝히기도 했지요.

이상을 대법원에서 파기하기를 바랐지만 헛된 희망이었습니다. 제가 대법원의 최종판결을 수용하고 이곳에 있음은 다 아실 테고요. 2019년 서초동 사거리에 모인 시민들은 당시 여러 가지 상황을 세세하게 알지 못했지만, 직감적으로 검찰 수사와 언론의 총공세가 뭔가 이상하다고 판단한 것입니다. 노무현 대통령이 비극적 선택을 하도록 몰아간 상황이 재현되고 있음을 우려한 것이지요. 대상자를 찍어놓고 파고 또 파고 털고 또 터는 전방위 표적 수사, 본인뿐 아니라 가족 전체를 치고 찌르면서 굴복과 자백을 강요하는 수사를 더 이상 용납할 수 없었던 겁니다.

2019년 당시 검찰 수사를 두고 유시민·김민웅 등은 검찰개혁에 저항하는 윤석열, 검찰개혁에 저항하는 '검찰 쿠데타'로 규정했습니다. 서초동에 모인 시민들은 윤석열 검찰총장이 행사하는 검찰권 오남용과 '사냥식 수사' '인디언 기우제 식 수사'에 분노했고요. 다시 말하지만 저는 '조국 사태'가 아니라 '조국 사냥'이라고 명명해야 한다고 봅니다. 2024년 12월 3일 이후 우리는 윤석열을 '내란 우두머리'라고 부르고 있지만 '윤석열의 난亂'은 2019년에 이미 시작되었습니다.

## 약관의 정치와 이순의 정치

> **정여울** 약관弱冠 때 바라본 정치와 이순耳順 때 참여하는 정치에 어떤 차이가 있는지 궁금합니다. 노동운동에 몸담았던 20대 시절의 정치와 지금의 현실 정치의 차이를 궁금해하는 사람이 많습니다. 20대 시절 청년 조국의 활동에 담긴 정치적 함의, 50대 이후 창당하고 현실 정치인으로 살아가면서 느낀 점은 무엇인지요.

**조국** 제 20대 전반기는 전두환 정권, 20대 후반기는 노태우 정권이었습니다. 각각 대학생, 대학원생으로 살았습니다. 당시엔 학생이건 지식인이건 '운동'을 한다고 했지 '정치'를 한다고 말하진 않았습니다. 전두환 정권하에서 정치는 없었다고 생각합니다. 물론 야당이 존재했지만 전두환 정권의 폭압으로 유명무실했습니다. 전두환 정권은 그저 타도 대상이었을 뿐입니다. 탄핵된 윤석열이 대통령 후보 시절 "전두환이 정치는 잘했다"

라고 발언했는데, 정말 기가 막히더군요. 그때부터 그가 이미 12·3 비상계엄의 싹을 키우고 있었다고 봅니다.

1987년 6월 항쟁으로 전두환 정권은 종식됩니다. 저의 고교 후배이자 대학 후배인 박종철의 죽음이 그 계기였지요. 저는 대학원생으로 명동거리를 뛰어다녔습니다. 그 감동과 흥분을 잊지 못합니다. 그런데 김영삼·김대중 단일화 무산으로 전두환의 동지이자 12·12 군사반란과 5·17 쿠데타의 주역인 노태우가 대통령으로 당선됩니다. 그때의 실망과 분노 역시 잊지 못합니다.

이렇듯 20대 시절에는 정치를 믿지 않았고 기대하지도 않았습니다. 제가 정치인이 되리라고는 상상조차 한 적이 없습니다. 2024년 조국혁신당을 창당하기 전까지는 어떤 당에도 가입한 적이 없었지요.

그런데 제가 정치의 논리와 중요성과 힘을 깨닫게 된 계기가 있었습니다. 3당 합당으로 집권한 김영삼의 군부 하나회 척결과 금융실명제 실시, DJP연합으로 집권한 김대중의 복지국가 및 IT 사회 기반 구축, 정몽준과의 단일화 수용(정몽준은 결과 수용 거부)으로 집권한 노무현의 친서민 정책 및 특권·반칙과의 투쟁 등입니다. 저는 연합에 기반한 집권, 집권을 바탕으로 한 비전과 정책 실천이 정치의 요체임을 깨달았습니다. 단, 저는 김영삼의 3당 합당은 받아들일 수 없었습니다. 전두환·노태우 등 군사반란, 국민학살 세력과 손을 잡은 것이니까요. 게다가 김영삼이 민주화운동의 동지였던 김대중을 향해 '용공容共' 공격을 한 것은 개탄스러웠습니다. 만약 김영삼 정부가 전두환·노태우 처벌 이후 사회·경제적 개혁을 성취했더라면 3당 합당은 면책받았을 수도 있을 겁니다. 그러나 1997년 경제 위기를 막지 못하고 추락했지요.

2024년 3월 3일 저는 조국혁신당을 창당하면서 현실 정치인이 되었습니다. 이후 일관성 있게 지켜온 원칙이 있습니다. 첫째, 어떠한 독재도 용납하지 않는다. 군부독재 정권은 끝났지만 검찰독재 정권이 위세를 부리고 있으니 비타협적으로 싸워야 한다. 둘째, 독재에 반대하는 세력과는 연대해야 한다. 이 점에서 소수지만 계엄 해제 표결에 참여한 국민의힘 의원들을 존경합니다.

제가 현실 정치인이 되면서 매일매일 느낀 점이 있습니다. 정치는 '선언'만이 아니라 '성과' 창출이어야 한다는 것입니다. 위대한 비전과 정책을 만들어 제시하는 동시에 한 걸음 진전을 이뤄내야 한다는 말입니다. 이 두 과제를 잘 결합해 수행하는 것이 정치인을 평가하는 지표라고 생각합니다.

감동의 순간은 여러 번 있었습니다. 신생 정당을 만들겠다고 선언했는데, 전국 곳곳에서 뜨겁게 성원하며 합류한 당원들의 모습에 감동했습니다. 거리에서 마주칠 때 주먹을 불끈 쥐면서 "잘 싸워주세요, 파이팅!" "힘내세요, 파이팅!"이라고 외치는 국민께도 감동했습니다. 잊지 못하며 잊지 않을 것입니다.

## 상처 입은 치유자

**정여울** 2024년 제22대 국회의원 선거를 거쳐 조국은 '피고인'에서 '정치인'으로 바뀌었습니다. 신생 정당임에도 국민의 24.25퍼센트는 비례대표 투표에서 조국혁신당을 선택했습니다. 왜 국민은 1심과 2심에서 유죄판결을 받은 사람에게 정치적 성공 발판을 마련해주었을까요?

**조국** "3년은 너무 길다"로 대표적 상징성을 부각한 조국혁신당의 선명성이나 당시 더불어민주당의 공천 논란 등 정치적 이유가 아닌 다른 이유를 말하고 싶습니다. 조국혁신당에 한 표를 준 유권자 중 저의 형사사건을 모르는 사람은 없었을 것입니다. 2019년 법무부장관 지명 이후 수사·기소·재판 과정을 수없이 보도했으니까요. 24.25퍼센트의 유권자 687만 4,278명은 저의 흠결, 한계, 과오를 알면서 표를 주었다고 봅니다. 왜 그랬을까요?

윤석열 검찰총장이 지휘한 조국 수사의 정치적 의도를 간파한 것입니다. 그 수사의 과도함과 난폭함을 직시한 것입니다. 과오를 초과하는 제재는 정당하지 않다고 판단한 것입니다. 비례성의 원칙이라는 헌법의 대원칙을 위배하고 있음을 직감한 것입니다. 윤석열 검찰총장의 검찰권 오남용과 그의 국정농단이 연결되어 있다고 파악한 것입니다. 2019년 서초동에 거대한 촛불 십자가를 만든 시민들의 마음이 2024년까지 이어진 것입니다. 그리하여 조국에게 정치적 기회를 주어야 한다고 판단한 것입니다. 현명한 국민은 사람과 세상을 법률적 잣대로만 판단하지 않습니다. 법률적 판단을 고려하면서도 그것을 넘어서는 정치적 판단, 인간적 선택을 합니다. 국민은 '법률주의legalism'에 함몰되지 않습니다.

저는 완전무결한 사람이 아닙니다. 한계도 있고 흠결도 있습니다. 저는 이를 진솔하게 인정하면서 제가 해야 할 과제를 제시했고, 해내겠다는 의지와 용기를 드러냈습니다. 이것이 국민의 마음을 얻은 진짜 이유라고 생각합니다.

## 심장에 새기는 문구

**정여울** 정치인으로 변신한 이후 모토로 삼는 문구는 어떤 것인가요?

**조국** 학자·교수·정치인은 그 기능과 역할이 확연히 다릅니다. 정치에 투신하기 이전부터 알고 있었고 정치를 결심한 이후 항상 마음에 새기는 문구가 몇 개 있습니다.

첫째, 현대 현실주의 정치학의 비조鼻祖로 불리는 니콜로 마키아벨리Niccolò Machiavelli가 《군주론Il Principe》 맨 앞에서 한 말입니다. "국가의 지도를 그리는 자들은 산이나 다른 높은 곳의 모습을 파악하기 위해서는 아래로 내려가고 낮은 곳의 모습을 파악하기 위해서는 산 위로 올라가"[17]야 한다. 여러 가지로 해석할 수 있는 말이지만 저는 이상과 현실의 조화, 정치인과 대중의 상호작용이 필요함을 강조하는 말로 읽었습니다.

둘째, 막스 베버Max Weber가 《직업으로서의 정치Politik als Beruf》에서 구분한 '신념 윤리'와 '책임 윤리'의 차이입니다. 지식인·학자·교수는 전자에 중점을 두고 정치인은 후자에 기초해 움직여야 합니다. 자신의 신조와 사상을 지키는 것보다 현실에서 의미 있는 변화를 이뤄내야 하니까요.

셋째, 김대중 대통령이 수시로 강조한 것으로 '서생적 문제의식'과 '상인적 현실감각'을 함께 지녀야 한다는 것입니다. 이는 베버의 말과 일맥상통합니다. 특히 저는 서생 출신이라 상인이 되려고 노력합니다. 김대중 대통령은 《김대중 육성 회고록》에서 김구 선생을 위대한 애국자지만 정치인으로서는 문제가 있다고 평가했습니다. 신탁통치 찬반으로 나라가 둘로 갈라졌을 때 신탁통치를 받아 3년에서 5년 후 독립하는 안을 선택하거나, 신탁통치를 못 받겠다면 단독 정부 수립 시 참여해 대통령이 되는 길을 선택했어야 했다는 것입니다. 만약 후자를 선택했다면 이승만이 대통령이 되지는 않았을 것이라고 보았습니다.

넷째, 유시민 작가가 《청춘의 독서》에서 사마천의 《사기》를 평하며 했던 말입니다. "정치는 짐승의 비천함을 감수하면서 야수적 탐욕과 싸워 성인의 고귀함을 이루는"[18] 일이라는 표현입니다. 정치 영역은 욕망, 시기, 적대로 가득한 곳입니다. 이 판에서 성인으로 살 수는 없습니다. 저는 몸을 던지고 뛰고 싸우면서 시대가 요구하는 개혁을 이루고자 합니다.

## 오만과 편견

**정여울** "편견은 내가 다른 사람을 사랑하지 못하게 만들고, 오만은 다른 사람이 나를 사랑할 수 없게 만든다."[19] 제인 오스틴Jane Austen의 《오만과 편견Pride and Prejudice》에 나오는 이 구절을 참 좋아하는데요. 오만과 편견을 줄이기 위해 우리는 어떤 노력을 해야 할까요?

**조국** 오만은 자신의 능력, 자질, 식견, 경험 등이 타인보다 우월하다는 인식과 그에 기초한 독선적이고 거만한 언동을 뜻합니다. 오만은 타인의 의견을 경청하지 못하게 만들고, 타인의 경험을 배우지 못하게 만들며, 타인에게 불쾌감을 던져주지요. 결국 본인에게 손해를 안겨줍니다. 오만을 줄이기 위해서는 먼저 타인에 대한 존중이 필요합니다. 공자孔子 말씀 중에 "세 사람이 길을 가면 그중에 반드시 나의 스승이 있다"[20]라는 것이 있지 않습니까. 누구에게든 배울 것이 있다고 인식해야 오만을 줄일 수 있습니다.

편견은 자신의 관점, 시각, 문화 등과 다른 생각이나 행위를 하는 타인이 틀렸다고 단정하고 유무형의 견제와 비난을 가하는 것을 말합니다. 오만이 '너는 못났다'라는 것이라면, 편견은 '너는 나쁘다, 너는 틀렸다'라는 것입니다. 편견은 이해 부족 또는 이해하려는 노력 부족에서 발생합니다. 외국인·성소수자·장애인 등 소수자에 대한 편견, 특정 종교인이나 특정 지역 출신에 대한 편견이 대표적입니다. 편견을 줄이는 길은 편견 대상과 직간접적으로 접촉하고 그들의 인식, 사고, 행동 양식을 이해하는 데 있습니다.

### 살아 있는 안티고네

**정여울** 이번에 《조국의 법고전 산책》을 다시 읽으며 '안티고네' 부분에서 가장 큰 감동을 받았습니다. 지금 선생님이 우리 사회의 '살아 있는 안티고네' 역할을 하는 게 아닌가 하는 생각이 들었어요. 안티고네의 마음과 선생님 마음의 공통점, 안티고네를 넘어 '조국의 선택'의 다른점 그리고 선생님이 생각하는 '나, 조국의 역할과 책임'에 관한 심경 변화를 편안하게 들려주면 좋겠습니다.

**조국** 과한 평가입니다. 안티고네는 왕의 법보다 신의 법이 우위에 있음을 주장하며 부당한 왕의 법 준수를 정면으로 거부한 끝에 죽습니다. 이는 '시민불복종'의 모태라 할 수 있는 실천이었습니다.

제가 법학을 본격적으로 공부하기 시작한 대학원생 시절, 소포클레스Sophocles의 《안티고네Ἀντιγόνη》를 처음 접하고 전율을 느꼈습니다. 당시 법대에는 '존재하는 실정법률은 정당하니 아무 말 말고 지키면 된다' '법해석의 최종 권위인 판례는 의문을 제기하지 말고 따르면 된다'라는 분위기가 만연해 있었거든요. 어쩌면 여전히 그럴지 모릅니다.

저는 실정법률과 판례가 신성불가침이거나 무오류라고 생각하지 않습니다. 당장 헌법정신에 부합하는지 따져보아야 합니다. 헌법재판소가 합헌이라 결정했어도 국제인권법 관점에서 정당한지 검토해야 합니다. 예컨대, 간통죄는 오랫동안 합헌이었으나 그 역기능을 두고 비판이 많았습니다. 사실적시 명예훼손이 되는 표현의 자유를 침해하는 악법이며, 노동자의 파업을 무작정 처벌하는 업무방해죄도 악법입니다.

법해석과 적용에서도 법조 엘리트의 시각이 아니라, 우리 사회를 살아가는 일반 시민의 경험과 관행을 존중해야 합니다. 그렇지 않으면 법의 지배rule of law는 '법률가 통치체제'가 되고 맙니다. 법률과 판례를 존중하라는 요구는 정당하지만, 그것의 한계를 비판하는 것과 개선 노력을 봉쇄하면 법의 지배는 있는 법을 무조건 지키라는 '법률주의legalism'로 위축되고 맙니다.

## 인간 조국으로 석방된다면

**정여울** 감옥에서 나오면 가장 먼저 하고 싶은 것이 무엇인지 묻고 싶습니다. 정치인 조국이 아니라 '인간 조국'으로서 가장 먼저 하고 싶은 일은 무엇인지요.

**조국** 뜨거운 물 목욕입니다. 감옥에서는 겨울에 주 1회 온수 샤워를 허용하고, 여름에는 온수가 나오지 않습니다. 가족과 식사를 하고 벗과 동지와 술 한잔해야겠지요. 그런 후 고향 부산에 가서 어머니에게 인사드리고, 선산에 가서 선친 등 조상님에게 절을 올려야지요.

**정여울** 어린 시절부터 아주 열정적인 야구팬이라고 들었는데요. 야구를 사랑하는 사람, 조국의 이야기도 무척 궁금합니다.

**조국** 최동원 선수가 초등학교(부산 구덕초등학교) 선배입니다. 그때부터 그분이 공 던지는 것을 보면서 자랐지요. 그의 이름이 새겨진 자이언츠 야구복 상의를 지금도 간직하고 있습니다. 최 선수 어머니가 제 동생의 담임 선생님이기도 했습니다. 프로야구 출현 이전에는 고교야구가 큰 인기였는데 최동원 선수의 인기는 대단했지요. 프로야구 선수로서 그의 활약은 야구팬이라면 누구나 다 아는 이야기일 것이고요. 1980년 롯데 대 삼성 한국시리즈에서 보여준 그의 헌신적 투구는 지금도 기억이 생생합니다. 최동원 선수는 야구선수로서 최고였다는 점 외에 선수협의회 조직을 주도해 '스타'가 아닌 선수들의 인권을 챙기려 했고, 그 이유로 프로야구 구단의 미움을 받아 방출되었다는 것을 기억해야 합니다. 개인 차원의 추론이지만, 최 선수가 병을 얻은 이유 중 하나도 이 시기의 스트레스 때문이라고 봅니다. 그는 진정한 거인이었습니다. 석방되면 자이언츠 모자를 챙겨 쓰고 사직구장에 가고 싶습니다.

## 아름답게 나이 들어간다는 것

**정여울** 조국 선생님이 회갑을 맞았다고 하니 주변 사람들이 많이 놀랍니다. 다들 조국 선생님을 원래 연세보다 훨씬 젊게 본 것이지요. 매일 새롭게 살아가는 모습이 참 보기 좋지만, 그래도 60대라는 나이를 생각하면 떠오르는 이미지가 있지 않을까 싶습니다. '나이 들어감'을 어떻게 생각하는지요. 아름답게 나이 들어가려는 밑그림이 있는지도 궁금합니다.

**조국** 젊게 봐주어 감사합니다. 2019년 이후 많은 시련을 겪었는데, 다행히 지금까지 신체 기능에 이상이 없고 복용하는 약도 없는지라 조상의 음덕이라 여깁니다. 사실 제 동년배 남성들은 직장에서 은퇴했거나 은퇴를 준비 중인 경우가 많습니다. 그런데 저는 정치인으로 새롭게 활동을 전개했던지라 활기를 느끼는 모양입니다. 물론 노화는 필연적입니다. 흰머리도 점점 늘어가고 있고 이전보다 체력도 떨어집니다. 그러나 저는 제 나이를 의식하며 살지 않습니다. 나이가 들어가는 것을 편안하게 받아들인다고나 할까요?

2019년 이후 계속된 시련의 시간을 제외하면, 저는 50대가 40대보다 좋고 40대가 30대보다 좋았습니다. 나이 들수록 저 자신과 다른 사람, 세상을 더 많이 더 깊이 알아가는 것 같기 때문입니다. 복합성과 다층성을 이해하는 깊이가 깊어지는 느낌입니다. 그리고 저는 나이 들었다고 내세우기보다 새로운 것을 탐구하고 배우기를 좋아합니다. 올해 예순 살이 되었는데 60대에도 그럴 것 같습니다. 영어식 표현을 쓰자면 'sixty years old'가 아니라 'sixty years young'으로 살 것입니다.

**정여울** 2023년 저와 만나 이렇게 이야기한 적이 있습니다. 가족 모임에서 한 얘기라고 했지요. 앞으로 힘든 나날이 닥치겠지만 그래도 너희는 "각자의 자리에서 행복하게 살아야 한다"라고 했다는 말에 뭉클했습니다. 가족의 가치가 무너져가는 시대에, 가족의 삶을 지켜내기 위해 분투하는 사람들에게 울림을 주는 메시지란 생각이 듭니다. 어떤 시련 속에서도, 아무리 어려운 일을 겪고 있어도, 그 안에서 '소박한 일상의 행복'을 찾는 몸부림만은 멈추지 않아야겠다는 생각도 했고요.

12·3 비상계엄 시절(아, 이제는 과거가 되어 얼마나 다행인지요) 저는 뉴스를 보는 일의 고통을 완화하기 위해 명문장 필사를 시작했습니다. 그때 제 마음을 단단히 여미도록 해준 문장은 바로 이것입니다. 프랑스 작가 크리스티앙 보뱅Christian Bobin의 문장이지요. "글쓰기란 넘을 수 없는 벽에 문을 그린 후, 그 문을 여는 것이다."**21** 《환희의 인간L'Homme-Joie》에서 이 문장을 읽었을 때 비로소 구원의 동아줄을 잡은 느낌이었어요. 환난 속에서도 글을 쓰자, 넘을 수 없는 벽에 문을 그려 그 문을 여는 글쓰기에 도전해보자고 결심했고 그렇게 《조국의 공부》 집필에 더욱 박차를 가할 수 있었습니다. 저에게도 읽기와 쓰기는 구원이었기에.

# 치유하는 공부

4

: 민주주의의
 성찰적 진보를 꿈꾸며

# 2009년 처음 만난 조국

작은 불꽃이 계속 타오르게 하라.
아무리 작더라도, 아무리 숨겨져도.
— 코맥 맥카시 Cormac McCarthy

## 노무현 이후, 한국 사회의 민주주의는 어디로 나아가는가

　노무현 대통령 서거 후, 제 마음을 한 번도 두드려본 적 없는 낯선 화두가 온몸을 돌아다니는 '담'처럼 혈관 곳곳을 맴돌았습니다. '민주주의'라니요. 누구도 해독할 수 없는 난해한 상형문자처럼 이 단어는 뇌리를 떠나지 않았습니다. 민주주의라는 이 닳고 닳은 낱말은 어느새 마음속 검색어 1위로 등극했지요. 민주주의가 그토록 혁명적 울림을 품은 낱말이라는 것을 처음 깨달았습니다. 그동안 역사의 상처를 셀 수 없이 망각하며 살아왔으므로, 이번에도 또 그 망각의 습관으로 안이하게 회귀해버릴까 봐 두려웠습니다. 민주주의나 정치 '따위'에는 아무 관심도 없던 제게는 주어지지 않은 '슬퍼할 권리'를 지닌 이들을 질투해보기도 하고, 그의 죽음 앞에서 목 놓아 우는 사람들을 남몰래 부러워해보기도 했습니다. 어떤 논리로도 합리화할 수 없는 옹색한 부끄러움을 끌어안고 허둥대다가, 그 기약 없는 번민의 소용돌이를 잠시 멈춰줄 출구를 찾았지요. 민주주의를, 저처럼 '급작스럽게'가 아니라 오래전부터 고민해온 사람들의 이야기, 그중에서도 민주주의를 '제가 이해할 수 있는 언어'로 이야기하는 사람들을 찾기 시작한 것입니다. 그 과정에서 조국 선생님의 책 《성찰하는 진보》와 《보노보 찬가》를 만났습니다.

　혼자 질문하고 혼자 대답해왔던 저는 어느 순간 자문자답의 자폐적 게임에 지쳐버린 저 자신을 발견했습니다. 말들의 카오스 속에서 도대체 어떤 말에 귀를 기울여야 할지 모르는 정체불명의 이명耳鳴 상태가 계속 이어졌지요. 그런데 선생님의 책에는 명쾌하고 논리적인 법률가의 언어 위에 마치 잔치국수에 올라앉은 오색 고명이나 비빔밥에 포개진 고추장처럼 각종 소설과 영화, 시 한 구절이 자연스럽게 올라가 있었습니다. 이런 글을 쓰는 분이라면 '비논리적인' 혹은 '비법률적인' 제 질문도 받아줄 거라는 기대감이 샘솟았습니다. 민주주의를 닮고 닮은 정치가의 수사학이 아니라, 자기들끼리만 이해하는 법리적 용어가 아니라, 타인과 절박하게 소통하고자 하는 바람을 담아 이야기하는 사람들을 만나고 싶어졌습니다. 어쩌면 그의 글에서 느껴지는 '문학청년의 혐의'에 호기심이 발동했는지도 모릅니다. 2009년 7월 16일 오후 2시, 저는 그의 연구실을 방문했습니다.

그럼에도, 나는 좌파다!

나는 지역주의의 수혜 지역인 경상도 지방에서 남성으로 자라나서, 입시 경쟁의 승자가 되어 대학에 들어간 후 '미국 물'까지 먹고 돌아왔으며, 집값 비싼 강남 지역에 거주하면서 '학벌'의 정점이라는 대학에서 교수를 하고 있다. 카를 마르크스Karl Marx의 유명한 정식, "존재가 의식을 규정한다"에 따르면, 나는 지금 '숭미崇美 보수우파'로 활약하고 있어야 할 게다.

그런데 나는 사회적으로 반대 성향의 사람으로 분류되고 있으며, 나 자신도 그렇게 생각한다. 우리 사회가 신자유주의나 시장만능주의를 버리고 사회민주주의적 사회 운영 원리를 대폭 받아들여야 한다고 판단하고 행동하고 있기 때문일 것이다. (……) 다행히 세계적 차원에서 신자유주의는 '흘러간 옛 노래'가 되고 있다. 예컨대 미국 오바마 정부는 '부자 증세, 빈자 감세'를 통해 국민 복지 확대와 부의 재분배를 추진하고 있으며, 금융 규제를 강화하기 위해 고삐를 죄고 있다. 대표적 신자유주의자였던 프랑스 사로코지 대통령조차 노동자들에 대한 기업 이윤 분배, 단기 실업자에 대한 실업 급여 인상, 가족 수당 및 보육 수당 인상, 저소득 노동자 소득세 감면 등을 추진할 것이라고 밝힌 바 있다. (……) 설사 누가 나를 '좌파 부르주아'라고 부르며 폄훼할지라도, 나는 의식적으로 왼편에 서서 나의 존재에 대한 '배신'을 계속하고자 한다. 그럴 때 우리 사회도 겨우 '시중時中'을 찾을 수 있을 것이라고 믿기에.[1]

## 우리는 마음속에 저마다의 비석을 세우는 중이다

**정여울** 노무현 대통령 서거 후, 세계관 자체가 완전히 흔들렸다고 말하는 사람이 많습니다. 그 세계관의 격변에 깔려 있는 두 가지 대표적 정서가 있다면, 그것은 전대미문의 극단적 희망과 극단적 절망인 듯합니다. 맨몸으로 최고 자리까지 올라간 한 사람이 저토록 세상 끝까지 내몰릴 정도라면, 정말 이 사회가 갈 데까지 간 건 아닌가 하는 절망감이 그 한 축입니다. 반대로 극단적 희망은 엄청난 집단적 죄책감과 얽혀 있습니다. 바로 우리에게 저토록 아름다운 사람이 있었구나, 그런데 우리가 그를 지금까지 알아보지 못했구나, 협잡과 권모술수가 오히려 '정상적'인 정치판에서 고군분투한 한 사람이 있었다는 것만으로도 우리에겐 다시없는 행운이었구나, 이런 뒤늦은 '발견'의 감정인 것 같습니다. 이는 무엇보다 우리 사회가 오랫동안 잊고 있던 질문, '민주주의란 무엇인가'를 다시 생각하게 된 폭발적 계기였습니다. 선생님은 이런

| 분위기를 어떻게 보는지요.

**조국** 집단적 부채감이 지배적이지요. 고인 생전에는 진보 진영이든 보수 진영이든 가리지 않고 노무현 대통령을 비판하는 일이 범람했죠. 일단 진보 진영에서는 그 부채감이 매우 큽니다. 노무현 대통령을 비판한 진보 진영의 입장은 참여정부가 추진하는 것보다 훨씬 더 진보적인 정치를 해달라는 것이었어요. 노무현 정부가 민주주의의 최저선이라고 생각했던 것이지요. 그 최저선이 약화하는 것을 보면서 위기감을 느꼈던 거죠. 우리는 지금까지 일궈온 민주주의의 마지노선이 흔들리는 것을 목격해야 했고, 그의 죽음으로 집단적 애도 정국이 계속 이어지고 있습니다. 우리는 저마다 자기 마음속에 묘비를 만드는 중이지요. 저마다 자기만의 문구를 새긴 크고 작은 비석을 마음속에 세우고 있습니다.

그러나 이명박 정부를 비판하고 분노하는 정서가 높아진다고 해서 문제가 해결되는 것은 아닙니다. 이명박 정부에 반대하는 모든 사람이 한자리에 결집한다고 이 사태가 풀리지는 않지요. 이것은 참여정부 실패와 관련이 있습니다. 특히 참여정부 후반기의 실책들을 모두 '무화無化'하고 때늦은 노무현 예찬을 할 수는 없습니다. 참여정부가 더 잘해주었기를 바라는 마음은 변함없지요. 그저 모두 힘을 합쳐 '노무현으로 돌아가자'라는 식의 정서가 아니라, 노무현에게 배울 것은 배우고 버릴 것은 버려야 합니다. '안티MB' 정서만으로는 대중을 바꾸거나 그들의 감동을 끌어낼 수 없지요. 친노 세력이 일제히 결집할지라도, 가령 유시민 씨가 집권할지라도 지금 이 상태로는 문제를 해결할 수 없습니다. 우리 사회에 지금 '바보 노무현'이라는 거대한 화두가 던져진 셈입니다. '진정한 의미에서 바보 노무현을 상징하는 것은 무엇인가.' 그것을 지나간 역사에서 추출해야 하고 여전히 실현하지 못한 바보 노무현의 긍정적 측면을 계승하고 발전시켜야 합니다.

> **정여울** 이명박 정부 이후 '중세의 귀환'이라는 말이 나돌 정도로 현 정세를 두고 대중의 평가가 삼엄합니다. 특히 20~30대는 '민주주의의 갈증'을 한 번도 피부로 느껴본 적이 없는 세대라서 당혹감이 더욱 큰 것 같습니다. 민주주의를 태어날 때부터 자연스럽게 주어지는 것처럼 여기던 젊은 세대는 최근 용산 사태나 쌍용자동차 사태, 시청 광장 앞 촛불 군단을 향한 엄청난 탄압 등을 도저히 이해할 수 없는 것이지요. 마치 악몽의 시간 여행을 하는 느낌이라고들 합니다. 리영희 선생님이 현재 한국 사회가 '파시즘 초기 단계'에 진입했다고 본다고 언급했다가 화제가 된 적도 있지요.

**조국** 한국을 파쇼 정부로 규정하는 것은 과도합니다. 저는 이명박 정부를 선명한 신자유주의 우파 정부로 봅니다. 최근 '중도실용'을 외치고 있으나 정책의 근본은 신자유주의지요. 그들은 '잃어버린 10년'이라고 하지만, 우리에겐 김대중·노무현 정권이 이어진 10년이 아주 자연스럽게 민주주의의 성과를 향유하는 시기였던 셈입니다. 10년간 누려온 그 민주주의가 공기처럼 자연스럽게 느껴진 겁니다. 그게 당연하고 그걸 최소한이라고 생각했던 거예요.

이명박 정부를 향한 분노 때문에 수사적으로 '파쇼'라고 부를 수도 있겠으나 아직 완전한 파쇼라고 보기는 어렵지요. 정말 파쇼 정권이라면 이런 말을 하는 저도 감옥에 들어가야 하니까요. 다만 심각한 민주주의 후퇴가 우려스럽긴 합니다. 아무리 이명박 대통령이 싫어도 이명박 정부는 다수의 표를 획득한 정부고, 지금 이명박 대통령을 비판하는 사람들은 1년 전 이명박을 찍은 사람들입니다. 여기서 역설이 발생하지요. 민주주의 사회에서 국민이 자신의 선택을 후회하기 시작한 겁니다. 분명 내 선택인데 내가 왜 그때 이명박을 찍었을까, 왜 지금 이명박이 싫은가, 이런 문제가 발생한 것이지요.

> **정여울** '중도실용'이라는 다분히 허구적 담론의 실체가 이제 만천하에 드러나는 셈이네요.

**조국** 사람들은 참여정부의 경제적 실책을 만회할 인물을 찾고 있었습니다. 민주주의는 어느 정도 이뤘으니까 거기에 이명박이 '플러스알파'로 경제 발전을 이룰 거라고 기대했지요. 그런데 막상 뚜껑을 열자 이명박은 우리가 공기처럼 당연시하던 민주주의의 가치를 위협하는 존재란 걸 알게 되었습니다. 경제 번영도 마찬가지입니다. 이명박 정부의 경제적 성과는 특권층에게만 주어지는 혜택이라는 것을, 이제야 국민이 알게 된 것입니다.

> **정여울** 공기처럼 여기던 것이 막상 형편없이 무너지기 시작하자 민주주의의 호흡곤란증을 겪게 된 모양새입니다.

**조국** 미네르바 사건이 대표적이에요. 미네르바는 전기통신기본법으로 처벌을 받았지요. 40여 년 동안 한 번도 이 법률로 처벌한 사람이 없었는데 갑자기 그 법률을 동원해 미네르바를 처벌한 거예요. 미네르바를 감옥에 집어넣기 위해 지난 40년간 사문화한 법을 실행한 겁니다. 광우병 보도 관련 〈PD수첩〉 사건도 그렇지요. 정부를 비판하는 과정에서 오보가 있을 수도 있어요. 지금까지는 정정 보도나 사과 명령, 감봉이나 징계 같은 방식으로 문제를 해결해왔습니다. 그것이 정상적 민주주의지요. 그런데 〈PD수첩〉 사건은 정부를 비판했다는 이유만으로 갑자기 언론인을 감옥에 넣겠다고 작정한 것이지요. 아주 초보적이고 교과서적인 민주주의의 근간이 뿌리째 흔들린 것입니다.

**정여울** '유모차 부대'의 시위 수사도 마찬가지겠지요.

**조 국** 그렇지요. 무죄판결이 중요한 게 아닙니다. 미네르바도 일단 무죄판결을 받았지만 그 과정에서 받은 고통이 엄청났을 것입니다. 정부에서 노리는 것은 무죄판결 자체가 아니라 개개인이 그 재판 과정에서 심리적으로 위축되는 것이지요. 수사를 받느라 불려가고 구박받고 압력을 받으면 인간은 당연히 위축될 수밖에 없어요. 표현의 자유를 구속하는 냉각 효과, 정부는 바로 그걸 바라는 겁니다. '반대파는 일단 처벌한다'는 식의 본보기를 보임으로써 말이지요. 이는 대화와 소통 속에서 천천히 문제 해결로 나아가는 것이 아니라, 전형적 '제5공화국'식 처결입니다.

**정여울** 지금 상황이 제5공화국과 비슷한 정도인가요?

**조 국** 그 시대 직전으로 돌아가고 있는 것 같습니다. 물론 김대중·노무현 대통령 집권기에도 시위 진압은 있었지요. 하지만 양쪽이 부딪칠 때 서로 소통해서 타협하려는 꾸준한 노력을 기울였어요. 폴리스라인을 만들고, 경찰 내부 개혁을 시도하고, 규찰대도 두어 폭력 시위를 줄이려 했습니다. 참여정부 때도 죽창 시위가 있었고 돌도 던졌어요. 그러나 커다란 기조는 바로 '소통'이었습니다. 지난 10년간 국가권력과 시위대가 서로 조율하고 길을 찾는 과정에서 민주주의가 천천히 성숙해가고 있었지요. 이명박 정부는 지난 10년의 그 소중한 성과를 백지화하고 말았습니다. 아주 사소한 법률 일탈도 즉각 강력 진압으로 대처하는 식이었지요.

**정여울** 그 비극의 클라이맥스가 용산 참사였지요.

**조국** 사상 초유의 사태이지요. 노무현 정부 때도 시위에서 새총을 쐈습니다. 그래도 참사가 일어나지 않은 이유는 진압 전에 대표자들끼리 만나 대화하고 요구 조건을 물어보며 협상했기 때문입니다. 오랫동안 끈질기게 이야기하다 보면 신기하게도 분노가 가라앉습니다.

용산 사태 때는 점거하자마자 즉각 진압했습니다. 매트리스도 깔지 않고 경찰이 곧바로 진입해버린 겁니다. 더군다나 진압 책임자 김석기 씨는 진압 전문가도 아니었지요. 갈등을 해결하는 방식이 완전히 15년 정도 후퇴해 제5공화국 때로 회귀해버린 셈입니다. 심지어 노태우 정권 때도 이러진 않았습니다. 여소야대 정국이라 여당이 마음대로 힘을 쓰지 못했어요. 이명박 정부는 박정희 정권 정도까지는 아니어도 전두환식 문제 해결 방식으로 역행한 겁니다.

## 중도실용의 화려한 립서비스

**정여울** '중도실용'이라는 여당의 슬로건 자체가 오히려 갈등을 가속화하는 것 같습니다. 실제로는 경제적으로 사회적 약자를 배려하는 정책이 거의 눈에 띄지 않네요.

**조국** MB는 노골적으로 '비즈니스 프렌들리'한 정책을 펼치는 겁니다. 말하자면 대통령이 재래시장 상인들을 방문해 아무리 어묵을 많이 팔아줘 봤자, 혼자 50만 원어치를 먹겠어요? 대통령이 개인적으로 아무리 어묵을 팔아줘도 정책 기조는 바뀌지 않는다는 것이지요. 지금도 재래시장 상인들은 대형 할인마트 입점에 반대하는 투쟁을 끊임없이 벌입니다. 대형 할인마트가 입점하면 거의 모든 작은 가게가 문을 닫게 됩니다. 이문시장에서 어묵을 파는 상인들이 대통령에게 대형 할인마트 입점을 제한해달라고 하면, 대통령은 친절하고 자비롭게 어묵을 팔아주며 말하지요. "법률적으로 불가능합니다." 이렇게 대통령이 직접 어묵을 사 먹는 모습을 보여주며 대형업체 입점은 허용하고 재래시장은 개개인이 알아서 어묵이든 호떡이든 사 먹으면 된다는 식으로 나오는 겁니다.

**정여울** 대통령이 진심으로 그런 표리부동한 논리를 믿는 걸까요? 서민을 위한다면서 어떻게 대형 할인마트를 노골적으로 편드는지…….

**조국** 제가 보기엔 진심으로 믿는 겁니다. 청와대 참모진 회의에서 그랬다지요? 자신은 서민 출신인데 사람들이 몰라준다고. 대통령 스스로 자신이 서민 친화적이라고 확신하는 게 오히려 비극이지요. 이명박 대통령은 어려운 처지에서 자수성가한 인물이라 자신의 경험이 모든 것이라고 여기는 경향이 있어요. 그는 자기처럼 열심히 살고 기도도 굳세게 하면 성공할 수 있다고 생각합니다. 자기 경험 자체를 과잉 일반화하는 거예요. 정책은 분명 반서민적인데 립서비스로는 친서민적이라고 주장하지요.

OECD 국가에서는 대부분 대형 할인매장을 시간적·장소적·법률적으로 제한하고 있습니다. 반면 이명박 정부는 그런 '실질적인' 노력을 기울이지 않지요. 이명박 정부의 계급적 기반 자체가 대기업이고 비즈니스 프렌들리하니까요. 그는 자신은 독실한 장로니까, 착한 사람이니까, 어려운 사람들을 돕고 싶어 하는 사람이니까, 서민을 위한다는 감상을 토로합니다. '나도 옛날에 풀빵을 구웠다, 힘들어도 참으면 되고 열심히 살면 꼭 성공한다'라는 식으로 대중을 설득하려는 것이지요. 놀라운 역설입니다. 여기에 감동하는 사람이 있다는 게 더 큰 문제이지요.

> **정여울** 우리나라 국민의 여론은 정치인의 '인상비평'에 좌우되는 경향이 워낙 극심한 것 같습니다. '정치인에 대한 냉정한 평가'라는 것이 사실상 거의 이뤄지지 않는 듯합니다. '악수정치'라고도 하지요. 정치인과 악수 한 번 하면 마음이 뭉클해져 기존 신념을 헌신짝처럼 버리는 것을 말합니다.

**조국** 대통령이 아무리 자기랑 막걸리를 먹어주고 풀빵을 사주더라도 그런 것에 현혹되면 안 됩니다. 그 사람이 얼마나 착한지, 기도를 얼마나 열심히 하는지, 저는 관심 없습니다. 선거에서 대표자를 '뽑는다'라는 것의 의미가 얼마나 막중한지 고민해야 할 때입니다.

첫째로 정치란 특정 사회 공동체에 존재하는 제한적 자원을 어떤 절차에 따라 누구에게 분배하는가를 결정하는 일입니다. 그 권한을 가진 지가 정치가이지요. 그 사원이 바로 예산입니다. 우리의 세금이 어떻게 쓰이느냐 하는 결정적 문제를 다루는 것이 정치입니다.

둘째로 우리가 뽑은 대표자에게는 인사권이 주어집니다. 대통령이 청문회 없이 임명할 수 있는 일자리가 2,000~2,500개에 이릅니다. 엄청나지요. 내가 뽑은 자가 내가 낸 세금을 어디에 쓸 것인가, 어떤 사람을 데리고 나의 돈을 쓸 것인가, 바로 이런 문제를 아주 냉철하게 판단해야 하는 것이 투표입니다. 저는 우리가 이 문제를 신중하게 고민하지 못했기 때문에 민주주의의 위기가 온 것이라고 봅니다.

> **정여울** 그만큼 '누구를 뽑을 것인가'를 대체로 감성적 직관에 의존하는 경향이 컸지요. 사실 이명박 정부가 '경제를 살린다'라는 슬로건을 실현할 것이라는 기대 자체가 지나치게 낭만적 환상이 아닌가 싶습니다.

**조국** 자신의 선택을 책임지지 않는 한 민주주의는 요원하지요. 이명박 정부가 책임질 것이 있고, 진보 진영이 책임질 것이 있고, 대중 스스로가 책임져야 할 것이 있습니다. 대중도 '면책'은 안 됩니다. 이명박을 뽑은 사람들은 바로 대중이지요. 지금 이 순간에도 이명박 정부는 우리의 세금 몇조 원을, 그 어마어마한 예산을 굴리고 있습니다. 정치인을 선택할 때는 그런 현실주의적 감각이 필요합니다.

## '욕망의 정치'와 민주주의는 대립하는가

**정여울** 참 어려운 문제인데 결국 '지금 이 순간 우리가 무엇을 할 것인가'의 문제로 돌아오게 되네요.

**조국** 다들 청산유수처럼 이명박 정부를 비판하지만, 비판만으로는 대안이 될 수 없지요. '지금 무엇을 할 것인가'라는 문제에는 당장 대답하기 어렵습니다. 사실 저도 뭘 해야 하는지 모르겠어요……. 여론은 여전히 '안티MB' 상태에 머물러 있는 듯합니다. 우리가 도대체 뭘 해야 할지는 아직 모르겠습니다.

국민은 자신의 꿈을 실현하는 데 도움을 주고 현재의 고통을 줄여주길 정치인에게 바랍니다. 꿈과 고통의 함수 관계라고 할 수 있지요. 국민은 본능적으로 내 꿈을 이뤄주고 내 고통을 줄여줄 정치인을 선택하려 합니다. 현재는 국민과 정부 모두 딜레마 상태입니다. '안티MB' 정서가 높아졌지만 그 힘이 어떤 돌파구를 찾아야 할지, 국민의 힘을 어떤 쪽으로 분배해야 할지는 결정하지 못한 상황이지요.

노무현 대통령이 당선될 때는 그 힘의 분배가 선명하게 이뤄졌습니다. 사람들은 노무현에게서 희망을 봤고 자신의 이익을 기꺼이 포기하면서, 잠을 줄여가면서, 돼지저금통을 깨면서 노무현 당선에 일조했지요. 촛불시위도 마찬가지입니다. 대중의 엄청난 잠재력을 보여준 것이지요.

**정여울** 한국인의 촛불시위는 외국 언론의 주목도 많이 받았지요.

**조국** 한국인은 외국, 특히 미국인에 비해 정치에 엄청나게 관심이 많습니다. 어떤 나라보다 직접행동도 훨씬 더 많이 하지요. 다른 나라 같으면 전직 대통령이 죽었다고 이렇게까지 애도 인파가 수백만이나 몰려들지 않을 겁니다. 국민의 탈정치화를 우려하는 사람도 많지만 아직도 우리나라 국민은 정치에 관심이 높은 편이지요. 직접행동을 두려워하지 않는 시민들입니다. 그 시민들이 힘을 모아나갈 수 있도록 오피니언 리더들이 물꼬를 터주는 역할을 해야 합니다. 그런데 그 오피니언 리더들의 힘이 아직 모호하거나 추상적이라서 이런 상태가 계속되고 있는 것입니다.

> **정여울** 내 표를 줄 사람을 선택하는 기준이 예전과 많이 달라졌다는 생각이 듭니다. 이를테면 많은 사람이 '뉴타운 공약'을 적극 실현할 가능성을 보고 국회의원을 선택합니다. 실제로 정치 신인인 홍정욱 후보가 노회찬 후보를 누르고 극적으로 승리한 것도 '노원의 가치를 올리겠습니다'라는 식의 실용적 뉴타운 공약 때문이었던 것으로 알고 있습니다. 정치인을 바라보는 대중의 욕망 자체가 이렇게 달라졌고, 그 대가는 민주주의의 퇴보처럼 보이기도 합니다.

**조국** 우리 사회의 양극화는 지난 20년간 꾸준히 진행되었습니다. 전두환 정권 때만 해도 서울대에서 지방 학생들이 절반 이상을 차지했어요. 지금은 서울, 그것도 강남 지역 학생들의 서울대 입학 비율이 눈에 띄게 높아지고 있지요. 정치민주주의는 발전한 반면 경제적 양극화는 1997년 IMF 위기 이후 극도로 심화했습니다. 양극화는 이전부터 있었지만 IMF 위기가 이 양극화를 결정적으로 완성한 것이지요.

우파 정치 전략에서 뉴타운 공약을 내세우는 것은 좋은 선택이에요. 그들은 대중의 욕망을 건드리는 겁니다. '강남만 아파트값 올라가냐, 우리 강북도 올려보자'라는 식의 마인드가 먹히는 것이지요. 진보 진영에서 그런 대중의 욕망 자체를 비난하는 것은 문제가 있어요. 뉴타운 공약에 흔들리는 대중의 욕망을 속물주의라고 비판하는 것은 진보 진영의 계몽주의 혹은 엄숙주의의 연장이라고 봅니다. 대중의 욕망 자체를 도덕적으로 평가해버리면 대중은 오히려 자신들의 욕망을 부추기고 충족해주는 쪽으로 몰려가게 마련입니다.

대중의 욕망과 무관한 정치 전략을 구사하는 것은 자살골이지요. 대중의 욕망이 무엇인가를 알지 못하고 어떻게 정치를 합니까. 다만 '어떤 방식'으로 그 욕망을 실현할 것인지 이야기해야 합니다. 대중의 욕망을 비난할 게 아니라 그 욕망 밑에 깔린 대중의 심각한 '불안'을 직시해야 합니다. 강남 아파트값은 천정부지로 올라가는데 우리는 어떡하나, 강남 아이들은 영어를 그렇게 잘한다던데 우리 아이는 어떡하나, 전세가는 매년 오르는데 도대체 집은 언제 장만하나 같은 치명적 불안 말입니다. 이 불안을 모른 척 미뤄두면 진보 진영이 대중의 욕망에 어필할 수 없습니다. 대중의 이러한 욕망과 불안에 대답할 수 있는 구체적 정책을 내놓아야지요.

> **정여울** 대중이 뉴타운 공약에 열광하는 것은 '뉴타운'이라는 일종의 상징으로 '다른 이야기'를 하고 싶어 하는 것이라는 생각도 드네요.

**조국** 결국은 '어떻게 대중과 만날 것인가'라는 문제지요. 인간은 몸속에 욕망이 있는 존재입니다. 이 욕망을 외면하는 한 어떤 위대한 정치 철학도 통하지 않지요. 단순히 나만 잘 먹고 잘 살자는 식이 아닙니다. 가령 공교육이 활성화하면 좋겠지만, 허울뿐인 공교육 활성화를 믿다가는 내 아이만 망할 것 같은데 어떡하느냐는 것이지요. 결국 제도적 차원에서 이 욕망과 윤리의 딜레마를 해결해주지 않는 한 대중은 실용적 공약을 내놓는 쪽으로 쏠리게 마련입니다. 그런 측면에서 진보 진영의 사고는 여전히 추상적입니다. 장기적으로 공교육을 활성화해야 한다는 식의 추상적 사고에는 대중이 절대 감동하지 않습니다. 부모들은 내 아이가 3년 후 대학에 가야 하니 그 안에 문제를 해결해야 한다는 절박한 심정인 것이지요.

## 창조적 계급 배반 혹은 희망의 제도화

**정여울** 선생님의 저서 《보노보 찬가》에서 '계급 배반' 이야기가 특히 흥미로웠습니다. 조앤 롤링이 하버드대 강연에서 '지위와 영향력을 자기 목소리를 내지 못하는 사람들을 위해 사용할 것, 힘없는 사람들과 자신을 동일시할 것, 자신과 같은 혜택을 받지 못한 사람들의 삶을 상상할 수 있는 힘을 간직할 것' 등을 요청했지요. 이를 두고 선생님이 언급한 내용이 무척 흥미로웠는데요.

소설 하나로 세계 최고의 부자 반열에 오른 롤링이 '좌파'적 이야기까지 하니 아니꼬운 호사豪奢를 부린다고 반응하는 이도 있을 것이고, 하버드 졸업생은 결국은 미국과 세계의 '지배계급'의 구성원이 될 것인데 그런 훈계가 무슨 소용이 있겠느냐 라고 냉소하는 이도 있을 것이다. 그러나 한국 사회는 롤링 같은 부자나 진보와 인권을 위해 뛰는 하버드 졸업생 같은 젊은이들이 더 많이 필요하다. 이들을 비꼬기만 하며 아무 일도 하지 않거나 또는 내 이익에나 충실하자며 세상일에 관심을 끊는 사람보다는 이러한 '위선'과 '가식'을 실천에 옮기는 사람이 세상을 바꾸는 법이다.2

저는 이 부분이 한국 사회에서 가장 필요한 창조적 '계급 배반'이 아닐까 하는 생각을 했습니다.

**조국** 원래 계급 배반 정서는 모든 시대, 모든 계급에서 나타납니다. 그런데 우리 사회에서는 유난히 하층 계급 출신으로 자수성가한 사람들이 오히려 보수적 성향이 강합니다. 나는 나만의 노력으로, 내 개인의 힘으로 성공했다는 자부심이 보수적 성향으로 이어지는 것이지요. 슈퍼 엘리트 여성이 도리어 권위적이고 보수적 성향을 많이 보이기도 합니다. 반면 호의호식하며 잘 살아왔는데 좌파가 된 사람도 꽤 있지요. 그렇지만 개인적 계급 배반만으로 문제를 해결할 수는 없습니다. 이는 어떻게 개개인의 희망을 집단의 힘으로 제도화할 것인지의 문제입니다.

예를 들어 핀란드에는 사교육이 없습니다. 과외도 없어요. 그런데 한 달에 100만 원 이상 사교육비가 들어가는 우리나라 학생들과 영어·수학·과학 실력이 비슷합니다. 핀란드와 한국 학생들이 세계 1, 2위를 다투지요. 한국 학생들은 밤 11시까지 야자하고, 0교시도 있고, 주말에도 사교육을 하는데 핀란드는 과외가 아예 없고 순전히 공교육만으로 좋은 결과를 얻습니다. 핀란드 학생들은 학교 공부를 마치면 신나게 뛰어노는데 실력이 한국 학생들보다 나은 것입니다. 이게 이상한 겁니다.

우리도 핀란드처럼 진정 공교육을 활성화하면 사교육에 그렇게 돈을 들이지 않아도 되고, 아이들을 살인적 경쟁 시스템으로 몰아대지 않아도 되지 않을까요? '우리 애만 뒤떨어지면 어떡하지?'라는 개인 문제로 치부할 것이 아니라 '다 같이 잘할 수 있는' 공동 제도를 고민해야 합니다. 계급 배반을 개별적으로만 하면 이 무한경쟁 쳇바퀴에서 벗어날 수 없어요. 계급 배반을 집단·제도적으로 해야 합니다.

> **정여울** '행복의 제도화'를 좀 더 자세히 들려주면 어떨까요?

**조국** 우리 국민은 공적 집단행동에는 강합니다. 촛불시위처럼 강력한 직접행동을 이뤄내는 저력을 지니고 있지요. 술자리에서 정치인을 비판하는 것도 잘하지요. 그런데 촛불시위를 끝내고 집에 돌아오는 순간 기존의 소시민 시스템으로 아주 쉽게 회귀합니다. 거리에 나와서는 진보적 이야기를 하지만 집으로 돌아가면 자녀들 학원 보내느라 골머리를 앓고, 어떻게 하면 펀드나 주식으로 자산을 늘릴지에 골몰하지요.

이런 상황에서는 '행복의 제도화'를 기대할 수 없습니다. 지금처럼 불행이 제도화한 상황에서는 두 가지 선택지밖에 없어 보이지요. 첫 번째는 불행의 제도화를 잠시 망각하기 위해 종교생활을 하거나 취미 혹은 여흥을 즐기는 현실도피입니다. 두 번째는 불행의 제도화라는 현실에서 승리하기 위해 경쟁에서 이기는 거예요. 문제는 두 가지 모두 철저히 개인적 차원에 머문다는 점입니다.

'행복의 제도화'라는 것은 일상 시스템 자체를 바꾸는 거예요. 핀란드처럼 '진짜' 공교육만으로도 아이들이 높은 수준의 교육을 보장받고 방과 후에는 뛰놀 수 있게 만드는 것이지요. 이런 일상의 행복을 집단적으로 제도화하지 않으면 유시민 씨가 집권해도 우리는 행복해질 수 없어요. 정치민주주의를 회복하는 것뿐 아니라 개개인의 '욕망'을 제도·집단적으로 해결할 수 있는 일상 시스템을 만들지 못하면 어떤 대단한 정권이 집권해도 희망이 없다는 것이지요.

## 행복의 제도화를 위한 길

> **정여울** 참여정부 이후 우리 사회의 갈등 구조를 요약한다면, 결국 '민주주의와 자본주의의 갈등'이 아닐까 하는 생각이 들었습니다. 선생님은 《보노보 찬가》에서 독일 사회학자 울리히 벡Ulrich Beck의 저술을 인용했는데요.
>
> 역사적 경험에 귀 기울이지 않는 의사疑似 자유 민주주의자들 또는 가짜 자유 민주주의자들에게 우리는 이들이 우상화하는 시장근본주의가 민주주의의 문맹의 한 형태임을 주지시켜야 한다. (……) 오직 시장에만 의존하는 자는 누구든 민주주의를 파괴하며, 결국 이와 함께 시장경제 자체를 파괴해버리고 말 것이다. 오늘날 자본주의를 심각하게 위협하는 유일한 적은 오직 이윤만을 추구하는 자본주의 자체이다.[3]

> 결국 이명박 정부를 보며 느끼는 대중의 배신감이 이 부근에서 발원하는 게 아닐까 싶은데요. 민주주의를 파괴하는 자본주의의 역할을 '중도실용'이라는 가면으로 은폐하고 있는 것은 아닌가 싶기도 합니다.

**조국** 자본주의와 민주주의는 필연적으로 긴장 관계에 있습니다. 이것은 모든 자본주의 국가의 영속적 모순입니다. 자본주의의 기본 원리 자체가 강력한 힘이에요. 이 힘을 직시해야 하지요. 자본주의를 탈출하는 방법은 시장의 원리가 작동하지 않는 곳, 소규모 공동체나 생태 공동체 같은 곳으로 들어가는 길밖에 없는데 다수의 대중은 그런 삶을 택할 수 없습니다.

그런데 자본주의 사회는 본질적으로 정당한 교환, 공정한 교환 자체가 불가능합니다. 이상적 자본주의는 존재하지 않는 것이지요. 어느 사회에서나 노동과 자본은 공정하게 거래가 이뤄지지 않습니다. 그것은 강자와 약자의 불공정 교환이고 그 불공정성을 민주주의의 힘으로 민중의 직접행동으로 완화해가는 것입니다. 민주주의의 힘으로, 자본주의의 각종 교환을 부분적으로나마 공정화할 수 있는 것이지요.

자본의 효율이라는 논리로 보면 근로기준법이 존재하면 안 됩니다. 자본주의의 핵심에는 노동자의 단결을 막아야 한다는 원칙이 있습니다. 그래서 비정규직 노동자를 늘리고 '노동시장 유연화' 전략을 펴는 겁니다.

사자와 소를 풀어놓고 너희에게 '똑같은 법을 적용한다'며 내버려두면 사자가 소를 잡아먹고 맙니다. 사자는 사자대로 소는 소대로 살아가도록 시스템을 만들어주는 것이 민주주의입니다. 적어도 사자가 소를 잡아먹지 못하도록 하는 것, 그것이 민주주의의 역할이지요. 그만큼 민주주의의 역할은 매우 큽니다.

1987년 당시 저는 정치민주화의 핵심을 대통령 직선제라고 생각했어요. 지금은 잊혔지만 직선제가 엄청난 기여를 했습니다. 1987년 이전까지는 초·중·고 반장 선거도 직선이 아니었지요. 자녀가 공부를 잘하거나 집이 부자가 아니면 반장이 되기 힘들었어요. 대통령뿐 아니라 모든 사회 조직 전체가 직선제와 거리가 멀었던 겁니다.

직선제는 민주주의에 엄청난 기여를 했지만, 우리 사회의 민주주의는 그 민주주의 밑에 깔려 있는 자본주의 논리를 단 한 번도 건드리지 못했습니다. 소수의 진보파가 이 문제를 건드렸으나 이 사회는 꿈쩍도 하지 않았지요. 자본의 논리를 민주주의 관점에서 건드려본 적이 있나요? 그것은 김대중 대통령도 노무현 대통령도 하지 못했습니다. 다만 김대중 대통령과 노무현 대통령은 민주주의를 자본주의보다 우위에 놓았고, 이명박은 자본의 논리에 기초해 민주주의를 통제하려 작정했지요. 이명박은 민주주의보다 자본주의가 더 중요하다고 보는 겁니다. 그 차이가 이토록 엄청난 것이지요. 그 점에서 '민주주의의 민주주의화' '민주화 이후의 민주화' '절차적 민주주의를 넘어 실질적 민주주의' 같은 말을 쓰는데 지금 문제는 단순히 정치민주주의 회복이 아닙니다. 결국 근본적으로는 자본주의의 문제입니다.

> 입으로만 노동자는 하나라고 외치면 뭐 하냐. 가장 밑바닥에서 소외받고 고통당하는 비정규직을 나 몰라라 해서 어찌 민주노총이라 할 수 있냐. 지금 정규직이라고 천년만년 정규직 할 것 같나. 정규직이 비정규직과 손잡고 싸우지 않으면 얼마 못 가 정규직도 비정규직 신세가 되어 발목에 쇠사슬 차고 노예처럼 일하게 될 거다.[4]

**정여울** 프랑스 사회학자 피에르 부르디외Pierre Bourdieu가 대중을 상대로 한 설문조사의 이데올로기를 비판한 적이 있었지요. 대중은 '자신의 의견'이 아니라 객관식으로 정리한 답변 중 하나를 골라야 한다는 근원적 딜레마에 빠져 있다고요. 형식적 민주주의에서 1번부터 8번까지의 후보, 사실은 1번 아니면 2번인 선택지에서 고민하는 선거 풍토 자체도 그런 딜레마에 빠져 있다는 생각이 들었습니다. 그런데 최근 촛불시위 등으로 급부상한 '다중의 힘'이 이런 딜레마를 극복하고 있는 게 아닌가 싶어요. 그들이 먼저 담론을 구성하고 슬로건을 창조하면, 지식인들이 뒤늦게 그것을 분석하고 관찰하고 의미를 부여한다는 느낌도 드는데요. 이러한 '다중의 희망'을 어떻게 생각하나요?

**조국** 다중의 활동은 당연히 존중합니다. 하지만 단순히 촛불시위를 찬양하고 다중을 예찬한다고 좋은 사회가 오지는 않습니다. 촛불시위를 많이 하면 저절로 시스템이 좋아지는 게 아니지요. 다중의 욕망과 제도의 견고함 사이에는 엄청난 괴리가 있습니다. 선거로 뽑힌 국민의 대표자는 국회에 있고, 행정부의 대표자는 대통령인 상황에서 민의를 제대로 반영하지 못하고 있지요.

무엇보다 정당정치를 정상화해야 합니다. 촛불시위에 나오는 사람들의 구호가 정당정치로 잘 연결되지 않고 있습니다. 촛불시위의 요청을 제도화하려면 입법 과정을 거쳐야 합니다. 촛불시위의 요구를 제도화하기 위해서는 민의를 정당정치로 연결해야 하지요. 정당에 가입하라는 추상적 이야기가 아닙니다. 현재 시스템 자체가 공직선거법상 민의를 제대로 반영하지 못하도록 되어 있습니다.

소선거구제라 지역주의하에서는 무조건 한나라당이 당선되는 식인 것이지요. 예를 들어 득표율이 한나라당 51 대 민주당 49라고 해도, 한나라당이 당선되면 나머지 49퍼센트 의견은 휴지 조각이 되어버리는 겁니다. 사표가 되고 마는 것이지요. 이렇듯 지역주의가 철저한 시스템에서는 선거에 지면 많은 지지자의 소중한 표가 사표로 묻혀버립니다. 그래서 저는 하루빨리 중선거구제로 바뀌어야 한다고 생각합니다.

중선거구제에서는 3인 이상을 뽑습니다. 대구의 민주당 지지자든, 광주의 한나라당 지지자든, 그들의 표를 어떻게든 좀 더 실질적으로 반영해야 합니다. 만약 전국적으로 중선거구제를 실시하면 대중의 의식 상태와 의식 반영 비율이 비슷해질 것입니다.

지역주의가 강력한 상태에서 대의제로 자신의 의견을 관철하지 못하면 '정치허무주의'에 빠지거나 촛불시위 같은 직접행동을 할 수밖에 없지요. 대중은 정당정치가 아니라 거리정치에 호소하게 됩니다. 그런데 촛불시위를 매일 할 수는 없지 않습니까. 이는 소모전이 될 수밖에 없어요. 촛불시위 참가자들은 전문 운동가가 아니며 다들 직장이 있고 자신만의 자리가 있지요. 결국 촛불시위 항상화는 실현 불가능한 전략입니다. 사람들이 매일 촛불을 들고 거리로 나올 수는 없으니 그들의 의견을 온전히 반영할 수 있는 중선거구제로 시스템을 바꿔야 합니다. 1인 1표를 온전히 발현하도록 해야 하지요.

> **정여울** 딱딱한 이야기를 많이 했는데, 마지막으로 선생님 일상 이야기도 조금 해볼까요. 마셜 매클루언Marshall McLuhan이 대학 시절이란 인생에서 거의 유일하게 "헛소

리를 할 수 있는 자유"를 보장하는 유일한 시기라고 말한 적 있어요. 저는 그 '헛소리'가 가리키는 것이 비실용성이나 비합리성 같은, 즉 효율 중심적 가치관에 저항하는 것이라고 봅니다. 요즘 대학생들에게는 이렇게 마음껏 헛소리를 지껄일 자유가 거의 없는 게 아닌가 싶습니다. 그 이유가 '학사 관리 엄정화'나 대학 생활 자체를 취업 예비군 혹은 실용주의 가치관에 매몰시킨 신자유주의적 교육관 탓이 아닐까 하는 생각을 해봤는데요. 선생님은 학생들에게 강의할 때 어떤 점을 강조하는지 궁금합니다.

**조국** 법은 항상 상대방을 전제로 하는 학문이라는 것을 강조합니다. 지금까지 내가 접해온 문화, 관습, 취향과 정반대되는 사람이 원고 혹은 피고 자리에 앉아 있고 그 사람이 전제가 되어야 하는 것이지요. 그 상대방은 내가 싫어하는 타입, 내가 한 번도 상대해보지 않은 타입일 가능성이 큽니다. 특히 법대생은 어린 시절부터 칭찬만 듣고 살아온 엘리트가 많아서 실제 세상이 어떻게 돌아가는지 잘 모르거나 관심이 없는 경우가 있어요.

그래서 법집행으로, 법조문 단어 하나의 해석으로, 그 사람의 인생 자체가 완전히 바뀌어버릴 수 있음을 강조합니다. 우리의 '사소한' 결정 하나하나가 피고나 원고의 삶 자체를 완전히 바꾸어놓는 엄청난 결정이라는 점을 강조하는 겁니다. 또한 학생들에게 소설을 많이 읽으라고 해요. 법대생들은 생생한 현실을 접할 기회가 별로 없으니까요. 그렇다고 그들에게 당장 사법고시 공부 그만두고 나가서 '노가다'를 해보라고, 험한 생활을 좀 해보라고 할 수는 없지요. 다만 학생들의 상상력을 믿어요. 법률 공부와 직접 상관이 없어 보이는 지극히 '비법률적인' 행위를 많이 해보라고 권하기도 합니다. 제가 소설을 많이 읽으라고 권하는 이유는 그것이 사람들의 꿈과 고통을 이해하고 상상할 수 있는 좋은 매체이기 때문이지요.

> **정여울** 수업 이외에 학생들에게 자주 하는 얘기는 무엇인가요?

**조국** 고등학교 때 1등을 한 기억, 내가 항상 상위 1퍼센트에 속했다는 생각 자체를 버리라고 요구합니다. 세상에는 너희보다 잘난 사람이 수없이 많다는 것을 늘 상기시키려 노력합니다. 나도 고등학교 때는 공부를 잘했다, 그런데 여기 와보니까 나도 별것 아니더라 하는 이야기를 해주지요.

고등학교 때 늘 전교 1등 하던 그 시선에 고착된 채 세상을 바라보면 결국 대학교 4학년 무렵 정신적으로 성장하지 못하고 맙니다. 그래서 자신의 우수성을 잊으라고 말해줍니다. 서울대 법대를 나오지 않고도 훌륭한 법률가가 될 수 있고, 법률을 공부하지 않아도 훌륭한 사람이 될 수 있다는 것도 자주 상기시킵니다.

훌륭한 판결문을 쓰는 대법관과 조용필의 노래 중에서 어느 것이 사회에 더 많이 기여했나 생각해보라는 식의 비교도 합니다. 학술상을 받은 논문과 마약 투약으로 종종 감옥에 가는 전 인권의 노래를 비교해보라며 어느 것이 대중적으로 더 중요한 의미가 있는지 묻기도 하지요. 어떤 게 더 우위에 있는지 판단할 수는 없습니다. 송강호는 최고의 배우인데 전문대 출신이라는 게 무슨 문제가 되는가 하는 식의 예도 들어줍니다. 평생 고교 성적으로 세상을 바라보는 사람이 되지 않기를 바라는 마음에서 그렇습니다.

## 이토록 소중한 민주주의라는 산소

"도대체 우리는 무엇을 해야 합니까?"라는 질문에 선생님은 "저부터도 어떻게 해야 할지 모르겠습니다"라고 말하고는 잠시 휴지부를 두었습니다. 그 순간 '모르겠다'라는 말의 차분한 울림이 좋았습니다. 모른다는 그 정직한 단어가 하염없이 걷다 지쳤을 때 발견한 고마운 벤치 같았지요. 오랫동안 그 모른다는 단어 위에 걸터앉아 쉬고 싶었습니다. 어쩌면 우리는 "나에게 해답이 있다"라고 말하는 사람들에게 지쳤는지도 모릅니다. 저는 민주주의가 무엇인지 전혀 몰랐다는 것을 이제야 알았습니다. 교과서에 나오는 형식적 민주주의가 아니라, 우리 삶을 매 순간 바꾸는 현실 속의 민주주의를. 저는 민주주의가 공기처럼 숨 쉬고 있다고 생각했기에 궁금하지도 않았습니다. 선생님은 모른다고 했습니다. 저도 모릅니다. 물론 그 모름의 차원은 분명 다릅니다. 그러나 우리는 모른다는 것을 간신히 알게 되었다는 점에서 어쩌면 대화를 시작할 수 있을지도 모릅니다. 흐릿하고 둔탁했던 제 머릿속이 일순간 맑아졌습니다. 갑자기 마음이 편안해져 준비한 질문지를 슬그머니 내팽개쳤습니다. 그저 대본 없이 제가 묻고 싶은 날것의 질문을 날것인 채로 묻고 싶어졌거든요.

한때 '두 문화'라는 말이 잠시 유행한 적이 있습니다. 이 말은 찰스 퍼시 스노Charles Percy Snow가 쓴 《두 문화Two Cultures》에서 볼 수 있듯, 현대 문명의 두 축을 이루는 인문학과 자연과학 사이에 존재하는 엄청난 단절을 지적하는 말입니다. 제게는 그 '두 문화'가 단지 인문학과 자연과학 사이에만 존재하는 것으로 보이지 않았습니다. 살면서 법대와 비非법대 사이의 문화적 단절도 이와 못지않다는 생각을 많이 했지요. 더 정확히 말하면 '법을 이야기하는 사람'과 '법을 멀리하는 사람들' 사이의 간극입니다.

  법을 말하는 사람들의 얼굴이 곧 법을 무기로 이용할 줄 아는 지식 권력의 얼굴이거나, 법을 돈으로 환치해 좌지우지하는 사람들의 으름장이라는 것을 '경험'하면서, 법이라는 반듯한 얼굴로 자행하는 세련되고 우아한 폭력에 공포를 느껴왔습니다. 그래서 달을 가리키는 손가락을 애꿎게 탓하는 마음으로 법 자체도, 법을 다루는 사람들과도 인연이 없을 거라 여겼습니다. 이는 한 번도 법으로 인해 진심으로 행복을 느껴본 적 없다고 믿어온 오랜 관성이었지요.

  그 편견을 기쁘게 깨뜨려준 책이 《성찰하는 진보》와 《보노보 찬가》였습니다. 이 책 두 권에서 딱딱한 법률의 각질에 싸여 보이지 않던 '법을 다루는 사람'의 내밀한 표정이 살짝 엿보였습니다. 법조계 사람들과 진지한 대화를 나누느니 차라리 외국인과 더듬더듬 보디랭귀지를 나누겠다는 무지한 신념에 불타고 있던 제게는, 그 책 두 권이 사막에서 만난 오아시스 같았습니다. 선생님의 글쓰기는 '두 문화'의 경계 저편에서 요란하지 않게, 지극히 담담하게 횡단하며 가끔 희망의 타전을 보내왔습니다. 단지 대중에게 어필하기 위한 연기용 크로스오버 제스처가 아니라, 늘 문학과 예술의 프리즘으로 법의 퍼스펙티브를 함께 적용해온 사람만의 오랜 내공이 스며 있었지요. 각설하고, 선생님의 글에서 풍기는 그 숨길 수 없는 문학청년의 향기가 '법률 포비아'에 걸려 있던 저의 닫힌 마음을 무장해제한 셈입니다.

  선생님이 떠나지 않았다면 저는 민주주의와 평생 담쌓고 살았을지도 모릅니다. 민주주의의 이름으로 저마다 자신만의 깃발을 펄럭이는 각종 이익단체의 아우성이 듣기 싫어서, 민주주의의 이름으로 자행하는 '대표자 권력'을 향한 뿌리 깊은 불신으로 투덜거리면서, 형식적 민주주의를 방패 삼아 버젓이 신자유주의의 슬로건을 내세우는 친자본 정권의 오만에 치를 떨면서. 하지만 이제야, 선생님이 떠나고 나서야, 저는 민주주의의 소중함을 매일 곱씹으며 밤잠을 설칩니다. 휴대전화로 친구와 이 세상 뒷담화를 늘어놓다가도 혹시 이 휴대전화가 '랜덤하게' 도청되고 있는 것은 아닌지, 감동적 인터넷 기사에 댓글을 달려다가도 무심코 사이버 검열의 덫에 걸리지 않을지 소시민적 공포가 엄습합니다.

헛소리를 할 수 있는 자유를 무기로 마음껏 떠들었던 제 달콤한 자유. 그 자유의 발바닥 밑에 당연한 듯 깔려 있던 민주주의의 토양에는 '민주주의' 그 하나를 위해 죽어간 사람들의 역사가 든든한 거름으로 스며 있었습니다. 제가 느끼는 이 호흡곤란은 지극히 당연시하며 들이마시던 민주주의라는 산소가, 언제든 손쉽게 무덤에서 부활할 것만 같은 파시즘 유령이라는 유독가스로 오염되어 있기 때문이었습니다.

추신. '그저 마음 편하게 가벼운 대화를 나누자'라는 감언이설로 대담을 저어하는 선생님의 신중함을 교란하고는, 대화는커녕 거의 강의 수준의 일방적 연설을 요구한 제 무례함을 용서해준, 조국 선생님에게 감사를 드립니다. 대담 준비가 턱없이 부족했지만 더 열심히, 더 완벽히 준비했어도 제 태도는 같았을 것입니다. 아무것도 모르니까요. 그저 처음부터 다시 듣고 싶은 마음, 대책 없이 모르쇠로 일관하고 싶은 뻔뻔함만 있었습니다. 오랜만에 때아닌 새내기의 마음으로 '(문학청년이 강의하는) 민주주의 개론'이라는, 시간표에 없는 특강을 듣고 싶은 마음이 간절했나 봅니다. 텔레비전에 중계된 이명박 대통령과의 원탁대화에서《정관정요》에 나오는 위징魏徵의 충언, "왕은 배요, 백성은 물이라. 물은 배를 띄울 수도 있고 배를 엎을 수도 있다"[5]라는 말로 이명박을 당황케 한 조국 선생님의 해맑은 눈빛 덕분에 이 소중한 대담이 가능했습니다.

: 공부가 나를 지켜주었다

# 2023년 다시 만난 조국

삶이 아무리 초라해도 받아들이고, 살아내라.
외면하지도 말고, 욕하지도 말라.
사사건건 흠을 잡는 사람은 천국에 가서도, 흠만 잡을 것이다.
당신의 삶이 초라하더라도, 그 삶을 사랑하라.
— 헨리 데이비드 소로 Henry David Thoreau, 《월든 Walden》 중

## 지성의 시작, 진심을 다해 사과하는 용기

저는 지난 10여 년간 대한민국 뉴스에 자주 등장한 지식인이자 정치인인 조국의 삶에서 '공부'가 차지하는 의미가 무엇인지 궁금했습니다. 그는 이제 정치인이 되었지만, 그를 평생 지탱해온 것은 늘 공부였지요. 학자였던 조국이 민정수석비서관과 법무부장관을 거쳐 정당을 만들고 정당 대표를 맡기까지, 그의 삶을 지탱해온 공부는 무엇일까요? 저는 그 공부의 의미를 묻고 싶었습니다. 대한민국에서 공부를 잘한다는 것은 주로 서울대를 비롯한 명문대에 입학하고, 석·박사학위를 받고, 사법고시에 합격하거나 대기업에 취직할 정도의 스펙을 갖추는 것을 의미합니다. 하지만 조국은 그 길을 걷지 않았습니다. 마치 굳은 결심이라도 한 듯 그는 획일적 레드 카펫을 밟지 않았지요. 사법고시를 보지도 않았고 대기업에 취직하지도 않았으며 오직 학자의 길을 걸어가다 세상을 변혁하는 정치인의 길에 들어섰습니다. 그의 가슴속에는 '어떤 마음공부'가 들어 있을까요?

> **정여울** 그동안의 다른 인터뷰를 보면 거의 정치적 입장을 다룬 이야기가 많았습니다. 저는 '정치인 조국'보다 '인간 조국'이 더 궁금했어요. 정치적 이야기는 이미 많은 언론과 책에서 이야기했으니까, '인간 조국의 결'을 다뤄보고 싶었습니다. 그간 있었던 일에 관해 대중에게 많이 사과를 했잖아요. 그 진심 어린 사과의 마음이 대중의 마음속에 제대로 잘 전달되지 않은 것 같아 매우 안타깝습니다.
>
> **조국** 제가 '조국 사태'와 관련해 그동안 몇 번 사과했는지 세

어봤더니 열세 번이더라고요. 〈세상을 바꾸는 시민언론 민들레〉의 고일석 에디터가 하나하나 세어 기사화했습니다.

열세 번이라니. 열세 번이나 그는 대중 앞에서 자신의 모든 것을 걸고 사과를 한 것이구나. 저는 놀라는 기색을 감추지 못하고 말했습니다.

> **정여울** 정말 잘하셨어요, 선생님. 그런 사과는 오직 성숙한 사람만 할 수 있는 거예요.

제 말에 그는 제 눈을 바라보았습니다. 반가움이 담긴 눈빛이었지요. 누군가가 그의 사과에 담긴 의미를 이해해주기를 얼마나 오랫동안 기다렸을까요.

저는 이 사회의 소위 '높은 사람'이 이렇게 여러 번 사과하는 것을 본 적이 없습니다. '사과하는 용기'는 얼마나 품기 어려운 것인가요. 그런데 이상하게도 언론에서는 그가 얼마나 여러 번 사과했는지, 얼마나 진심으로 사과했는지 거의 다루지 않았습니다. 그것은 뉴스감이 아니라고 판단했기 때문일까요. 어떻게든 조국을 헐뜯느라 바빴던 수많은 언론은 조국의 뼈아픈 사과를 한 번도 깊이 있게 다뤄주지 않았습니다.

그래도 제가 아는 조국의 첫 번째 장점은 '그렇게 많은 것을 가졌으면서도 결코 누구에게도 잘난 척하지 않는다'라는 점입니다. 그는 한없이 겸손하고, 남들이 보기에는 매우 의아할 정도로 자신의 장점을 인정하지 않습니다. 오히려 자신은 재미없는 사람이라고 대놓고 말합니다. 저는 정치인 조국이나 학자 조국을 넘어, '투명한 인간 조국'의 그런 진솔한 마음이 좋았습니다.

조국이 보여준 '사과하는 용기'는 우리 사회에 매우 커다란 치유적 울림을 던지고 있습니다. 우리는 그렇게 많은 것을 가진 사람에게 그토록 깊이 있는 사과를 받아본 적이 없기 때문입니다. 그는 자신이 많은 특권을 가졌다는 이유만으로 이 땅의 수많은 젊은이에게 진심으로 미안해했습니다. 언론이 앞다투어 보도하는 그의 잘못은 대부분 허위임에도 불구하고 그는 자신이 우리에게 실망을 끼쳤다는 이유만으로 진심으로 미안해했습니다. 그렇게 많은 사람 앞에서 진심으로 '사과하는 용기'야말로 투명한 지성의 시작이 아닐까요. 공부를 잘하고 성적을 잘 받고 엘리트 코스를 쭉쭉 밟아 남에게 군림하는 잘난 사람들의 길이 아니라, 한없이 몸을 낮춰 '내가 이 사회를 조금이라도 더 낫게 만들기 위해 무엇을 해야 할까'를 고민하는 조국의 태도야말로 제가 믿는 지성의 시작입니다.

> 2019년 8월 9일 나는 법무부장관으로 지명되었다. 후보 수락 인사에서 이순신 장군의 한시 구절을 빌렸다. "서해맹산誓海盟山(바다에 맹세하고 산에 다짐한다)의 정신으로 법무검찰개혁을 완수하겠다"라는 포부를 밝혔다. 검찰의 저항, 야당과 언론의 공격을 예상했지만, 나와 내 가족 전체가 형극의 길로 내몰리고, 진영 간 대격돌이 벌어질 줄은 상상도 못 했다.[6]

## 어린 시절의 한자 공부, '공부하는 사람 조국'의 시작

**정여울** 선생님이 평소에 쓰는 어휘를 보면 한자를 토대로 한 경우가 많거든요. 한자에 남다른 관심이 있었던 것이 아닐까 싶어요. 선생님의 글과 말을 보면 근대적 지식인의 문체나 말투가 아니라는 생각이 듭니다. 외국 유학도 했고 영어도 잘하지만 항상 중요하거나 핵심적 말을 할 때는 한자어를 훨씬 많이 쓰는 편입니다. 법무부장관으로 지명되었을 때도 이순신 장군의 한시를 떠올렸으니까요. 또 윤석열 대통령 캐릭터를 묘사할 때 '구밀복검口蜜腹劍'이라는 말을 썼는데, 마치 귀스타브 플로베르Gustave Flaubert의 '일물일어설一物一語說'처럼 그 캐릭터에 딱 어울리는 말이라고 생각했어요. 이런 식으로 한문이 모든 사유의 토대인 듯한 어휘력이 어떻게 형성된 것인지 늘 궁금했습니다. 요컨대 조국의 어휘, 조국의 사유의 토대는 무엇인지 질문하고 싶었습니다.

**조국** 한자를 좋아하게 된 것은 당시 공교육의 영향이 컸어요. 우리는 초·중·고 시절에 한문을 배웠거든요. 천자문 정도는 당연히 외워야 한다고 교육받았고, 집안에서도 한자를 중시하는 분위기였습니다. '한자 공부를 이 정도는 해야 한다'라는 기대치가 있었지요. 저는 한문 공부가 늘 재미있었습니다. 특히 한자를 배우다 보면 '이건 사마천이 이런 상황에서 이야기한 거다'라는 배경 이야기가 있잖아요. 그러한 역사적 배경을 알아가면서 매우 흥미로웠습니다.

어릴 때부터 항상 책을 가까이했지요. 어머니가 사주시는 책들을 다 읽었어요. 어린 시절부터 책을 좋아하고 글쓰기도 좋아했어요. 처음에는 동화책, 조금 커서는 위인전, 청소년 때는 세계문학전집을 읽었지요. 삼중당 문고판이 아직도 기억나요. 삼중당 문고가 손바닥만 했거든요. 중학교 때는 그 손바닥만 한 삼중당 문고 책을 늘 한 권씩 가방에 넣어서 가지고 다녔어요.

삼중당 문고는 서양문학뿐 아니라 동양문학, 철학, 에세이 등 거의 모든 분야 책을 망라하고 있었습니다. 그 많은 책을 한 권씩 사서 모으는 재미도 있었어요. 제가 읽은 책들로 책장이 점점 채워지는 과정을 보면서 만족감을 느꼈지요. 고등학교 시절에는 정말 제 책장이 꽉 찰 정도로 책이 많이 모였습니다.

> **정여울** 책을 언제부터 직접 샀는지요?

**조국** 중3이나 고1 무렵이었을 겁니다. 그 전에는 집에 있는 책들을 봤지요. 제가 그렇게 책에 친근감을 느끼게 된 것은 부모님 덕분입니다. 부모님 모두 교사였기에 두 분의 독서가 저에게 분명히 영향을 줬을 거라고 생각해요. 아버님은 영어 교사였고 어머님은 간호 교사였어요. 아버지, 어머니 모두 책을 좋아하는 교사라서 제가 책을 가까이하게 되었지요.

> **정여울** 한자는 그 의미와 기원을 더 깊이 파고들고 싶은 탐구열을 자극하는 특징이 있잖아요. 이 글자는 왜 이렇게 생겼을까, 이런 상황에서는 왜 이 글자를 쓸까 하고요.

**조국** 맞습니다. 한자는 한글보다 훨씬 더 압축적이라서 자꾸 그 의미를 깊이 탐색하게 됩니다. 특히 사자성어는 배경 이야기가 있으니 그 역사적 배경에 빠져들게 되지요. 저는 항상 전거典據가 있다는 것이 재미있었어요. 글자가 아무 맥락 없이 나온 게 아니라 반드시 그럴듯한 전거가 있다는 것이 놀라웠지요.

> **정여울** 그렇게 단어의 깊이, 인물의 깊이를 저절로 공부

> 하게 만드는 한학이 선생님의 지금 모습과 잘 어울립니다. 한국 사회에서 '공부를 잘한다'라고 생각하는 전형적 모범생 모습과는 사뭇 다르게 느껴지기도 하고요. 어린 시절부터 한자, 한문, 한학 그 자체를 재미있게 여긴 거네요. 학자의 기질을 타고난 것 같기도 합니다.

**조국** 한자 하나하나에 깊은 의미가 들어 있다는 것이 늘 흥미로웠어요. 공부 자체가 재미있었지요. 국어 시간보다 한문 시간이 훨씬 더 재미있었습니다. 저에게 특별한 문학적 재능은 없었지만, 한문 시간에는 정말 흥미를 느꼈지요. 한문 시간에 한시를 외우게 했는데 그것도 재미있었거든요. 당시 고등학교 한문 수업에는 굉장히 어려운 한자 텍스트의 문장 구조를 이해하고 분석하는 내용이 있었는데 그 시간이 참 좋았어요.

> **정여울** 지금(2023년 9월)의 선생님 모습에서 사마천의 결기가 느껴지기도 해요. 모든 것을 다 잃어버린 상태에서 무언가 새롭게 시작해보려는 결기가 사마천 못지않게 비장하게 다가옵니다.

**조국** 그런가요? 사마천의 삶과 글에서 여전히 많이 배우고 있습니다. 사마천은 궁형을 당한 상태에서 《사기》를 썼습니다. 인간으로서 엄청난 모멸감을 느끼는 와중에도 그런 대작을 써낸 것이지요. 저도 모든 것을 다 잃고 나니 세상이 다시 보입니다. 보통 고사, 옛이야기에서 사자성어가 나오지 않습니까? 지금이 아무리 테크놀로지 시대이고 온갖 인터넷 매체와 소셜 미디어가 활개를 펴는 사회일지라도, 인간이라는 존재의 본성은 사실 크게 달라지지 않는다고 생각해요. 역사의 파란만장한 격변 속에서도 결국 밝혀져야 할 궁극의 진실은 반드시 밝혀지게 마련이니까요.

> **정여울** 사마천이 살아 있는 동안에는 몹시 고생했지만, 결국 사마천의 진심은 후대 사람들에게 전해진 것처럼요. 선생님은 힘들 때 사마천의 《사기》를 생각하며 위로받을 때가 많았나요?

**조국** 그렇지요. 제가 읽은 많은 책이 도움을 주었지만 요즘엔 사마천의 《사기》가 특히 더 생각납니다. 21세기 대한민국에서 우리나라 국민 전체가 경험하는 정치적 현상, 또 저와 제 가족이 겪는 어려운 상황까지 돌아보게 됩니다. 겉만 보면 현대화한 대한민국에서 벌어진 일이지만, 그 옛날 사마천 시대에도 일어난 사건이라고 봅니다. 사마천의 《사기》를 보면 권력의 핵심이던 왕과 지식인 사이의 갈등이 보이지요. 그 수많은 권력 투쟁과 복수극이 지금도 일어나고 있습니다. 그 참담한 권력다툼 속에서 시련을 겪은 사람들이 어떻게 그 고통을 극복했는지 계속 생각합니다.

## 그들은 나를 결코 죽이지 못한다

> **정여울** 사마천은 《사기》를 쓰면서 자신의 고통을 극복한 것이 아닐까요? 그에게 글쓰기는 권력자들의 억압에 굴하지 않고 역사 속 진리를 규명함으로써 자신을 구원하는 행위가 아니었을까요?

**조국** 맞아요. 바로 그 지점을 생각합니다. 사마천도 권력다툼의 희생양이었지요. 그는 치욕적 궁형을 당한 상황에서도 용기를 잃지 않고 글을 썼습니다. 사마천이 기술한 수많은 사건을 보면 왕의 미움이나 정적의 음모로 죽은 사람이 수없이 나옵니다. 그러다가 나중에 폭군이 물러나면서 어떤 사람은 다시 복권復權되기도 하고, 살아남기도 하고, 끝내 살아남지 못하는 사람도 있지요. 그런 과정은 그때나 지금이나 비슷합니다. 이런 권력 암투 과정은 그때나 지금이나 비슷하다는 생각이 듭니다.

> **정여울** 사마천 시대에는 정치적 복수의 결말이 언제나 죽음이었잖아요.

**조국** 맞아요. 그것이 과거와 지금의 차이기도 해요. 하지만 저는 죽지 않았잖아요. 그들이 저를 아무리 미워해도 저를 죽이지는 못하거든요. 거기서 저는 약간의 위로를 받는 거예요. 과거에는 권력자들의 미움을 받으면 다 죽었잖아요. 삼족을 멸하기도 하고요. 그런데 그들이 저를 절대 죽이지는 못한다는 것, 그것을 생각하면 조금은 위로가 됩니다. 정치적 생명을 박탈하거나 자유를 제한할 수는 있지만, 저를 죽이지는 못해요.

순간, 멍해졌습니다. 그들이 적어도 자신을 죽이지는 못한다는 것에 위로받을 정도라면 그는 얼마나 많이, 얼마나 처절하게 죽음을 생각한 것일까요. 그들이 가족을 찌를 때마다, 그들이 아내와 딸과 아들과 동생의 삶을 공격할 때마다, 그는 죽음에 버금가는 고통을 느낀 것이 아닐까요. 그는 마음속에서 도대체 몇 번이나 '상상의 죽음'을 경험한 것일까요. 그들은 그를 얼마나 괴롭힌 것일까요. 우리가 언론에서 접해 알고 있는 것보다 훨씬 더 다채로운 방법으로 그는 매일매일 고통받고 있었던 것입니다.

그래도 사마천 시대에는 권력의 눈 밖에 난 사람들이 다 죽었지만, '그는 아직 죽지 않았다'라는 것에 희망이 있다는 생각이 들었습니다. 그들은 조국을 그토록 미워하면서도 끝내 죽이지는 못했습니다. 이는 우리에게 얼마나 다행인가요. 그리고 그가 죽음 같은 고통 속에서 도대체 무엇을 말하고 싶어 하는지 우리는 반드시 들어야 하지 않을까요. 조국의 공부 속에는 '이 세상을 더 나아지게 만들 비책'이 반드시 숨어 있지 않을까요.

**조국** 그들이 저를 사회적 죽음으로 몰아넣을 수는 있지만, 제 육체적 생명을 박탈할 수는 없을 것이라고 생각했어요. 그렇게 생각하면 위로가 되곤 했습니다.

**정여울** 그런 생각을 했다니 너무 가슴이 아픕니다. 니체의 절박한 문장이 떠오르기도 해요. "너를 죽이지 못하는 것은 결국 너를 강하게 만들 뿐"이라는 말입니다. 그들은 조국을 죽이지 못했으니 결국 조국을 더욱 강하게 만들 뿐이었군요.

**조국** 그럴지도 모르겠네요. 저를 강하게 하는 사람은 저를 괴롭히는 사람들이기도 하지만, 저를 응원하는 동료 시민이기도 해요. 저를 끊임없이 응원하고 지지해주는 분들이 있기에, 저는 이렇게 건재합니다. 왕이 마음대로 하던 시대에는 조금이라도 왕의 미움을 사면 죽음밖에 길이 없었지만, 지금은 함부로 정적을 죽이지 못하지요.

민주공화국이라서 주권자가 선택을 하는 것입니다. 주권자가 판단하는 것이라 대통령이나 권력자들이 마음대로 할 수 없습니다. 국민이라는 주권자가 이 사태를 어떻게 볼 것인지 생각합니다. 저 역시 국민이 긍정적 평가와 부정적 평가를 모두 하면서 일정한 시간이 흘러가면 온전한 평가를 하리라고 믿습니다. 저를 일방적으로 매도하는 시간을 지나 이제는 저를 온전히 평가하는 시간이 오리라고 생각합니다. 민주사회이므로 시민의 지성과 감성을 믿는 것이지요.

> **정여울** 반드시 그런 날이 올 것입니다. 저는 동료 시민의 응원, 집단지성의 힘을 믿게 되었어요. 위기 속에서도 언제나 깨어 있는 시민의 힘은 빛을 발했으니까요.《조국의 시간》에 보면 이런 대목이 나옵니다.
>
> 집회 현장에서 "조국 수호" "우리가 조국이다"를 외친 시민들도 이를 모르지는 않았을 것이다. 이 구호는 나에 대한 우상화도 개인숭배도 아니었다.
> 촛불시민들은 나의 한계와 흠을 직시하면서도 폭주하는 검찰에 경고하고 검찰개혁의 대의를 이루기 위해 촛불집회에 참석하고 이 구호를 외쳤던 것이다. (……) OECD 최고 수준의 정치의식을 가진 한국 주권자의 의식을 폄훼하면 안 된다.[7]
>
> 바로 이런 대목이 우리 민주시민의 저력이 아닐까 싶어요.

**조국** 그렇지요. 그분들에게 늘 감사하고 있습니다. 또 한편으로는 기나긴 유배 시간을 견뎌낸 옛사람들의 기록에서 위로를 받기도 합니다. 정약용과 정약전 같은 사람들을 생각하는 것이지요. 그들은 그 고통스러운 시간을 어떻게 버텨냈을지 생각해봅니다. 정약전은 흑산도로 유배를 가서 평범한 어민들을 만나고, 그들과 이야기하고, 물고기를 조사·연구합니다. 정약용은 유배 기간에도 사회개혁을 위한 구상과 저술을 멈추지 않았지요. 엄청나게 많은 글을 썼지요. 그들이 고통스러운 유배 기간의 일상을 어떻게 버텨냈는지 생각하며 저도 하루하루를 견뎌내고 있습니다.

정약용은 중앙에서 잘나가다가 천주교 탄압에 걸려 형제 중 한 명은 순교를 택하고 다른 형과 자신은 유배를 갑니다. 그 와중에도 어떻게든 일상을 규칙적으로 관리하기 위해 분투합니다. 정약용은 일상을 관리하기 위해서 아침에 일어나면 반드시 마당을 쓸었어요. 그런 일상적 행위를 다 시간표로 정했더라고요. 글을 쓰는 시간과 산책하는 시간 등을 정한 겁니다. 그렇게 자신의 시간을 철저히 관리하면서 글을 써나갔기에 다산 정약용의 수많은 저서가 남게 된 것이지요.

**정여울** 만약 계속 중앙 정계에 남아 벼슬을 했다면 지금처럼 다산 정약용의 글이 많이 남아 있지는 않았겠네요.

## 나는, 우리는 무너지지 않는다

**정여울** 어쩌면 지금이야말로 다산 정약용처럼 훌륭한 집필 작업을 할 수 있는 절호의 기회가 아닐까 싶습니다. 제 개인적 소망으로는 조국 선생님이 정약용같이 많은 글을 쓰시는 것보다 안토니오 그람시Antonio Gramsci의 《옥중수고Quaderni del carcere》처럼 강력한 책 몇 권만 더 남겨주고, 그다음에는 조국의 소명, 그러니까 조국이라는 한 사람의 시대적 소명에 힘써주었으면 좋겠습니다.

**조국** 제 상황이 어떻게 될지 모르지만 지금은 몸과 마음을 단련하는 데 집중하고 있습니다. 저의 운명이 어떻게 될지 아직 모릅니다. 다만 아까 말했듯 사마천 시대와 현대 사회가 달라서, 현재의 대통령(2023년 당시 윤석열 대통령)은 결코 왕이 아닙니다. 대선 토론에서 손바닥에 '왕王' 자를 써서 들어온 것을 보면 왕이 되고 싶어 하는 속내는 있는 것 같지만요. 그의 임기가 끝나면 저의 상황도 바뀌겠지요. 국민 투표로 상황이 바뀔 수 있는 것입니다. 저는 현재 일종의 현대판 유배 상태인데 그 기간을 견뎌야 합니다. 이 시간을 견디려면 정신·육체적으로 저 자신을 다잡아야 하겠지요. 무너지지 않아야 하니까요.

**정여울** 지금까지 절대 무너지지 않았잖아요. 앞으로도 무너지지 않을 겁니다.

그 순간 제 마음속에 이런 문장이 지나갔습니다. '조국은 무너지지 않는다. 나는 무너지지 않는다. 우리는 무너지지 않는다. 우리는 무너지지 않을 것이다.' 그와 대화를 나누다 보니 오히려 제가 위로를 받는 느낌이었습니다. 그 모든 험난한 상황과 멸문지화까지 겪으면서도, '나는 죽지 않는다, 나는 무너지지 않는다'라고 생각하는 그 강인한 힘은 역사 속 수많은 인물의 이야기 속에서도 증명되지 않나 싶습니다. 사마천의 《사기》와 정약용의 수많은 저서에서 볼 수 있는 것처럼 역사는 우리에게 끊임없이 '악의 비참한 말로末路'를 증언하고 있습니다.

## 공감의 공부, 동료 시민과의 뜨거운 연대

**정여울** 최근 반지성주의와의 투쟁은 왜 실패했는가 하는 고민을 많이 하고 있습니다. 태극기 집회나 극우 유튜버의 폭증이 극렬한 반지성주의 확산으로 번져가는 것 같아 심각한 우려를 금할 수가 없습니다. 지성의 역할을 과연 어디서부터 다시 시작해야 할까요? 이 무시무시한 반지성주의 늪을 도대체 어떻게 벗어날 수 있을지 고민스럽습니다. 트럼프가 재선에 성공하면서 극우와 반지성주의 연합은 더욱 기승을 부리지 않을까 걱정스럽기도 하고요. 우리는 지성의 힘으로 무엇을 어떻게 변화시켜야 할까요?

**조국** '반지성주의와 어떻게 싸울 것인가'라는 문제는 일차적으로 자신을 지키기 위해, 동료를 지키기 위해 무엇을 할 것인가의 문제이기도 합니다. 한 사람 한 사람이 지닌 지성의 역할이 더더욱 중요해진 것이지요. 위협당하는 우리의 지성을 곧추세우고 유지하는 것이 무엇보다 중요합니다. 동료 시민을 믿고 그들과 손잡고 같이 일하면서 지성을 공유하고 확산하는 게 지금 가장 절실한 것이 아닐까 싶어요.

**정여울** 저는 홍범도 장군 동상 이전을 둘러싼 투쟁이 일종의 반지성주의와 투쟁하는 마지노선이라는 생각이 들었어요. 홍범도 장군 동상을 철거하는 것은 곧 우리 독립운동 역사를 부정하는 것이고, '우리는 누구인가, 대한민국 주권자인 국민은 누구인가'라는 질문에 따른 최소한의 공감대마저 파괴하는 폭력으로 느껴졌거든요. 제가 믿고 사랑하던 세상이 무너지는 것 같았습니다. 홍범도 동상 철거에 반대하는 시민들의 여러 글과 강력한 저항의 움직임을 보면서 비로소 '지성의 희망'이 다시 싹트는 듯한 느낌이 들었지요. 나, 우리, 대한민국의 주권자인 국민과 그 최소한의 공감대를 구성하는 역사의식, 동료의식, 민주주의적 공감대는 분명 존재한다는 생각이 듭니다.

**조국** 바로 그런 지적 공감대를 형성하는 것이 중요합니다. 홍범도 장군 동상을 되찾는 그날까지, 우리는 민주시민의 지적 공감대를 형성하고 일종의 '상상의 공동체'를 건설해야 한다고 생각합니다. 베네딕트 앤더슨Benedict Anderson의 상상의 공동체가 '국가'를 새롭게 상상한 것처럼, 우리는 좀 더 적극적이고 긍정적 의미로 '상식이 통하고, 민주주의가 다시 힘을 되찾는 상상의 공동체'를 마음속에 품어야 합니다. 우리 개개인의 용기와 지성이 두려움을 이기는 순간이 반드시 올 겁니다.

용기가 두려움을 이기는 순간, 그때는 반드시 올 것입니다. 우리가 홍범도 장군의 동상을 되찾는 날, 그때가 모든 건강한 상식과 진정한 민주주의가 제자리로 돌아오는 순간이 되지 않을까요. 상상의 공동체가 마침내 거대한 촛불과 응원봉 물결로 현실화하는 일이 마침내 일어나지 않았습니까.

**정여울** 그런데 반지성주의, 극우 유튜버와 연대하는 대통령과 헤어질 결심이 필요하잖아요. 그 헤어질 결심은 어떻게 해야 가능할까요? 그것 또한 동료 시민과의 연대와 공감을 통해 하나하나 승리의 경험을 쌓아가는 것으로 가능하지 않을까요?

**조국** 저도 그렇게 생각합니다. 단지 논리적으로만 긍정하는 것이 아니라 감성적으로 뜨겁게 공감하는 것이 필요하지요.

바로 '동지'라는 말에 그런 정서적 공감대가 들어 있습니다. 극우 세력의 반지성주의와 싸워 이기기 위해서는 끊임없는 지성의 투쟁이 필요합니다. 헌법도 그냥 존재하는 것만으로는 힘을 발휘하지 못해요. 그렇게 따지면 인도처럼 훌륭한 헌법이 있는 나라가 민주주의를 향해 나아가야 하는데, 현실은 그렇지 못합니다. 인도 헌법을 보면 훌륭해요. 그런데 법만 훌륭할 뿐 인도의 현실은 어떻습니까? 가령 여성 인권이나 여성에게 가해지는 폭력에서 인도 헌법은 거의 힘을 발휘하지 못하고 있습니다. 그래서 동료 시민의 정서적 공감대와 투쟁이 필요한 거예요. 법과 제도로 인권과 자유를 보장한다고 해서 정말로 현실 속에서 그것이 지켜지는 것은 아니니까요. 언젠가는 우리의 모욕감이 우리의 두려움을 이겨내는 순간이 올 거라고 봐요. 김지운 감독의 영화 〈달콤한 인생〉(2005)에 나오는 대사 "넌 나에게 모욕감을 줬어"[8]처럼, 우리가 모욕감을 딛고 상황을 바꿀 수 있는 용기의 시간으로 넘어가는 순간이 반드시 올 거라고 생각합니다.

**정여울** 저도 그런 시간을 꿈꾸고 있습니다. 홍범도를 지켜야 한다는 마음으로 동료 시민의 지성이 뭉치는 모습을 보고 희망을 보았어요. 저들이 '나'라는 존재에게 심한 모욕감을 준다면, 내가 그 모욕감을 뛰어넘어 마침내 '세상을 바꿀 용기'를 향해 한 걸음 나아가는 시간이 반드시 오리라고 봅니다.

**조국** 시민의 지성과 감성이 마침내 민주주의의 봄을 다시 가져올 것이라고 봐요. 홍범도 장군에 대한 폄훼가 멈추고 제대로 된 평가가 이뤄지는 날을 상상하면 힘이 납니다. 모든 것이 제자리로 돌아가는 날을 꿈꾸고 그 꿈과 상상을 공유하는 것이 바로 '상상의 공동체'지요. 희망 고문을 넘어 그것이 마침내 진정한 희망의 공동체가 되는 날까지 분노를 공유하고, 분노를 넘어서는 용기를 확산하는 사람들이 점점 늘어날 것입니다.

**정여울** 결국 반지성주의와의 싸움은 어떤 시련과 역경 속에서도 '우리가 살아 있다'라는 신호를 계속 보내는 일이라는 생각이 듭니다. 홍범도의 독립운동을 부정하는 사람들이 그런 높은 자리에 있으면 안 되잖아요. 일본의 오염수 방류를 그냥 묵인하다 못해 부추기고 응원하기까지 하는 그런 사람들이 높은 자리에 있으면 안 되잖아요. 우리가 되찾아야 할, 아니 어쩌면 처음부터 다시 만들어야 할 민주주의 사회는 그런 최소한의 지적 공감대를 지닌 사회가 되어야 하지 않을까요?

**조국** 저는 그런 측면에서 우리 대한민국 시민들과 지식, 경험을 믿습니다. 우리는 1980년 광주를 겪으며, 1987년 6월 항쟁을 겪으며, 그동안 축적해온 투쟁과 지식과 경험이 엄청나게 많은 나라의 국민입니다. 우리 국민은 지적 수준과 민주주의 경험치가 매우 높아 자기 자신보다 수준 낮은 리더를 용납하지 못합니다. 우리는 이미 이태원 참사, 오송 지하차도 참사, 일본 오염수 사건, 서이초 사건, 홍범도 동상 철수 시도 사건 등 수많은 사건을 겪었고 결국 이 모든 사태를 전혀 책임지지 않는 정부와 '헤어질 결심'을 할 것입니다. 윤석열 대통령을 선택한 시민들도 '내 선택이 틀렸음을 인정하는 용기'를 갖게 되기를 바랍니다.

> **정여울** 그것이 바로 지성의 힘이지요. 지성의 힘은 자신의 오류와 실수를 인정하고, 다음 결정의 순간에는 과거보다 나은 결정을 하는 힘이니까요.

**조국** 그렇지요. 분명 우리 동료 시민은 지금까지 축적해온 민주시민의 경험을 통해 점점 더 옳은 결정을 하리라고 봅니다. 우리는 홍범도 장군을 빨갱이로 모독하는 사람들을 지도자로 인정할 수 없으니까요. 우리는 영화 〈봉오동 전투〉(2019)를 보면서 감동하는 시민들이고, 〈서울의 봄〉을 보면서 감동하는 시민들이니까요.

그들은 민주시민의 역사적 감정을 구성하는 원초적 뿌리를 건드려버렸습니다. 혹시라도 검찰 권력에 희생당하지 않을까 하는 공포심을 넘어 시민 한 사람 한 사람의 용기가 반드시 승리하는 순간이 올 것입니다. 저들이 내 존재와 내 부모, 내 정체성을 위협하거나 모욕감을 줄 때 드디어 최고권력자와 헤어질 결심을 합니다. 그때가 바로 최고 통치권자를 향한 미련을 놓는 시점입니다. 언젠가는 우리 동료 시민의 지성과 감성이 승리하는 날이 올 것입니다.

> **정여울** 그날이 올 때까지, 우리는 동료 시민의 뜨거운 지성과 감성의 공감대를 놓치지 않아야 할 것 같습니다. 조

국 선생님도 그날까지 부디 강건하기를, 어디서나 건필하기를, 나만 잘사는 공부가 아니라 '세상을 더 나아지게 하는 공부, 아픈 사람들의 마음을 치유하는 공부의 끈'을 놓지 않기를 간절히 기원합니다.

추신. 2023년 대담 당시 암울하던 상황을 생각하면, 이렇게 12·3 비상계엄을 극복하고 촛불시민이 민주주의를 쟁취해낸 지금의 상황이 무척 다행스럽게 느껴집니다. 2023년 당시 아직 진행 중인 재판이 있어서 사람들을 거의 만나지 못한다고 안부를 전했던 그때의 조국 선생님을 실로 오랜만에 만난 첫 느낌은 '한없는 쓸쓸함'이었습니다. 그러나 대담을 시작하자마자 선생님에게서 뿜어나온 에너지는 '굽힐 줄 모르는 해맑음'이었지요. 시련의 날들 속에서도 결코 '공부하는 마음'을 잃지 않은 그의 눈빛은 단단한 결기로 빛났습니다.

언론과 검찰은 그의 삶에 헤아릴 수 없는 상처를 남겼지만 그는 무너지지 않았고, 더럽혀지지 않았고, 여전히 해맑고 순수한 영혼의 젊음을 유지하고 있었습니다. 저는 그의 해맑은 순수에 커다란 위로를 받았고, 마침내 이 책을 쓸 결심을 할 수 있었지요. 한 번의 대담으로 끝날 뻔한 작은 기획을 마침내 《조국의 공부》라는 두툼한 책으로 확장한 힘은 2023년 가장 힘겨운 시간 속을 걸어가면서도 여전히 잃지 않았던 그의 꿋꿋함과 올곧음에서 나왔습니다.

편지를 나누는 동안 '조국이라는 사람'과 '정여울이라는 사람'이 각자의 공저자가 아니라 어느 순간 우리가 되는 시점이 있었습니다. 우리는 감옥에 갇힌 조국과 정여울이라는 작가이기도 하고, '집 안에서 가장 밝은 그 무언가'를 들고 토요일에도 일요일에도 아무리 추운 날에도 광화문광장을 비롯한 수많은 광장에 모여 "윤석열을 탄핵하라"라고 외치는 민주시민이기도 합니다. 더 아름다운 세상이 올 때까지 끝까지 싸우기를 결심한 사람들에게, 이 책이 지칠 줄 모르는 에너지로 불타오르는 아름다운 '희망의 응원봉'이 되기를 간절히 기원합니다.

: 조국론
曺國論

# 2025년 정여울이 다시 쓰는 조국

가장 낮은 곳에서 맨몸으로 이 책을 쓰는 느낌입니다.
─조국

## 고통 속에서도 힘을 주는 공부

'조국은 어떤 사람인가'라는 질문을 받는다면 나는 이렇게 대답하고 싶다. 가혹한 운명을 넘어, 형벌 같은 현실을 넘어, 마침내 해방을 향해 나아가는 사람이라고. 마침내 자유와 해방을 찾을 때 결코 혼자 가지 않을 사람이라고. 그는 수많은 사람을 이끌고 나아가지만, 결코 선두나 우위를 주장하지 않고 기꺼이 우리 모두와 똑같은 눈높이에서 '동료 시민과의 연대감'을 느끼는 사람이다. 무엇보다 그의 글을 읽다 보면 한국 사회의 과거·현재·미래를 한꺼번에 정리하는 듯한 앎의 기쁨이 느껴지고, 더 나아가 '나 한 사람이 해야 할 일은 무엇인가'에 관한 치열한 성찰을 향해 전진하게 된다.

내가 편안한 삶에 안주하고 싶을 때마다 그의 글은 죽비처럼 차갑게 내 잠든 의식을 일깨운다. 그리고 그가 '최연소 서울대 법대 교수'에서 민정수석비서관과 법무부장관을 거쳐 신당을 창당하는 정치인이 되기까지의 과정이 놀랍고, 아프고, 뚜렷하게 '우리 사회의 빛과 그림자'를 포괄하고 있음에 놀란다. 노무현 대통령 시대에 검찰개혁에 성공했다면, 그는 정치인이 되지 않았을지도 모른다. 그랬다면 그의 삶을 '그 이전'과 '그 이후'로 나눠버린 '조국 사태'는 일어나지 않았을 것이다. 안타깝게도 그는 너무 파란만장하고 드라마틱한 삶의 주인공이 되어버렸고, 마침내 "3년은 너무 길다"라는 통쾌한 선언과 함께 절망 속에서 희망을 끌어내는 정치인이 되었다.

나는 그의 책들을 보며 한국 사회가 걸어온 길, 걷고 있는 길, 걸어야 할 길을 한꺼번에 통찰한다. 그는 정치인이 된 뒤 "성격이 바뀌었다"라는 말을 종종 듣는다고 한다. 선비처럼 얌전하던 사람이 정치인이 되니 '활기가 넘친다, 무섭다, 시원하다, 통쾌하다'라는 다양한 말도 듣는다. 사람들은 그의 변화를 두고 드라마틱한 변화라고 한다. 그러나 나는 법대생 조국이 법무부장관 조국을 거쳐 정치인 조국으로 변신한 그의 모든 변화가 항상 자연스럽게 준비되어 있었던 것임을 느낀다. "3년은 너무 길다"라는 통쾌한 선언은 그냥 말이 아니라 뜨거운 실천이 되었고, 그는 우리를 익숙한 무기력에서 신명 나는 실천으로 이끌어준 것이 아닐까.

## 진보의 이정표를 제시하다
―《성찰하는 진보》

우리가 생각하는 진보의 이미지는 어떠했는가. 불의에 맞서 싸우고 부당함에 맞서 싸우느라 너무 피곤해진 진보, 힘겹고 느리게 얻어낸 진보의 성과를 어이없이 쉽게 잃어버리는 진보의 이미지가 혹시 우리 가슴 깊숙이 안타까움과 억울함의 이미지로 남아 있지 않았는가. 나는 이 책을 읽으며 '차분히 성찰하는 진보'야말로 우리 사회에 몹시 절실한 진보의 새로운 얼굴임을 깨달았다.

아무리 바쁘고 아무리 화가 날 때도 우리는 진보의 기본 가치를 잊지 말아야 한다. 뜨겁게 외치기만 하는 진보, 힘써 싸우기만 하는 진보가 아니라 조용히 성찰하고 차분히 우리 사회의 과거·현재·미래를 돌아보게 만드는 진보의 가치를 나는 이 책에서 배웠다. 사실 이 책을 읽을 무렵에는 윤석열 당선이나 계엄을 상상조차 할 수 없었다. 그러나 이 책에서 비판하고 우려하는 '보수의 얼굴' 면면을 깊이 들여다보면 대한민국 보수는 어쩌면 아주 오래전부터 심각하게 극우화할 수 있는 위험한 전조를 여러 번 보였음을 알게 된다.

이 책은 '깨어 있는 시민'의 민주적 성찰과 통제 없이는 언제든 '뒤로 가는 민주주의'가 될 수 있는 우리 사회의 취약점과 희망의 전조를 동시에 밝혀준다. 세대를 뛰어넘어 공감할 수 있고 열띤 토론을 할 가치가 있는 우리 사회의 중요 의제들을 총정리한 책이기도 하다.

일본 철학자 우치다 다쓰루內田樹는 "마르크스의 책을 보면 머리가 좋아진다"라고 말한 적이 있다. 나는 '조국의 책을 보면 머리가 좋아진다'고 느낀다. 우리가 자꾸만 잊는 것들, 즉 누가 이 세상에 부정부패의 씨앗을 뿌려놓았는지, 누가 이 세상의 정의를 위해 끝까지 싸워왔는지 끊임없이 일깨워주기 때문이다. 이로써 그는 '나' 한 사람이야말로 힘없는 존재가 아니라 '주권자 국민'임을, 내가 분명 해야 할 일과 할 수 있는 일이 있음을 일러준다. 우리가 마치 인생의 결전을 치르는 기분으로 사명감을 가지고 투표하러 가게 만들고, 우리가 용감하게 촛불과 응원봉을 들고 거리로 나가게 해주는 사람이 조국이다. 또 우리가 진정한 이 시대의 지성인임을 일깨우는 글을 쓰는 사람, 그런 삶을 사는 사람이 바로 조국이다.

그는 늘 우리의 기대를 넘어선다. 거기까지만 버텨주어도 괜찮다, 대단하다는 생각이 들 때도 그는 더 버티고 더 견뎌낸다. 거기까지만 이뤄도 훌륭하다는 생각이 들 때도 그는 언제나 더 이뤄낸다. "검찰개혁을 향해 맨 앞에서, 맨 마지막까지 싸우겠습니다!"라는 그의 말은 결코 수사적 표현이 아니었다. 그는 정말로 버텨냈고, 그는 항상 자기가 말한 것을 지킨다. 그것이 너무 외롭고 힘들 것 같아 가슴 시리다가도, 이렇게 수많은 사람이 조국과 함께하고 있음을 깨닫게 해주어 인간은 이익만 추구하는 동물이 아니라는 것을, 정의와 혁명과 눈부신 해방을 꿈꾸는 존재임을 깨닫게 한다.

## 대화하는 조국, 열린 조국의 첫인상
—《진보집권플랜》

나는 이 책을 보고 새삼 조국의 존재를 제대로 알게 되었다. 서울대 교수, 그것도 법대 교수인데 '한국 사회의 진보'라는 공적 의제에 이렇게 열정적으로 화답하다니. 나는 소위 잘나가는 엘리트 중에서 '자기 자신의 이익'과 직접적 관계가 없는 '사회 전체의 공동체적 진보'에 관해 이처럼 열정적으로 발화하는 사람을 본 적이 거의 없다. 조국, 그의 존재는 한마디로 신선함과 통쾌함 그 자체였다. 그가 다음번에는 무슨 말을 할지, 이 사회의 중요한 전환점마다 그가 어떤 행보를 취할지 궁금해지기 시작했다.

이 책을 읽고 그가 모든 대화에 강한 사람, 그 어떤 답변에도 강한 사람이라는 것도 알게 되었다. 그리고 그가 지식인을 넘어 열정적 투사의 모습을 보여줄 때 더욱 믿음이 갔다. 수많은 독자에게 '조국을 향한 믿음'을 갖게 해준 역작. 내가 이 책에서 가장 좋아하는 대목은 바로 이 부분이다.

> 마지막으로 덧붙이고 싶은 것은 권력혐오증에서 벗어나자는 것입니다. 막스 베버Max Weber는 "정치인은 악마적 힘과 손잡는 사람"이라고 갈파한 바 있어요. 정치권력은 다름 아니라 악마적 힘입니다. 이 힘과 손을 잘못 잡으면 악

마에게 내가 넘어가죠. 이 힘을 포기하면 반대 정파가 이 힘을 사용하여 나를 억누르죠. 그러나 그 힘을 정확히 사용하면 세상을 바꿀 수 있습니다. 바로 이러한 능력이 정치인에게는 필요한 겁니다. 정치권력에 대한 비판에 능한 것을 넘어, 그 권력을 잡았을 때 이를 잘 다루어 목표를 달성해야 한다는 것이지요. 진보·개혁 진영의 사람들은 권력 행사를 혐오하는 경향을 버려야 하며, 권력을 유능하게 행사하는 기술을 배우고 익혀야 합니다.[9]

이 대목을 읽으며 권력에 관한 무조건적 혐오에서 벗어나 올바른 권력을 유능하게 행사하는 기술을 익혀야겠다는 생각을 처음 하게 되었다. 설령 정치권력이 아닐지라도 '올바른 힘'을 올바른 곳에 더 좋은 방향으로 쓰는 방법을 아는 것은 누구나 더 행복하고 풍요로운 삶을 위해 필요한 '삶의 기예'가 아닐까. 그동안 우리는 '권력'이라는 말에 무조건적으로 부담감을 느끼진 않았는가. 또는 권력에 무작정 매혹된 적은 없었는가.

나는 이 책을 보고 왜 진보가 집권해야 하는지, 승리하는 경험이 왜 중요한지, 우리가 김대중·노무현의 민주주의적 실천을 넘어 감당해야 할 새로운 민주와 진보의 가치는 무엇인지, 왜 4대강 사업이 '나쁜 일자리'를 늘렸는지, 신자유주의를 넘어 복지국가로 나아가기 위해 우리 사회는 어떤 준비를 해야 하는지 고민하기 시작했다. 한마디로 그동안 한 번도 완전한 내 문제로 고민해본 적 없던 대한민국 정치와 법률을 두고 진지하게 고심했다.

공부 영역에서 이는 가장 어렵기도 하고 중요한 일이기도 하다. 그간 깊이 생각하지 않던 주제를 마치 사생결단이라도 할 것처럼 열심히 '나의 문제'로 생각해보는 것. 그야말로 앉으나

서나, 길을 걸을 때나, 혼자 있을 때나 상관없이 '우리 모두의 문제를 나의 문제'로 받아들이는 것. 그 온전한 자기화 과정에서 공부의 불꽃은 타오른다.

> 반값 등록금, 반값 아파트, 준 무상의료 등은 현재 우리나라 부의 수준에서 충분히 가능합니다. 현재 한국의 부의 규모는 서구에서 '복지국가'가 이루어졌을 때 그 나라의 부의 규모보다 훨씬 높다는 점을 기억해야 합니다. 제가 외국 관료나 학자 들과 이야기를 하다 보면 이런 반응이 자주 나옵니다. "한국에 그런 복지제도가 없다고? 무슨 애기냐, 한국에 그게 없다는 건 말이 안 된다." 한국 정도의 부의 규모를 갖춘 나라들 가운데 한국의 복지 수준은 꼴찌에 가깝거든요. 한국은 이미 충분히 '부자 나라'입니다.[10]

## 절망 속에서 희망을 발견하는 시간
―《조국의 시간》

조국의 책 중 가장 감동적인 책을 꼽으라면 나는 이 책을 선택하고 싶다. 2023년 오랜만에 조국을 만났을 때 나는 말했다. "조국 선생님, 문체가 바뀌었어요! 바뀐 이 문체가 더 좋아요. 독자들과 더 가까워졌어요." 시련 속에서 담금질한 문장에는 더욱 진솔한 힘이 있었다. 《진보집권플랜》이나 《성찰하는 진보》가 지식인이 '세상을 바꿔야 하는 이유'를 설명하고 해석한 것이라면, 《조국의 시간》과 《디케의 눈물》은 완전한 아웃사이더 자리에서 뼈아픈 통찰로 이뤄낸 다짐과 실천의 비망록이었다.

《진보집권플랜》이나 《성찰하는 진보》가 '머리'를 더 많이 움직이는 책이라면, 《조국의 시간》과 《디케의 눈물》은 '마음'을 더 많이 움직이는 책이다. 후자는 분노가 다짐이 되고, 다짐이 실천이 되어, 더 나은 세상을 향한 '나 한 사람의 선택'을 되돌아보게 하는 책이다.

조국의 책 중 가장 슬픈 책을 꼽으라 해도 나는 이 책을 선택하고 싶다. "가족의 피에 펜을 찍어 책을 써 내려가는 심정"[11]이라는 대목만 읽어도 독자의 가슴은 저릿해진다. 그의 트라우마는 가족의 트라우마일뿐 아니라 대한민국 역사의 트라우마로 남았다. 그래도 다행히 그는 '상처 입은 치유자'가 되어 자신뿐 아니라 타인의 아픔까지 치유하는 정치인으로 변신했다. 그가 정치인으로 변신하기 전, 혹시나 다른 사람이 자신 때문에 고초를 겪을까 봐 사람을 만나는 일조차도 조심하고 두문불출하며 홀로 써 내려갔을 이 책은 조국의 간난신고艱難辛苦와 파란만장한 대한민국 현대사가 만나는 접점이 되었다.

조국의 스타일이 바뀐 책을 꼽으라고 해도 나는 이 책을 선택하고 싶다. 예전의 책들이 '이성과 감성' 중 이성의 힘이 더 강했다면, 이 책은 단연코 감성의 힘이 더 강하게 느껴졌기 때문이다. 슬픔을 절제하는 순간에도 슬픔이 읽혔다. 분노를 억제하는 순간에도 분노가 생생했다. 그의 분노와 슬픔은 곧 검찰공화국을 향한 우리의 분노와 슬픔과 닮아 있었다.

이 책은 2019년 '조국 사태' 이후 그가 견뎌온 고통의 시간 속에서 깨닫고, 반성하고, 성찰하고, 치유한 모든 일에 관련된 '당사자의 목소리'를 담고 있다. 검찰뿐 아니라 언론에서도 그에게 제대로 된 발언 기회를 주지 않았기에 그가 '조국의 목소리'를 내는 유일한 길은 글쓰기뿐이었다.

그가 글쓰기의 놀라운 힘을 바탕으로 그 혹독한 시련을 견녀내고 마침내 상처 입은 치유자이자 강력한 정치가로 변모하기 직전까지의 견딤과 치유의 시간을 담아낸 이 책을, 독자들은 '서초동 십자가'를 재현하는 마음으로 읽었다. 나는 이 책을 통해 지식인 조국, 유명인 조국을 넘어 '작가 조국'의 밝은 미래를 보았다. 한때 전업작가가 꿈이었다는 조국 선생님의 말을 이제 이해할 수 있을 것 같다. 우리가 꿈꾸는 좋은 세상이 온다면, '정치를 원하지 않았지만, 온갖 시련을 겪으며 정치인이 된 조국'이 아닌 '행복한 전업작가 조국'을 볼 수도 있지 않을까.

《조국의 시간》에는 지식인 조국, 정치인 조국을 넘어 인간 조국, 남편이자 아버지로서의 조국, 이웃이자 친구로서의 조국의 모습이 다채롭게 담겨 있다. 자신과 가족의 슬픔을 깊이 성찰하며 비로소 자기 안의 가장 소중한 따스함을 자신도 모르게 만나는 수많은 장면이 가슴에 스며든다. 이 책을 읽고도 조국을 사랑하지 않기란 불가능하다. 이 책을 다 읽고도 조국을 응원하지 않기란 불가능하다.

> 가족의 피에 펜을 찍어 써 내려가는 심정이었습니다. 그러나 꾹 참고 써야 했습니다. (……) 저와 제 가족의 소명과 항변을 법원에서 얼마만큼 받아들일지도 알 수 없습니다. 불안과 걱정이 사라지지 않습니다. 그러나 제 영혼과 정신의 힘을 모아 견디고 버틸 것입니다. 피고인의 최후 보루는 법원이라는 믿음을 포기하지 않고 끝까지 주장하고 호소할 것입니다.[12]

내 사건의 수사가 '공소권 없음'—피의자가 사망할 경우 검사가 내리는 결정—으로 마무리될 것이라고 희망하며 비웃는 사람들이 있었다고 들었다.

가족 구성원 전체가 '도륙'되는 것을 지켜봐야 하는 고통은 엄청났다. 그러나 나는 죽지 않았다. 죽을 수 없었다. 진심으로 나를 사랑하는 사람, 나의 흠결을 알면서도 응원하고 지지하는 사람들이 있었기에 버틸 수 있었다. 생환生還. 그것이면 족했다.[13]

## 최악의 독재 속에서도 희망 발견하기
—《디케의 눈물》

《디케의 눈물》은 검찰공화국에 맞서 싸우기 위한 조국의 모든 무기를 장전하고 있는 지성의 화약고다. 이 무시무시한 다윗과 골리앗의 싸움에서 조국은 결코 기백을 잃지 않고, 용기를 잃지 않고 싸운다. '대한검檢국'과 맞서 싸우는 조국의 투쟁은 우리를 결코 방관자로 살 수 없게 만든다. 익숙한 무기력에 빠져들지 않고, '어차피 이길 수 없는 싸움'이라는 비관을 내려놓고, 마침내 '지금 우리가 할 수 있는 것'이 무엇인지 고민하게 만든다. 그 고민이 결코 아깝지 않다. 그 고민은 결코 헛되지 않다. 우리가 무엇을 함께할 수 있는지 함께 고민하다 보면, 어느새 우리는 저마다의 자리에서 소중한 투쟁을 시작할 수 있음을 깨닫는다.

"우리는 이미 최악의 독재 속에서도 변화를 일구어냈다"[14]라는 조국의 진단은 '이미 우리가 가지고 있는 힘'과 '앞으로 충분히 발휘할 수 있는 잠재력'을 동시에 자극한다. 조국은 이 책에서 혼자만의 고독한 싸움을 '우리 모두를 위한 공동체의 싸움'으로 확장한다. 이 확장은 몹시도 아름다운 확장이다. 이 번짐은 몹시도 아름다운 번짐이다. 우리에겐 멈추지 않고 싸울 권리가 있다. 우리에겐 멈추지 않고 싸울 의무도 있다. 그토록 오랜 시련을 감당하고도, 그토록 불합리한 세상과 맞서 싸워오고도, 여전히 희망을 잃지 않고 오늘도 감옥에서 싸우고 있는 조국이 있기에 우리에게는 여전히 희망이 있다.

내 일이 너무 바빠서, 내 삶이 너무 고통스러워서, 이 싸움을 살짝 회피하고 싶었던 우리의 게으름을 향해 이 책은 '그래도 함께 맞서 싸우자, 더 나은 세상을 함께 만들자'라고 속삭이는 듯하다. 당신이 아무리 바빠도, 당신이 아무리 힘들어도 이 싸움은 우리 자신의 행복과 자유를 위한 싸움이기에. 이 책을 제발 '검찰공화국 권력자들'도 읽었으면 좋겠다. 법조 엘리트로 불리는 사람들, 즉 판사, 검사, 변호사 들과 법조계에 종사하는 수많은 '힘 있는 사람들'이 읽었으면 좋겠다. 검찰공화국의 혁신과 변화는 그들의 권력을 빼앗는 것이 아니라 우리 모두가 더 나은 세상을 만들어가기 위한 큰 걸음임을 공감해주었으면 좋겠다.

'그런 기적 같은 일'은 일어나지 않는다고 지레 포기하지 말자. 그런 기적 같은 일의 시작이 바로 조국혁신당 창당이었으니까. 2024년 4월 10일 제22대 국회의원 선거에서 조국혁신당은 무려 687만 4,278표를 얻으며 "3년은 너무 길다"라는 것을 온몸으로 증명했고, 윤석열 탄핵이라는 기적 같은 일도 정말로 이뤄졌다. '설마 그런 일은 또 일어나지 않을 거야'라고 생각했던 모든 일이 일어났고, 그 기적은 한 사람의 힘, 한 사람의 희망, 한 사람의 실천에서 시작되었다. 《디케의 눈물》은 '대한검국'이라는 용어를 처음 사용하며 무너진 대한민국 법치주의의 민낯을 고발하고, 마침내 끝장낼 수 있는 희망과 용기의 보물창고가 되어줄 것이다.

권력의 소재를 알 수 있는 두 번째 질문은 "시민이 누구를 제일 두려워하는가?"이다. 권위주의 또는 군사독재 정권 하에서 시민은 군부를 두려워했고, 중앙정보부 또는 안기부를 무서워했다. 그러나 현재 보통의 시민들은 군부나 국정원을 겁내지 않는다. 그 대신 검찰의 압수·수색, 체포·구속, 기소와 중형 구형을 겁낸다. 국가는 원래 '합법적 폭력'의 독점체다. 과거에는 총, 칼, 납치, 고문, 살해 등 '비법률적·초법률적 폭력'을 겁냈다면, 이제는 형벌권이라는 법률적 폭력을 겁낸다.[15]

현실은 험난하지만, 여전히 나는 법의 역할을 믿으려 한다. '정의의 여신' 디케Dike는 망나니처럼 무지막지하게 칼을 휘두르는 모습이 아니라, 늘 균형과 형평을 중시하는 차분한 모습이다. 나는 디케가 형벌권으로 굴종과 복종을 요구하는 신이 아니라 공감과 연민의 마음을 갖고 사람을 대하는 신이라고 믿는다. 또한 머지않은 시간에 주권자 시민들이 '법치法治'가 '검치檢治'가 아님을 확실히 깨닫게 되리라 믿는다. 궁극에는 '법을 이용한 지배'가 아닌 '법의 지배'의 시간이 오리라 믿는다.[16]

## 대한민국의 청사진
—《가불 선진국》

혹시 우리나라가 '허울뿐인 선진국'은 아닐까 의심해본 적이 있다면, 혹시 우리나라가 'OECD 국가 중 가장 낮은 문해력과 가장 높은 자살률을 기록하는 나라'라는 사실에 충격받은 적이 있다면, 나는 이 책을 꼭 읽어보라고 권하고 싶다. 유시민의 《후불제 민주주의》와 조국의 《가불 선진국》은 고속 성장을 거듭해온 대한민국의 빛과 그림자를 이해하기 위한 필독서다. 세계를 놀라게 한 대한민국 민주주의와 놀라운 경제성장의 화려한 빛 뒤에 가려진 '집단적 그림자'를 파헤친 두 역작을 나란히 읽고 나면 우리 민주주의에 부족한 것이 무엇인지, 우리 경제성장에서 치명적으로 결핍된 것이 무엇인지를 깨닫게 된다.

《가불 선진국》을 읽다 보면 조국혁신당의 창당 비밀도 이해할 수 있다. 그러니까 조국혁신당은 어느 날 갑자기 만들어진 것이 아니라, 《가불 선진국》을 비롯해 수많은 저서로 이미 대한민국 사회를 철저히 해부하고 깊이 통찰한 조국과 그의 동지들이 빈틈없이 준비해서 차근차근 만든 정당임을 이해하게 된다. 《가불 선진국》은 '정치인 조국'의 출사표이자 조국혁신당 창당의 성공을 예비하는 비밀병기였던 것이다.

그 비밀병기의 더 깊은 비밀은 바로 '조국의 공부'다. 그는 심각한 위기에 빠졌을 때마다 공부로 길을 찾는다. '조국 사태'가 실은 '조국 사냥'임을 어디에서도 허심탄회하게 말할 수 없을 때조차, 그는 조용히 문을 닫고 홀로 치열하게 공부했다. 덕분에 나 혼자 살 길이 아니라 우리 모두가 살 길을, 돈과 권력만이 지배하는 대한민국이 아니라 국민 한 사람 한 사람이 저마다의 행복과 자유를 눈부시게 추구할 수 있는 더 나은 공동체로서의 대한민국을 위해 그는 《가불 선진국》이라는 대한민국 청사진을 마침내 제출할 수 있었다.

문재인 정부는 촛불혁명의 정신에 기초하여 국정을 운영했고 대한민국을 최초로 '선진국' 대열에 진입시킨 정부다. 문재인 정부의 최고 성과는 외교, 안보, 방역에 있다. 세계적으로 한국의 위상이 높아지고 한국 정부의 발언권도 강해졌다는 것, 남북 사이에 군사적 긴장이 거의 느껴지지 않을 정도로 최소화되어 '코리아 디스카운트'라는 말이 사라졌다는 것은 주지의 사실이다.[17]

헌법 제119조는 "시장의 지배와 경제력의 남용을 방지하며, 경제 주체 간의 조화를 통한 경제의 민주화를 위하여 경제에 관한 규제와 조정을 할 수 있다"라고 규정한다. 헌법은 자유경쟁의 이름 아래 시장 약자를 몰락시키는 경제질서를 상정하지 않는다. 일찍이 영국 시인 윌리엄 블레이크William Blake는 "사자와 소를 위한 하나의 법은 억압이다"라고 갈파했다. 사자와 소를 한 울타리에 넣고 자유롭게 경쟁하라고 하는 것은 사자에게 소를 마음껏 잡아먹으라는 얘기와 같다. 여기서 칸막이를 만드는 국가의 역할이 중요하다.[18]

## 법학자 조국의 명강의
─《조국의 법고전 산책》

법학을 과연 대중화할 수 있을까? 어려운 전문용어가 가득하고, 딱딱한 느낌이 가득하고, 읽기만 해도 왠지 감옥이나 형벌을 연상하게 하는 법학 관련 저서를 읽는 것이 과연 재미있을까? 이런 질문을 해본 적 있는 사람이라면 《조국의 법고전 산책》을 읽고 그 모든 의심으로부터 해방될 수 있을 것이다.

법학은 대중화할 수 없을지라도, 법에 대한 질문은 대중화해야 한다. 12·3 비상계엄 이후 헌법을 필사하는 여성이 우후죽순 늘어난 것은 법을 향한 질문이 이미 집단지성에 내재하고 있었음을 증언한다. 내게 이미 있는 권리인데 미처 실현하지 못한 권리는 무엇일까? 내가 이미 헌법으로 보장받고 있는 권리인데 여태 몰랐던 것은 무엇일까? 윤석열의 12·3 비상계엄은 우리 국민에게 이미 있던 어떤 자유와 행복을 빼앗아간 것일까? 대중은 이런 질문에 헌법 필사라는 자발적 공부 방식으로 답하고 있었던 것이다.

나도 헌법을 필사하며 《조국의 법고전 산책》을 함께 읽었는데, 그 두 가지 독서는 서로 엄청난 시너지 현상을 불러일으켰다. 헌법과 법고전을 함께 읽으니 '머나먼 고전 속 법학 이야기'가 '바로 오늘, 우리가 지켜내고 실천해야 할 법학'과 아름다운 교집합을 이루고 있음을 발견하게 된 것이다. 법고전은 머나먼 학자들만의 이야기가 아니라 바로 우리, 바로 지금 여기, 계엄으로 고통받는 대한민국 국민을 위해 필요한 지식의 원천이었다.

이미 10여 년 전에 법학을 대중화하는 데 성공한 조국의 명강의를 기록해 생생한 현장감으로 가득한 이 책은 역설적이게도 조국이 가장 고독하게 홀로 작업하고 있을 때 탄생할 수 있었다. 아무리 녹취가 완벽해도 그 기록을 글로 다듬으려면 오랜 가필과 수정, 추가적 연구가 필요한 것이다.

말을 글로 바꾸는 글쓰기에는 또 다른 공력이 필요하다. 오히려 말하기를 글쓰기로 바꾸는 것보다 처음부터 글쓰기를 시작하는 것이 나을 정도로 말과 글의 차이는 클 때가 많다. 민정수석비서관과 법무부장관을 거치며 활발한 대외 활동을 할 때 그는 연구에 집중할 수 없었다. 그는 고독한 모색의 시간에 치열한 공부 흔적을 더듬었고 오직 고전만이 전해줄 수 있는, 결코 유행을 타지 않는 깨달음과 감동의 기쁨을 되새겼다. 그러한 조국의 공부가 마침내 세상의 공부, 대중의 공부, 우리의 공부가 되는 순간, '나를 바꾸는 글쓰기'가 마침내 '세상을 바꾸는 글쓰기'의 감동으로 전이되는 순간의 희열이 이 책 곳곳에 배어 있다.

> 저는 마지막 문장 "권력이 권력을 저지하도록 해야 한다"에 《법의 정신》의 핵심이 들어 있다고 생각합니다. 권력은 도덕, 선의, 설교 등으로는 저지되지 않는다는 냉정한 인식입니다. 권력이 남용되지 않도록 하려면 권력이 쪼개지고 이 권력들끼리 서로 감시, 견제하도록 해야 한다는 중요한 지적입니다.[19]

> 우리에게 양심과 사상의 자유, 종교의 자유, 표현의 자유, 신체의 자유 등이 박탈되거나 제약되는 상황이 닥친다면 어떨까요? 이러한 자유를 보장하지 않는 국가는 존재의 정당성이 없습니다. 루소의 말처럼 이런 상황은 생명은 부지하되 인간으로서의 자격과 권리는 없어지는 상황입니다. 민주주의 국가에 사는 사람이라면 이 점에 다 동의할 것입니다.[20]

## 찬반으로 나뉜 세상에서 마음의 중심 잡기

환난의 한가운데서 이 책을 집필했다. 가장 괴로운 것 중 하나는 '우리가 사는 세상이 두 쪽으로 갈리어 통합과 화합이 도저히 불가능해 보이는 상황'으로 치달은 일이었다. 보수와 진보, 탄핵 찬성과 탄핵 반대처럼 둘로 갈린 세상의 혼란에 극심한 피로감을 호소하는 사람들이 급증하고 있었다.

평소에는 정치와 종교를 잘 이야기하지 않던 사람들까지도 '당신은 어느 쪽이냐'라고 물으며 '과연 저 사람이 내 편인가'라는 마음속 궁금증을 해결하려 하다 보니, 더욱더 사람 만나는 일이 두려웠다. 우리는 토론이 불가능한 사회에 살고 있는 것일까? 정녕 이 사회는 돌이킬 수 없이 두 쪽으로 나뉘어 영원히 화해가 불가능한 갈림길로 나아가고 있는 것일까?

우리는 분노를 가슴에 안은 채 필사적으로 희망을 찾아야 한다. 뛰어난 지도자는 강자들의 기득권을 늘리는 데 힘을 쏟지 않고, 천차만별의 차이를 지닌 국민이 저마다의 개성과 행복을 누릴 수 있도록 거대한 자율 공간을 만들기 위해 애써야 하지 않을까. 현대 사회 지도자는 권력자가 아니라 공감의 리더십, 경청의 리더십으로 열린 마음의 정치를 실현해야 한다. 나는 그런 것을 고민하는 과정에서 이 책을 썼다.

세상이 너무 시끄러울 때는 마음의 등불이 될 아름다운 이야기를 찾아야 한다. 2025년 1월 21일 트럼프 대통령을 향한 메리앤 에드거 버드Mariann Edgar Budde 주교의 연설은 모든 차이와 경계를 뛰어넘어 대화하는 진정한 리더십의 중요성을 생생하게 보여준다. 그는 정치적 입장과 종교적 차이를 뛰어넘어 우리가 인간으로서 서로에게 지녀야 할 선의에 호소한다. 그는 승리감에 도취한 트럼프 대통령에게 지도자로서 반드시 잊지 말아야 할 덕목을 이야기한다. 그것은 바로 '자비mercy'였다.

그는 트럼프의 이민자 정책이 수많은 사람에게 공포를 불러일으키고 있음을 지적한다. 구체적으로 그는 우리 곁에서 살아가는 수많은 보통 사람들, 즉 우리가 먹을 농작물을 수확하는 사람들, 청소하는 사람들, 양계장과 육류 포장 공장에서 일하는 사람들, 식당에서 음식을 서빙하고 설거지를 하는 사람들, 병원에서 야간 근무를 하는 사람들을 부디 돌아봐줄 것을 부탁한다. 그들은 민주당 지지자일 수도 있고 공화당 지지자일 수도 있지만 저마다 게이, 레즈비언, 트랜스젠더, 불법 이민자 등 수많은 정체성의 차이로 차별과 위협을 감내하고 있다.

그는 이민자는 결코 범죄자가 아니라 우리와 똑같이 세금을 내는 좋은 이웃들이라고 말한다. 또한 그는 무소불위의 권력자로 군림하는 미국 대통령에게 호소한다. 이민자의 아이들이 부모가 끌려갈까 봐 공포에 떨고 있다고. 당신이 대통령이 되었기에 떨고 있는 수많은 사람에게 자비를 베풀어달라고.

나는 버디 주교의 연설을 들으며 눈시울이 뜨거워졌다. 저렇게 많은 사람이 모인 곳에서, 전 세계 이목이 집중된 곳에서, 저렇게 커다란 용기를 낼 수 있는 힘은 무엇일까? 그것은 평범한 사람들의 삶을 오랫동안 관찰하고, 그들의 희로애락에 공감하고, 그들의 미래를 걱정하는 마음에서 우러나온 진정한 지성인이자 리더의 감수성이 아닐까? 권력과 자본만 편드는 지도자는 결코 뛰어난 통치자가 될 수 없다. 고통받는 사람들, 최소한의 의식주마저 보장받지 못하는 사람들, 온갖 트라우마와 슬픈 기억으로부터 자유롭지 못한 사람들을 보살피는 마음이야말로 진정한 리더십의 본질이 아닐까.

이탈리아 사상가 안토니오 그람시는 이렇게 말했다. "나는 지성 때문에 비관주의자이지만, 의지 때문에 낙관주의자이다." 나는 그토록 뛰어난 사상가 그람시를 비관주의자로 만드는 지성도, 그를 낙관주의자로 만드는 의지도 사랑한다. 지성을 가지고 사회를 관찰하다 보면 끊임없이 좌절할 수밖에 없지만, 그럼에도 불구하고 희망을 잃지 않고 세상을 더 나은 방향으로 바꿔 갈 의무가 나에게 있다고 믿기 때문이다. 우리를 절망으로 이끄는 비관주의적 지성, 우리를 끝내 희망으로 이끌 낙관주의적 의지를 동시에 장착하면, 우리는 무적의 강인함과 유연성을 동시에 지닐 수 있지 않을까.

냉철한 판단이 필요할 때는 비관주의를 두려워해서는 안 되고(이는 지성의 영역이다), 나와 함께 더 나은 세상을 만들어갈 친구들을 찾을 때는 더없이 따스해야 한다(이는 감성의 영역이다). 이토록 냉철한 지성과 이토록 따스한 감성을 모두 지닌 '좋은 어른'이 되고 싶다. 이렇게 험난한 세상에서는 '대단한 사람'이 아니라 '그저 좋은 사람'이 되는 것조차 얼마나 어려운 일인지. 다만 여기서 좋은 사람이란 누구에게나 허허 웃으면서 무조건 친절하게 대해주는 사람이 아니라, 지성의 차가움과 감성의 뜨거움을 모두 갖춘 용감한 민주시민을 뜻한다.

어쩌면 그것이 그저 침묵과 무관심만으로 봉변을 피하는 길보다 훨씬 더 현명하고 용감한 마음 챙김 기술이 아닐까. 그 어떤 순간에도 폭력의 힘을 빌려 헤게모니를 장악하려 하는 지도자는 결국 패배할 것이다. 역사는 결국 민주주의와 정의의 승리를 향한 발걸음을 멈추지 않을 것이다. 우리는 《조국의 공부》로 찬반으로 갈린 세상에서 지성과 양심의 길을 찾는 모든 사람의 '따스하고 지혜로운 동료 시민'이 되는 길을 모색하고자 한다. 서로가 서로를 무한히 환대하는 사회, 서로의 의견이 다를지라도 끝까지 경청하는 사회를 꿈꾸는 사람들에게 《조국의 공부》가 도움이 되었으면 좋겠다.

얼마 전 서울지하철 5호선 전철역에서 방화 사건이 일어나 또 한 번 시민들이 가슴을 쓸어내렸다. 매일 수백만 명이 타는 지하철에서 방화 사건을 벌이다니. 현장은 무시무시한 아비규

환이 될 뻔했지만, 시민들의 침착한 대처로 다행히 큰 화를 면했고 범인은 현장에서 잡혔다. 침착하게 지하철 내 전화를 이용해 비상 연락을 한 시민, 지하철 내에 구비된 소화기로 재빨리 불을 끈 시민, 발 빠르게 도착해 수백 명의 탑승객을 대피시키느라 애써준 119 대원들. 이 모든 깨어 있는 집단지성이 힘을 발휘해 큰 참사를 막을 수 있었다.

경상자가 스물한 명 있었지만, 다행히 심각한 인명 피해가 발생하지 않은 중요한 이유 중 하나는 대구 지하철 참사 이후 지하철을 만드는 모든 재료를 불연성·난연성 물질로 바꿨기 때문이라고 한다. 그 소식을 듣는 순간 가슴이 먹먹해졌다. 여기에 시민들은 이태원 참사를 떠올리며 두려움에 빠졌으나 이내 정신을 가다듬고 차분하게 기본적 대처를 해나갔다고 한다.

어쩌면 위급한 상황에서 비상시 매뉴얼보다 더 중요한 것은 바로 이러한 믿음이 아닐까. 나 한 사람의 힘을 믿는 것. 한 사람 한 사람의 힘이 모여 우리가 되고, 그러한 깨어 있는 시민의 상식과 용기로 분명 위기에서 탈출할 수 있다는 믿음 말이다. 머나먼 컨트롤타워를 찾아 헤맬 것이 아니라 우리 자신이 한 명 한 명 컨트롤타워가 되어 깨어 있는 시민의 힘을 발휘하면 나를 구하고, 서로를 돕고, 마침내 우리 모두가 해방될 수 있다.

"죽은 자가 산 자를 구한다는 것. 과거가 현재를 구한다는 것." 한강 작가의 이 말을 새삼 뜨겁게 실감하는 요즘이다. 죽은 자의 간절한 목소리가 살아 있는 자의 마음을 일깨우고, 까맣게 잊은 줄로만 알았던 과거가 우리 마음속에 날카로운 흔적을 남겼음을 깨닫는다. 우리 시민들은 5·18 민주화운동을 기억하며 12·3 비상계엄을 막아냈다. 수많은 국가폭력의 참상을 기억해내고 국가가 국민을 찍어 누르지 못하는 세상, 국민이 국가를 향해 당당히 주권을 행사하는 주권자의 권리를 되찾아내고

야 말았다. 우리는 그렇게 수많은 상처와 분노 속에서도 더 나은 세상을 향해 앞으로 나아가고 있다. 감당하기 힘든 트라우마가 엄습해도, 아무리 커다란 분노가 몰아쳐도, 우리는 끝내 이길 것이다.

그 머나먼 주권자의 희망을 찾는 길 위에서 나는 조국을 만났다. 《진보집권플랜》으로 조국의 비전이 우리 모두를 더 나은 미래로 이끌어줄 것을 믿게 되었다. 나아가 그것이 엘리트가 민중을 이끄는 형태가 아니라 우리 시민의 집단지성이 지닌 자발적 힘과 용기가 만들어낼 희망찬 미래임을 깨달았다. 또한《성찰적 진보》로 나는 다급하게 보수 세력에 반대하거나 비주류로서의 소외감을 내면화하는 것이 아닌 떳떳한 진보, 차분한 진보, 믿음직스러운 진보 세력의 청사진을 보았다.

'조국의 공부'가 우리에게 의미 있는 것은 '법으로 군림하는 엘리트의 법학'이 아니라 '고통받는 사람들의 마음을 치유하는 법학, 깨어 있는 동료 시민의 연대와 동질감을 회복하는 법학'의 의미를 일깨워주기 때문이다. 조국의 공부는 권력자가 되기 위한 공부가 아니라 권력을 동료 시민에게 나눠주는 공부이고, 주권자 국민의 권리를 일깨워주는 공부이며, 여성과 노동자와 어린이와 장애인과 소수자 그 누구도 차별받지 않고 소외되지 않는 세상을 꿈꾸는 공부다. 타인의 고통을 외면하지 않는 공부, 세상의 슬픔과 기쁨에 기꺼이 참여하는 공부, 세상 사람들의 눈물을 닦아주는 공부, 세상 사람들과 함께 미소 지으며 더 나은 세상을 향해 나아가는 공부다.

그는 결코 이 공부를 멈추지 않을 것이다.

투쟁하는 자들이
비로소
행복해지는
세상

# 닫는 글

그는 불가사의하게 친절한 사람입니다. 2009년 햇살 가득한 여름날, 그를 처음 만났습니다. 그는 아직 젊은 법대 교수였고 저는 햇병아리 문학평론가였지요. 그와 저 사이에는 노무현 대통령이 있었습니다. 노무현 대통령의 죽음 이후, 한국 사회의 나아갈 길은 물론 '나'라는 한 사람이 나아갈 길 모두가 한꺼번에 흔들리는 내면의 지진을 경험했습니다. 그때 읽고 있던 책이 바로 조국의 《성찰하는 진보》입니다. 노무현 대통령의 서거 이후 삶의 방향타가 흔들릴 정도로 깊이 방황하고 있던 그때, 저에게 눈부신 희망의 길을 열어준 분이 바로 조국 선생님입니다. 전임 대통령의 비극적 죽음, 민주주의의 위기, 무소불위의 검찰 공화국 같은 커다란 주제 말고도 물어볼 것이 매우 많았으나 시간과 지면 제한으로 차마 다 묻지 못했습니다. 그렇지만 제가 미처 다 전하지 못한 질문까지도 그는 이미 소중히 답해준 것 같은 느낌이었습니다. 그 따스한 첫 만남의 기록을 이 책 4부에 실었습니다.

몇 년이 지난 2012년 어느 추운 겨울날, 서울대 인문대 자하연 식당에서 우연히 그를 만났습니다. 수많은 사람이 그에게 인사했고, 혼자 조용히 밥을 먹으러 온 그는 밥 한 끼조차 여유롭게 먹을 짬이 없어 보였습니다. 많은 사람이 호기심 어린 시선으로 그를 쳐다보았기에 홀로 식사하는 그의 표정은 편치 않아 보였습니다. 하지만 그는 겨우 두 번째로 만난 저에게 흔쾌히 밥을 사 주었습니다. 우연히 만난 저에게 미소 지으며 반갑다고 말해주고, 저와 함께 간 출판사 편집자에게도 밥을 사 주었습니다. 석사학위 3년, 박사학위를 받기까지 9년, 무려 12년이나 대학원에 몸담았지만, 12년 동안 저에게 밥을 사 준 교수님은 단 한 분도 없었기에 깜짝 놀랄 수밖에 없었습니다. 불가사의하게 친절한 사람, 조국의 따스한 미소와 밥 한 끼가 눈물겨운 날이었습니다. 그는 늘 아웃사이더였던 저를 아무런 조건 없이 그저 따스하게 환대해준 분입니다.

그로부터 오랫동안 그에게 연락하지 못했습니다. 민정수석비서관, 법무부장관을 거쳐 수많은 변신을 거듭하고 있는 그의 모습을 멀리서 바라보며 다만 조용히 응원할 뿐이었습니다. 2019년 '조국 사태' 때는 열 살도 채 안 된 어린 조카들의 손을 잡고 서초동으로 뛰어나가 '조국 수호' '검찰개혁'을 외쳤습니다. 서초동을 수놓은 거대한 촛불 십자가 속에 저도 있다는 사실을 알려드리고 싶어, 응원과 위로의 마음을 담아 문자메시지를 보냈습니다. 그러다 문득 2023년, 그에게 두 번째 대담을 부탁하고 싶다는 생각을 했습니다. 그는 완곡히 거절했습니다. 아직 검찰 조사를 받고 있는 중이기에 인터뷰를 비롯한 외부 약속을 자제하고 있다는 소식이었습니다. 안타까운 마음으로 다음 만남을 기다렸지요. 놀랍게도 몇 달 후 그에게 먼저 연락이 왔습니다. 이제 인터뷰를 하고 싶다고 했습니다. 저는 그 소중한 만남에서 나눈 이야기를 한 권의 책으로 만들면 어떻겠냐고 제안했고, 그는 흔쾌히 받아들였습니다. 그가 가장 외롭게 투쟁하고 있던 2023년 겨울, 우리는 잠실의 한 스튜디오에서 두 번째 이야기를 나누었고 그 만남의 기록을 이 책 4부에 담았습니다.

그런데 다시 한번 격변이 일어났습니다. 2024년 12월 그가 감옥에 갇힌 것입니다. 맨 앞자리에서 검찰공화국과 싸우던 그는 또 한 번 검찰 권력의 희생양이 되었습니다. 그가 입감되기 직전 저는 이메일을 보내 '조국과 정여울이 서로에게 쓴 편지로 책을 써보자'라고 제안했고 그는 이번에도 흔쾌히 승낙했습니다. 그에게서 정성스러운 손 편지가 도착할 때마다 가슴이 아렸습니다. 변호인 접견 횟수도 줄인 채 집필에 전력하는 그의 모습, 아무런 온라인 자료도 없이 오직 기억(과거의 공부)의 힘으로 이 책을 쓰기 위해 고군분투하는 그의 모습을 상상하며 저 또한 힘을 냈습니다.

대한민국은 물론 전 세계를 놀라게 한 12·3 비상계엄이 일어났고, 6·3 대통령 선거에 이르기까지 대한민국 사회의 파란만장한 지각변동 속에서 이 책을 집필했습니다. 저는 질문하고 그는 답했지요. 때로는 질문 없이 소담스러운 안부 편지만 보내기도 했습니다. 환난의 시간 속에서도 그는 끝없이 읽고, 쓰고, 공부하고, 싸웠습니다. 감옥에서 자꾸만 체중이 줄어 체중계 눈금이 조금씩 내려가는 힘겨운 시간을 보낸 그의 투쟁이 이 책 속에 고스란히 담겨 있습니다. 인터넷도 컴퓨터도 없이 그 어떤 기계의 도움도 받지 못한 채, 비좁고 불편한 낮은 책상에서 펜으로 글을 쓴 그의 손가락은 통증으로 뻑뻑해졌습니다. 그가 손에 그러쥔 것은 단지 펜이 아니라, 이 세상을 더 나은 방향으로 바꿀 수 있다는 희망이 아니었을까요. 비로소 힘겹게 되찾은 대한민국의 민주주의는 조국의 희생에 빚지고 있다는 한 네티즌의 댓글을 보며 눈시울이 뜨거워졌습니다.

'조국 사태가 아닌 조국 사냥'으로 이제 그에게는 아무것도 남지 않았다고 걱정하는 분이 많지만, 알고 보면 그는 어마어마한 영혼 부자입니다. 그에게는 항상 '조국의 공부'가 있었습니다. 조국의 사람도 있고, 조국의 희망도 있고, 조국의 사랑도 있습니다. 저들은 오직 조국의 사회적 지위만 빼앗을 수 있었을 뿐 조국의 지성도, 조국의 신념도, 조국을 사랑하는 수많은 사람의 응원도 결코 빼앗지 못했습니다. 자신의 안위를 위해서가 아니라 대한민국 동료 시민의 행복을 위해 항상 '공부하는 조국'이 있는 한, 우리에겐 기댈 언덕이 있고 믿을 구석이 있다는 생각이 들었습니다. 그가 든든한 수문장처럼, 얼어붙은 빙하의 맨 앞에서 장애물을 깨는 쇄빙선처럼, 대한민국 국민의 민주주의와 행복할 권리를 지켜주고 있기에 우리는 마음껏 살며 싸우며 사랑할 수 있습니다. 이제는 그가 진정 행복해졌으면 좋겠습니다. 감정을 잘 드러내지 않고 모든 고통을 끝까지 참아내는 그가 슬프면 슬프다고, 아프면 아프다고 말할 수 있었으면 좋겠습니다. 그의 공부는 곧 우리의 승리이며, '사람 사는 세상'의 회복이며, 꿈을 잃지 않고 투쟁하는 자들이 비로소 행복해지는 세상의 눈부신 시작이 될 것입니다.

그는 모든 것을 빼앗겼지만 아무것도 잃어버리지 않았습니다. '조국의 공부'가 마침내 '우리의 공부'와 따스하게 연대하는 모든 순간, 당신과 나 또한 끊임없이 읽고 쓰고 살아내는 이 세상의 공부를 멈추지 않을 것입니다.

끝까지 '조국의 친구'가 되어줄 독자들의<br>
따스한 눈빛을 상상하며<br>
작가 정여울

# 미주

## 여는 글

1. 김대중, 《다시, 새로운 시작을 위하여》, 김영사, 2024년, 175면.
2. 어빈 커슈너Irvin Kershner 감독, 로런스 캐스단Lawrence Kasdan · 리 브래킷Leigh Brackett 각본, 〈스타워즈: 에피소드 5 – 제국의 역습Star Wars: Episode V–The Empire Strikes Back〉, 루카스필름Lucasfilm 제작, 1980년.
3. 조국의 페이스북 게시글, 2024년 4월.
4. 미치 리Mitch Leigh 작곡, 조 대리언Joe Darion 작사, 〈불가능한 꿈The Impossible Dream〉, 《맨 오브 라만차Man of La Mancha》, 1965년.

## 1 성장하는 공부

1. 김대중 대통령과 한국 기자들의 간담회 중, 1984년 11월 4일.
2. 김대중 대통령의 일기 전문, 2009년 1월 7일.
3. 디트리히 본회퍼Dietrich Bonhoeffer, 〈나는 누구인가Wer bin ich?〉, 《저항과 복종Widerstand und Ergebung》, 크리스티안 카이저 출판사Chr. Kaiser Verlag, 1951년.
4. 빅토르 위고Victor Hugo, 《레 미제라블 4Les Misérables》, 정기수 옮김, 민음사, 2012년, 41~42면.
5. 브리아레오스Briareus. 쉰 개의 머리와 백 개의 팔을 가진 신화 속의 거인.
6. 빅토르 위고, 《레 미제라블 4》, 정기수 옮김, 민음사, 2012년, 309~310면.
7. 빅토르 위고, 《레 미제라블 3》, 정기수 옮김, 민음사, 2012년, 40~41면.
8. 빅토르 위고, 《레 미제라블 5》, 정기수 옮김, 민음사, 2012년, 45면.
9. 빅토르 위고, 《레 미제라블 1》, 정기수 옮김, 민음사, 2012년, 163면.
10. 2025년 1월 19일, 윤석열 대통령 체포·구속영장 발부 심사를 기점으로 극우 지지자들이 법원 청사로 진입해 내부를 점거·파손했다. 2025년 1월 26일, 검찰은 윤석열 대통령을 내란 우두머리 혐의로 구속 기소했다. 2025년 2월 4일, 윤석열 대통령 측은 재판을 담당하는 서울중앙지방법원 형사합의25부에 구속 취소 청구서를 제출했다. 2025년 3월 7일, 윤석열 대통령 측의 구속 취소 청구가 인용되었다. 이 글은 윤석열 대통령이 구속된 시기에 썼다.
11. 라인홀드 니부어Reinhold Niebuhr, 〈평온을 비는 기도The Serenity Prayer〉, 1932년경.
12. 프리드리히 니체Friedrich Nietzsche, 《반시대적 고찰Unzeitgemäße Betrachtungen》, E. W. 프리츠 출판사E. W. Fritzsch Verlag, 1873~1876년.
13. 스콜피온스Scorpions, 클라우스 마이네Klaus Meine 작사·작곡, 〈윈드 오브 체인지Wind of Change〉, 《크레이지 월드Crazy World》, 1990년.
14. 맹자孟子, 《맹자孟子》, 박소동 옮김, 현암사, 2024년, 393면.
15. 맹자, 《맹자》.

16 맹자,《맹자》, 박소동 옮김, 현암사, 2024년, 443면.
17 순자荀子,《순자荀子》.
18 순자,《순자》.
19 순자,《순자》.
20 헌법재판소, 사건 2024헌나8 〈대통령(윤석열) 탄핵 결정문〉, 2025년 4월 4일.
21 헌법재판소, 사건 2024헌나8 〈대통령(윤석열) 탄핵 결정문〉, 2025년 4월 4일.
22 헌법재판소, 사건 2024헌나8 〈대통령(윤석열) 탄핵 결정문〉, 2025년 4월 4일.
23 김성수 감독, 김성수·이영종·홍원찬·홍인표 각본,〈서울의 봄〉, 하이브미디어코프 제작, 2023년.
24 한강,《소년이 온다》, 창비, 2014년, 116면.
25 한강,《소년이 온다》, 창비, 2014년, 120면.
26 한강,《소년이 온다》, 창비, 2014년, 69면.
27 슈테판 츠바이크Stefan Zweig,〈책벌레 멘델Buchmendel〉,《보이지 않는 수집품Die unsichtbare Sammlung》, 인젤 출판사Insel-Verlag, 1929년.
28 김윤식,〈살아 있는 정신에게: 자유인의 표상에 부쳐〉,《대학신문》, 1994년 3월 1일.
29 김윤식,〈살아 있는 정신에게: 자유인의 표상에 부쳐〉,《대학신문》, 1994년 3월 1일.
30 김윤식,〈살아 있는 정신에게: 자유인의 표상에 부쳐〉,《대학신문》, 1994년 3월 1일.
31 김윤식,〈살아 있는 정신에게: 자유인의 표상에 부쳐〉,《대학신문》, 1994년 3월 1일.
32 정여울,《공부할 권리》, 민음사, 2016년, 15면.
33 정여울,《공부할 권리》, 민음사, 2016년, 8면.

## 2 참여하는 공부

1 양성우,〈꽃상여 타고〉,《청산이 소리쳐 부르거든》, 실천문학사, 1981년, 106면.
2 알렉시 드 토크빌Alexis de Tocqueville,《아메리카의 민주주의 1De la démocratie en Amérique–Première Partie》, 이용재 옮김, 아카넷, 2018년, 449면.
3 유발 하라리Yuval Harari,《사피엔스Sapiens》, 조현욱 옮김, 이태수 감수, 김영사, 2023년, 169면.
4 알렉시 드 토크빌,《아메리카의 민주주의 1》, 이용재 옮김, 아카넷, 2018년, 448면.
5 조국의 '옥중 서신', 2025년 5월 1일.
6 루쉰魯迅,《루쉰 독본》, 이욱연 옮김, 휴머니스트, 2020년, 276면.
7 루쉰,《루쉰 독본》, 이욱연 옮김, 휴머니스트, 2020년, 75면.
8 루쉰,《루쉰 독본》, 이욱연 옮김, 휴머니스트, 2020년, 76~77면.
9 루쉰,《루쉰 독본》, 이욱연 옮김, 휴머니스트, 2020년, 227면.
10 루쉰,《루쉰 독본》, 이욱연 옮김, 휴머니스트, 2020년, 227면.
11 루쉰,《루쉰 독본》, 이욱연 옮김, 휴머니스트, 2020년, 228면.
12 루쉰,《루쉰 독본》, 이욱연 옮김, 휴머니스트, 2020년, 247~248면.
13 국제노동기구International Labour Organization, ILO 제100호 협약oe '동일가치노동 동일보수Equal Remuneration Convention'를 규정하고 있다. OECD와 EU는 회원국에 임금 정보 공개, 직무 평가 기준 통일 등을 권고한다. 2023년 EU는 성

별임금공시제Pay Transparency Directive 의무화를 추진했다.
14 조국, 《왜 나는 법을 공부하는가》, 다산북스, 2014년, 113면.
15 알렉시 드 토크빌, 《아메리카의 민주주의 1》, 이용재 옮김, 아카넷, 2018년, 462~463면.
16 조국, 《형사법의 성편향》, 박영사, 2020년, 1면.
17 제2차 세계대전 이후 장 폴 사르트르Jean Paul Sartre를 비롯한 실존주의자들이 쓰기 시작한 용어로 사회·정치 참여, 자기구속自己拘束을 의미한다.


## 3 살아내는 공부

1 저자 미상, 《계사전繫辭傳》.
2 〈문재인 전 대통령 인터뷰 ① "윤석열 발탁, 두고두고 후회한다"〉, 《한겨레》, 2025년 2월 10일.
3 〈문재인 전 대통령 인터뷰 ① "윤석열 발탁, 두고두고 후회한다"〉, 《한겨레》, 2025년 2월 10일.
4 〈문재인 전 대통령 인터뷰 ① "윤석열 발탁, 두고두고 후회한다"〉, 《한겨레》, 2025년 2월 10일.
5 〈문재인 전 대통령 인터뷰 ① "윤석열 발탁, 두고두고 후회한다"〉, 《한겨레》, 2025년 2월 10일.
6 〈김어준의 겸손은힘들다 뉴스공장〉, 2025년 2월 11일.
7 넬슨 만델라Nelson Mandela, 《자유를 향한 머나먼 길Long Walk to Freedom》, 김대중 옮김, 두레, 2020년, 697~698면.
8 여곤呂坤, 《신음어呻吟語》, 1593년 이전 집필.
9 황동규, 〈홀로움은 환해진 외로움이니〉, 《우연에 기댈 때도 있었다》, 문학과지성사, 2003년, 42면.
10 넬슨 만델라, 《자유를 향한 머나먼 길》, 김대중 옮김, 두레, 2020년, 652면.
11 오리아 마운틴 드리머Oriah Mountain Dreamer, 〈초대The Invitation〉, 《초대The Invitation》, 하퍼원HarperONE, 1999년.
12 김구, 《백범일지》, 대한민국 국사원, 1947년.
13 사마천司馬遷, 《사기史記》.
14 조국, 《조국의 시간》, 한길사, 2021년, 7면.
15 조국, 《조국의 법고전 산책》, 오마이북, 2022년, 9면.
16 조국, 《조국의 함성》, 오마이북, 2025년, 5~6면.
17 니콜로 마키아벨리Niccolò Machiavelli, 《군주론Il Principe》, 강정인·김경희 옮김, 까치, 2015년, 14면.
18 유시민, 《청춘의 독서》, 웅진지식하우스, 2025년, 183면.
19 제인 오스틴Jane Austen, 《오만과 편견Pride and Prejudice》, T. 에거턴T. Egerton, 1813년.
20 공자孔子, 《논어論語》.
21 크리스티앙 보뱅Christian Bobin, 《환희의 인간L'Homme-Joie》, 이주현 옮김, 1984BOOKS, 2021년, 7면.

**4 치유하는 공부**

1    조국, 〈그럼에도 나는 좌파다!〉, 《위클리경향》, 2009년 3월 12일.
2    조국, 《보노보 찬가》, 생각의나무, 2009, 198면.
3    조국, 《보노보 찬가》, 생각의나무, 2009, 24~25면.
4    이소선 여사가 2006년 11월 전국노동자대회 때 '전태일노동상'을 시상하고 단상을 내려가던 중 사회자의 마이크를 낚아채고 외친 말이다.
5    오긍嗚兢, 《정관정요貞觀政要》.
6    조국, 《조국의 시간》, 한길사, 2021년, 21~22면.
7    조국, 《조국의 시간》, 한길사, 2021년, 253~254면.
8    김지운 감독·각본, 〈달콤한 인생〉, 영화사 봄 제작, 2005년.
9    오연호·조국, 《진보집권플랜》, 오마이북, 2010년, 253~254면.
10   오연호·조국, 《진보집권플랜》, 오마이북, 2010년, 104면.
11   조국, 《조국의 시간》, 한길사, 2021년, 7면.
12   조국, 《조국의 시간》, 한길사, 2021년, 7~11면.
13   조국, 《조국의 시간》, 한길사, 2021년, 279~280면.
14   조국, 《디케의 눈물》, 다산북스, 2023년, 135면.
15   조국, 《디케의 눈물》, 다산북스, 2023년, 84면.
16   조국, 《디케의 눈물》, 다산북스, 2023년, 13면.
17   조국, 《가불 선진국》, 메디치미디어, 2023년, 29면.
18   조국, 《가불 선진국》, 메디치미디어, 2023년, 173면.
19   조국, 《조국의 법고전 산책》, 오마이북, 2022년, 75~76면.
20   조국, 《조국의 법고전 산책》, 오마이북, 2022년, 37면.

## 조국의 공부

**1판 1쇄 인쇄** 2025. 7. 23.
**1판 1쇄 발행** 2025. 7. 30.

**지은이** 조국·정여울

**발행인** 박강휘
**편집** 김성태 **디자인** 박주희 **마케팅** 정성준 **홍보** 박은경
**발행처** 김영사
**등록** 1979년 5월 17일 (제406-2003-036호)
**주소** 경기도 파주시 문발로 197(문발동) 우편번호 10881
**전화** 마케팅부 031)955-3100, 편집부 031)955-3200 | 팩스 031)955-3111

**저작권자** ⓒ조국·정여울, 2025
이 책은 저작권법에 의해 보호를 받는 저작물이므로
저자와 출판사의 허락 없이 내용의 일부를 인용하거나 발췌하는 것을 금합니다.

값은 뒤표지에 있습니다.
ISBN 979-11-7332-295-2  03100

**홈페이지** www.gimmyoung.com   **블로그** blog.naver.com/gybook
**인스타그램** instagram.com/gimmyoung   **이메일** bestbook@gimmyoung.com

좋은 독자가 좋은 책을 만듭니다.
김영사는 독자 여러분의 의견에 항상 귀 기울이고 있습니다.